Katastrophenalarm!
Was tun gegen die mutwillige Zerstörung
der Einheit von Mensch und Natur?

März 2014
Redaktionskollektiv REVOLUTIONÄRER WEG
unter Leitung von Stefan Engel
Schmalhorststr. 1b, 45899 Gelsenkirchen

Katastrophenalarm!
Was tun gegen die mutwillige Zerstörung
der Einheit von Mensch und Natur?

Zuerst erschienen in der Reihe
REVOLUTIONÄRER WEG, Nr. 35/2014

© Verlag Neuer Weg
Mediengruppe Neuer Weg GmbH
Alte Bottroper Straße 42, 45356 Essen
Telefon +49-(0)-201-25915
Fax +49-(0)-201-6144462
verlag@neuerweg.de
www.neuerweg.de

© Umschlagfoto: REUTERS/Fotograf: Enny Nuraheni
Gesamtherstellung: Mediengruppe Neuer Weg GmbH

ISBN 978-3-88021-400-2

gedruckt auf 100 Prozent Recycling-Papier,
ausgezeichnet mit dem Blauen Umweltengel

Stefan Engel

Katastrophenalarm!
Was tun gegen die mutwillige Zerstörung der Einheit von Mensch und Natur?

Der Klassenkampf
und der Kampf um die
Einheit von Mensch und Natur

Verlag Neuer Weg

Inhalt

Katastrophenalarm!
Was tun gegen die mutwillige Zerstörung der Einheit von Mensch und Natur?

Vorwort 7

I. **Über die grundlegende Einheit von Mensch und Natur** 12

   1. Dialektik der Natur 12

   2. Die Biosphäre – Grundlage des menschlichen Lebens 21

   3. Weltanschaulicher Kampf um die grundlegende Einheit von Mensch und Natur 36

   4. Marx' und Engels' grundsätzliche Kritik am Gothaer Programm 50

   5. Allgemeine Geringschätzung der Umweltfrage in der Arbeiterbewegung 57

II. **Kapitalismus und Umweltzerstörung** 63

   1. Untergrabung der natürlichen Lebensgrundlagen und Ruinierung der Arbeitskraft 63

   2. Die Umweltkrise als Begleiterscheinung des Imperialismus 73

   3. Die Umweltkrise als gesetzmäßige Erscheinung 78

III. Die drohende globale Umweltkatastrophe ... 92

A. Hauptmerkmale des Umschlags in die globale Umweltkatastrophe ... 92

A.1. Zerstörung der Ozonschicht ... 93

A.2. Beschleunigte Vernichtung der Wälder ... 98

A.3. Die heraufziehende Weltklimakatastrophe ... 109

A.4. Deutliche Zunahme regionaler Umweltkatastrophen ... 124

B. Neue Phase im Umschlag der Umweltkrise in die globale Umweltkatastrophe ... 132

B.5. Die drohende Gefahr umkippender Weltmeere ... 132

B.6. Die Zerstörung regionaler Ökosysteme und das Artensterben ... 142

B.7. Der rücksichtslose Raubbau an den Naturstoffen ... 151

B.8. Vermüllung, Vergiftung und Verschmutzung ... 161

B.9. Die unverantwortliche Nutzung der Atomenergie ... 176

C. Weitere Faktoren, die den Umschlag zur globalen Umweltkatastrophe beschleunigen ... 193

C.10. Zerstörerische Abbaumethoden bei der Förderung fossiler Rohstoffe ... 194

C.11. Der Mangel an sauberem Süßwasser ... 210

C.12. Überausbeutung der Arbeitskraft
und Zerstörung der natürlichen
Lebensgrundlagen 217

IV. Klassenkampf und Kampf zur Rettung der natürlichen Umwelt 229

1. Imperialistischer Ökologismus und
imperialistische Umweltpolitik 229

2. Kleinbürgerliche Umweltbewegung und
kleinbürgerlicher Ökologismus 239

3. Internationaler, antiimperialistischer
Charakter im Kampf zur
Rettung der natürlichen Umwelt 253

4. Eine neue Qualität der
Umweltbewegung 264

5. Umweltpolitik im Sozialismus und Rückfall
im bürokratischen Kapitalismus 282

6. Die Lösung der Umweltfrage im
Sozialismus/Kommunismus 312

Anhang:

Literaturverzeichnis 329

Vorwort

Die **Umweltfrage** ist ohne Zweifel **im öffentlichen Bewusstsein angekommen**. Weltweit wächst die Besorgnis über den Zustand der natürlichen Umwelt. Kein ernst zu nehmender Politiker, Medienschaffender, Unternehmer oder Gewerkschafter kann sich mehr erlauben, diese Frage zu ignorieren. Zu viele lokal und regional auftretende ökologische Katastrophen drangsalieren inzwischen die Menschheit.

In der öffentlichen Meinung wird der Eindruck erzeugt, die Umweltfrage sei bei den Herrschenden und ihren Regierungen in guten Händen. In Wirklichkeit aber waren sie seit dem Aufkommen der Umweltkrise Anfang der 1970er Jahre weder willens noch in der Lage, etwas Wirksames dagegen zu unternehmen. Stattdessen treibt die Menschheit ungebremst – ja sogar beschleunigt – auf eine **globale Umweltkatastrophe** zu. Diese hat das **Potenzial, die Grundlagen jeglichen menschlichen Daseins zu vernichten**. Die Verantwortung für diese Entwicklung liegt in erster Linie bei den internationalen Übermonopolen, die heute die gesamte Weltproduktion, den Welthandel sowie Politik, Wirtschaft und Wissenschaft in allen Ländern beherrschen.

Ein neues **Umweltbewusstsein** ist erwacht. Doch sein Niveau **reicht bei Weitem nicht aus**, die existenzielle Gefährdung der Menschheit in aller Konsequenz zu begreifen. In der öffentlichen Meinung werden einzelne Faktoren der Umweltkrise – etwa die drohende Klimakatastrophe – einseitig ins Blickfeld gerückt. Zugleich werden andere, nicht minder dramatische Probleme – wie das wachsende Ozonloch, die

Zerstörung der Ökosysteme der Ozeane oder der Wälder – verdrängt oder verharmlost. Vor allem werden **Zusammenhänge und Wechselwirkungen weitgehend ignoriert.**

Ist es denn überhaupt denkbar, dass allein überzeugende Argumente die Verantwortlichen der kapitalistischen Profitwirtschaft dazu bringen können, diese Entwicklung zu stoppen? Ist es denkbar, dass die herrschenden internationalen Monopole plötzlich auf ihre Alleinherrschaft oder auf ihre exorbitanten Profite verzichten, nur um die Umwelt zu retten?

Das wird nicht geschehen! Im vollen Bewusstsein der tödlichen Risiken führen sie die Erde an die Umweltkatastrophe heran! Die Verhältnisse der kapitalistischen Konkurrenz verlangen heute von den internationalen Monopolen, bei Strafe ihres Untergangs, die Überausbeutung von Mensch und Natur auf die Spitze zu treiben.

Die sogenannte **Umweltfrage** ist längst zu einer **höchst politischen** Frage geworden. Welche Existenzberechtigung hat eine Gesellschaftsordnung, deren ganzes Dasein auf einer Mensch und Natur bedrohenden Grundlage ruht?

Statt irgendetwas Substanzielles gegen diese Bedrohung zu unternehmen, errichteten die Herrschenden ein ganzes System des imperialistischen und kleinbürgerlichen Ökologismus, um die gesamte Menschheit zu manipulieren. Mit Beschwichtigungen, Lügen, Vertuschung und Scheinlösungen versuchen sie, dem aktiven Widerstand der Massen vorzubeugen oder ihn zu zersetzen.

Dieses Buch lässt keinen Zweifel daran, dass die Menschheit die **Umweltfrage nicht dem herrschenden Gesellschaftssystem überlassen** darf. Sie wird sonst untergehen in der kapitalistischen Barbarei!

Auf der Basis einer Vielfalt konkreter Untersuchungen kommt das Buch zu der Erkenntnis, dass sich die Menschheit inzwischen **mitten im fortschreitenden Übergang zu einer globalen Umweltkatastrophe** befindet. **Die Lösung der Umweltfrage** erfordert heute einen **gesellschaftsverändernden Kampf**. Nur eine internationale sozialistische Revolution kann die soziale und die ökologische Frage lösen. Erst in einer **sozialistischen Gesellschaft** ohne Ausbeutung des Menschen durch den Menschen **bilden Mensch und Natur eine fruchtbringende Einheit**. Erst in einer klassenlosen kommunistischen Gesellschaft wird die »Humanisierung der Natur« und die »Naturalisierung des Menschen« ihren relativen Abschluss finden, wie es Karl Marx formulierte.

Um dieses große Ziel zu erreichen, muss sich die Umweltbewegung ebenso wie die Arbeiterbewegung verändern. Auch die Revolutionäre in aller Welt müssen sich ändern, sie müssen ihre politische Strategie und Taktik erweitern und entsprechend den neuen Tatsachen höherentwickeln.

Das geht nicht ohne ernsthafte Diskussionen, ohne kritisch-selbstkritische Auswertungen und ohne Erkenntnisfortschritte in der Sache. Dieses Buch soll dazu eine Hilfe sein, ein Diskussionsbeitrag. Es ist ausdrücklich eine **Streitschrift**, die sich in die Strategiedebatte um die Lösung der Umweltfrage einmischt und entschieden Position bezieht. Ein Buch, das desillusionieren, aber vor allem mobilisieren und schöpferisch die Vision einer künftigen Gesellschaft zeichnen soll, in der die Umweltfrage tatsächlich gelöst werden kann.

Das Buch verficht einen **hohen wissenschaftlichen Anspruch**. Es stützt sich auf gründliche Recherchen, auf Fakten der bürgerlichen Wissenschaft, um ihnen kritisch die wesentlichen Erkenntnisse abzuringen und die dialektischen Zusammenhänge aufzudecken, die in der **allseitigen Wechselwirkung zwischen Mensch und Natur** existieren.

Leitlinie dieses Buchs ist die **dialektisch-materialistische Methode** und die **Theorie** der grundlegenden Einheit von Mensch und Natur, die Karl Marx und Friedrich Engels bereits vor 170 Jahren entwickelt haben. Mit dem Aufkommen des Reformismus in der Arbeiterbewegung Ende des 19. Jahrhunderts wurden diese Grundlagen verworfen, missachtet, ja systematisch verdrängt. Das wirkt sich bis heute negativ auf die Arbeiter- und Volksbewegung aus.

Neben der **Würdigung der großartigen Erkenntnisse von Marx und Engels über die Dialektik von Mensch und Natur** ist die streitbare Auseinandersetzung mit dem modernen Antikommunismus in der Umweltfrage ein Markenzeichen dieses Buchs. Auch verschiedenste Formen der Resignation, Verharmlosung, Vereinfachung oder Panik, die in der Umweltbewegung zu finden sind, werden weltanschaulich kritisiert.

Das Redaktionskollektiv dankt den über 100 Mitarbeiterinnen und Mitarbeitern, die sachkundig zu diesem Buch beigetragen haben. Dazu gehören Klaus Arnecke, Architekt; Dr. med. Günther Bittel, Facharzt für Anästhesiologie und Allgemeinmedizin; Herbert Buchta, Diplombiologe und praktischer Tierarzt; Werner Engelhardt, Politologe; Adelheid Erbslöh, Diplombiologin; Oskar Finkbohner, Mitarbeiter der Gesellschaft zur Förderung wissenschaftlicher Studien zur Arbeiterbewegung e.V.; Monika Gärtner-Engel, Diplompädagogin; Rainer Jäger, Lektor; Prof. Dr. Christian Jooß, Physiker; Dr. Hans-Ulrich Jüttner, Physiker; Christoph Klug, Diplompsychologe und Wissenschaftsjournalist; Prof. Dr. Josef Lutz, Physiker; Dr. med. Willi Mast, Facharzt für Allgemeinmedizin; Roland Meister, Rechtsanwalt; Dr. med. Dieter Stein, Facharzt für Allgemeinmedizin; Peter Weispfenning, Rechtsanwalt; Gerd Zitzner, Diplom-Agraringenieur.

Nicht zuletzt ist das Buch ein Ergebnis der kritisch-selbstkritischen Diskussion und Zusammenarbeit mit Aktivisten der Umweltbewegung und mit Revolutionären aus der ganzen Welt.

Der Titel der Buchausgabe – »**Katastrophenalarm! Was tun gegen die mutwillige Zerstörung der Einheit von Mensch und Natur?**« – soll den Ernst der Probleme ebenso bewusst machen wie die Dringlichkeit ihrer Lösung.

Die Marxistisch-Leninistische Partei Deutschlands befasst sich in diesem Buch nicht zum ersten Mal mit der Umweltfrage. Es setzt die Reihe REVOLUTIONÄRER WEG fort, die sich schon seit 1984 grundsätzlich und systematisch vom Standpunkt des Marxismus-Leninismus aus mit der Umweltkrise beschäftigt. Es hebt aber die Erkenntnisse entsprechend den inzwischen eingetretenen Entwicklungen auf eine neue Stufe. Das Buch soll vor allem helfen, der **Umweltfrage wieder einen festen Platz in der internationalen revolutionären und Arbeiterbewegung** zu erobern.

Stefan Engel, März 2014

I. Über die grundlegende Einheit von Mensch und Natur

1. Dialektik der Natur

Wissenschaftlicher Naturbegriff

Im alltäglichen Sprachgebrauch wird der Begriff »Natur« meist auf einzelne Erscheinungen in der menschlichen Umgebung eingeschränkt: die Landschaft, die Tier- und Pflanzenwelt oder auch das Wetter. Der **Naturbegriff im dialektisch-materialistischen Verständnis** umfasst jedoch die **gesamte universelle Wirklichkeit**.

Die Natur besteht aus unendlich vielen Formen materieller Bewegung und sich permanent bewegender und verändernder stofflicher Zustände der Materie. Die bekanntesten Bewegungsformen sind Ortsveränderung, Reibung, Wärme, Licht, Elektrizität, Magnetismus, radioaktive Strahlung, chemische Reaktionen, biochemischer Stoffwechsel, Fotosynthese ... Bei den stofflichen Zuständen lässt sich zwischen Gasen, Feststoffen und Flüssigkeiten oder zwischen organischen und anorganischen Stoffen unterscheiden. Diese Naturelemente bedingen einander und befinden sich zugleich in ständigem Widerstreit.

All die verschiedenen Daseinsformen der Materie sind nichts als unterschiedliche Naturprozesse. Sie reichen nach heutigem Wissen von kontinuierlicher Materie über winzige, subatomare Teilchen im Mikrokosmos bis hin zu gigantischen Galaxienhaufen und noch größeren Superstrukturen im Makrokosmos.

Mit Hilfe der Spektralanalyse konnte nachgewiesen werden, dass Galaxien und kosmische Nebel, Sterne und Planeten wie unsere Erde aus identischen Bausteinen bestehen: aus den Atomen der chemischen Elemente und den subatomaren Teilchen. Alle Erscheinungsformen und Entwicklungsstufen der Materie bilden ein System des universellen Werdens und Vergehens.

Der **dialektische Materialismus** geht davon aus, dass die gesamte Natur materiell ist – also objektiv, unabhängig vom Bewusstsein und Willen der Menschen existiert. Die Bewegungen der Materie verlaufen nach dialektischen Bewegungsgesetzen. Unter **Dialektik der Natur** ist eine Zusammenfassung der materiellen Bewegung in ihrer allgemeinsten Form zu verstehen.

Auf jeder Entwicklungsstufe der Materie treten qualitativ neue Formen und auch neue Bewegungsgesetze auf, die die Menschen erforschen, erkennen und nutzen können. Der **Erkenntnisfortschritt der Menschheit** zeigt sich im Grad ihrer Erkenntnis der Dialektik der Natur sowie in ihrer Fähigkeit, die dialektische Methode bewusst auf Natur, Gesellschaft und menschliches Denken, Fühlen und Handeln anzuwenden.

Die bürgerliche Kosmologie bestreitet die Unendlichkeit der Materie. Sie betrachtet nur ihre konkreten Formen und verabsolutiert diese. Seit jeher sucht sie rastlos und vergeblich nach Anfang und Ende des Universums. Nach der aktuellen Lehre soll vor etwa 13 bis 20 Milliarden Jahren die »*Ausdehnung*« des Kosmos mit einem »*Urknall*« (»Big Bang«) aus dem »*Nichts*« begonnen haben. Marxisten-Leninisten haben diese »Schöpfungsgeschichte« der bürgerlichen Kosmologie von Anfang an kritisiert; inzwischen ist sie selbst unter bürgerlichen Wissenschaftlern höchst umstritten.

Die konkreten Naturerscheinungen sind endlich, die allgemeine Bewegung der Materie ist dagegen unendlich. In der

Unendlichkeit der sich bewegenden Materie besteht ihre universelle **Identität** im Makro- und Mikrokosmos.

Eine Entstehung von Materie und Bewegung aus dem »*Nichts*« ist mit den Gesetzmäßigkeiten der Natur unvereinbar. Bewegte Materie oder materielle Bewegung sind **unerschaffbar und unzerstörbar**. Dazu schrieb Friedrich Engels:

»*Die ganze uns zugängliche Natur bildet ein System, einen Gesamtzusammenhang von Körpern, und zwar verstehn wir hier unter Körpern alle materiellen Existenzen vom Gestirn bis zum Atom, ja bis zum Ätherteilchen, soweit dessen Existenz zugegeben. Darin, daß diese Körper in einem Zusammenhang stehn, liegt schon einbegriffen, daß sie aufeinander einwirken, und diese ihre gegenseitige Einwirkung ist eben die Bewegung. Es zeigt sich hier schon, daß Materie undenkbar ist ohne Bewegung. Und wenn uns weiter die Materie gegenübersteht als etwas Gegebnes, ebensosehr Unerschaffbares wie Unzerstörbares, so folgt daraus, daß auch die Bewegung so unerschaffbar wie unzerstörbar ist.*« (»Dialektik der Natur«, Marx/Engels, Werke, Bd. 20, S. 355)

Die **qualitativen Veränderungen** in der Natur verlaufen **sprunghaft**. »*Wodurch unterscheidet sich der dialektische Übergang vom nichtdialektischen?*«, fragt Lenin und antwortet: »*Durch den Sprung. Durch den Widerspruch. Durch das Abbrechen der Allmählichkeit.*« (»Konspekt zu Hegels ›Vorlesungen über die Geschichte der Philosophie‹«, Lenin, Werke, Bd. 38, S. 272)

Es ist eine absurde Wunschvorstellung, wenn bürgerliche Naturwissenschaftler, Philosophen oder Politiker allmähliche, evolutionäre Prozesse in der Natur, in der Gesellschaft oder im menschlichen Denken, Fühlen und Handeln sprunghaften, revolutionären Prozessen vorziehen. Beide Formen der Bewegung, Evolution und Revolution, bedingen in der Natur einander, gehen auseinander hervor und verwandeln sich ineinander als unendlich fortlaufender Prozess. Die Allmählichkeit der Bewegung bereitet die offensichtliche Veränderung, den qualitativen Sprung vor und wird ihrerseits von diesem auf immer höherer Stufe wieder in Gang gesetzt.

Qualitative Sprünge können wie bei biologischen, chemischen und elektrischen Prozessen oder im menschlichen Denken, Fühlen und Handeln in Bruchteilen von Sekunden ablaufen. Sie können aber auch Milliarden von Jahren in Anspruch nehmen wie beim Entstehen und Vergehen von Sternen. Diese gewaltigen Unterschiede verleiten Vulgärmaterialisten oder Empiristen dazu, nur wahrnehmbare Veränderungen zu akzeptieren. Für sie besteht das Weltgeschehen aus vereinzelten Erscheinungen, aus sich ewig wiederholenden Kreisläufen oder aus Prozessen, die höchstens quantitative Veränderungen durchmachen.

Qualitative Sprünge deuten sich durch beschleunigte quantitative Veränderungen an und durch Verschärfung der inneren Widersprüche in den Dingen oder Prozessen. Aufgrund wissenschaftlicher Analysen der beschleunigten Erderwärmung, zunehmend extrem widersprüchlicher Wetterlagen, beschleunigten Artensterbens, auffälliger Versauerung der Weltmeere, Vernichtung der Wälder, Ausdünnung der Ozonschicht und Zunahme regional auftretender Umweltkatastrophen seit den 1990er Jahren kam die MLPD zu dem prägnanten Urteil: Im Prozess der globalen Umweltkrise wurde bereits ein qualitativer Sprung, das **Umschlagen in eine globale Umweltkatastrophe eingeleitet**. Weitere wissenschaftliche Beobachtungen haben inzwischen bestätigt, dass sich dieser Prozess **erweitert und beschleunigt** hat. Allein die metaphysischen Methoden der bürgerlichen Weltanschauung verhindern, die Entwicklung der Einheit von Mensch und Natur realistisch zu prognostizieren.

Die unendlichen Bewegungsformen der Materie, die unendlichen Prozesse der Verwandlung einer Form der Materie in eine andere zu erforschen und zu verallgemeinern, der Natur die dabei wirkenden konkreten Bewegungsgesetze abzuringen und sie dann anzuwenden – darin besteht die **weltanschauliche Grundlage des immer besseren Begreifens der Einheit von Mensch und Natur** und **der immer höheren Fähigkeit, sie zu gestalten.** Letztlich kann erst eine Gesellschaftsordnung, die von einer solchen wissenschaftlichen proletarischen, sozialistischen und kommunistischen Denkweise geleitet wird, eine nachhaltige und sich weiterentwickelnde Einheit von Mensch und Natur garantieren.

Dialektik des Makrokosmos

Die menschliche Wahrnehmung im Makrokosmos reicht heute weit in die Tiefen des Alls, infolge der Entwicklung der Radioastronomie bis etwa 13,8 Milliarden Lichtjahre[1]. Das bleibt aber immer noch ein winziger Ausschnitt der unendlichen Weiten des Universums. Milliarden von Sternsystemen, Galaxien, können beobachtet werden. Sie bilden Haufen und Superhaufen, die wiederum bis zu einer Million Galaxien umfassen können. Wie bei allen Formen der Materie gibt es Kampf und Einheit, Wechselwirkungen und Zusammenstöße auch zwischen Galaxien. Sie durchlaufen verschiedene Entwicklungsstadien und können dabei in größeren Galaxien aufgehen, neue entstehen lassen oder sich in niedrigere Formen der Materie auflösen.

Unsere Galaxis, die Milchstraße, gehört zu einem Haufen von etwa 30 Galaxien. Sie umfasst 200 bis 300 Milliarden Sterne, die in Gestalt einer riesigen Spirale um ein Zentrum rotieren und zum Teil in Kugelhaufen zusammengeballt sind.

---

[1] Ein Lichtjahr sind 9,5 Billionen Kilometer.

Unsere Sonne bewegt sich in einem Randbereich der Milchstraße, etwa 30 000 Lichtjahre vom Kern entfernt. Sie benötigt für einen Umlauf um das Zentrum etwa 220 Millionen Jahre.

Unser Sonnensystem besteht aus der Sonne, acht Planeten mit ihren Monden, aus Planetoiden[2], Kometen und Meteoriten, Gas und Staub. Die Sonne vereint 99,87 Prozent der Masse des Sonnensystems in sich, weshalb sich die anderen Himmelskörper in ihrem Gravitationsfeld um sie herum bewegen.

Die Sonne ist ein Stern, eine selbst leuchtende Gaskugel großer Masse und hoher Temperaturen. Im Inneren der Sonne glüht bei einer Temperatur von über 15 Millionen Grad Celsius ein Plasma aus Wasserstoffatomkernen, Heliumatomkernen, freien Elektronen und zwei Prozent schwereren Elementen.

Die Energie der Sonne entsteht vor allem aus der Verschmelzung von Wasserstoffkernen zu Heliumkernen. Bei dieser Kernfusion wird ein Teil der Masse der Atomkerne in Energie verwandelt und in Form von Strahlung frei.

Die Sonne ist umgeben von der Fotosphäre, einer Hülle, die nur 300 Kilometer dünn ist. Dort beträgt die Temperatur nur noch etwa 5 700 Grad. Der größte Teil der Sonnenenergie wird von dort nach außen abgestrahlt. In jeder Sekunde strömt außerdem etwa eine Million Tonnen Sonnenmaterie mit Überschallgeschwindigkeit aus der Sonnenkorona in den Weltraum. Das Ende unserer Sonne als Energiequelle unseres Sonnensystems wird, so lässt sich errechnen, in etwa fünf Milliarden Jahren erreicht sein.

Die Sonnenstrahlung besteht aus elektromagnetischen Wellen und geladenen Teilchen. Nur ein geringer Teil davon erreicht die Erde und wird von der Erdatmosphäre unterschiedlich absorbiert oder reflektiert.

---

[2] Planetoid: kleiner Planet

Die Erde ist aus makrokosmischer Sicht ein winziger Himmelskörper mit ihrer Masse von sechs Trilliarden Tonnen und ihrem Durchmesser von 12 756 Kilometern am Äquator. Sie rotiert um die eigene Achse, wodurch der Wechsel von Tag und Nacht entsteht sowie Luftbewegungen und Meeresströmungen beeinflusst werden.

Die fast kreisförmige Bahn der Erde um die Sonne gewährleistet eine annähernd gleichmäßige Zufuhr der Energie. Die Neigung der Erdachse um einen Winkel von 66,5 Grad gegenüber der Ebene der Sonnenumlaufbahn lässt die Jahreszeiten entstehen. Die Gravitation des Mondes wirkt auf die Meere ein und bringt Ebbe und Flut hervor.

Vor 4,5 Milliarden Jahren entstand die Erde aus gas- und staubförmigen Materieteilchen. Diese stießen immer wieder zusammen, wodurch sie sich erhitzten und miteinander verschmolzen. Der Druck und die hohe Temperatur im Inneren sowie die Wärme aus Zerfallsprozessen radioaktiver Stoffe machten die Erde zunächst schmelzflüssig.

Erst allmählich entstand die Erdkruste, der feste Erdmantel. Darunter liegt der Erdkern, der vorwiegend aus glühendem Eisen besteht. Erdkruste und oberer Erdmantel bis 250 Kilometer Tiefe enthalten flüssiges Magma. Die Bewegung des Magmas ist dafür verantwortlich, dass die tektonischen Platten der Erdkruste ständig in Bewegung bleiben und immer wieder Erdbeben oder Vulkanausbrüche entstehen lassen. Der Erdkern beginnt ab 2 900 Kilometern Tiefe, dort herrscht eine Temperatur zwischen 4 000 und 6 000 Grad Celsius.

Seit der Entstehung der Erde traten aus ihrem Inneren Gase aus. Die Erde war schwer genug, sie teilweise anzuziehen, festzuhalten und so eine Atmosphäre zu bilden. Dadurch kühlte die Erde wesentlich langsamer ab, als sonst zu erwarten gewesen wäre. Das war eine wichtige Voraussetzung für die Entstehung von Leben.

In der Uratmosphäre der Erde konnten mithilfe von Sonnenenergie und Vulkanismus größere Mengen organischer Stoffe entstehen. Aus diesen bildeten sich in den Urozeanen in circa einer Milliarde Jahren erste Lebewesen. Es entstand die **Biosphäre**. Auf dem Höhepunkt einer etwa 3,5 Milliarden Jahre währenden Evolution begannen sich dort die ersten Menschen samt der für ihr Dasein geeigneten natürlichen Umwelt zu entwickeln.

Dialektik der Naturgesetze

Das **Gravitationsgesetz ist ein grundlegendes Naturgesetz**. Es beschreibt die Kräfte, die in der Natur zwischen Massen wirken. Die Gravitation beeinflusst die Materie in mannigfaltiger Weise. Sie ändert zum Beispiel Weg und Frequenz des Lichts sowie die Geschwindigkeit mikroskopischer Bewegungen in Atomen und Molekülen. Im mechanischen Weltbild wird die Gravitation als »anziehende Kraft zwischen Himmelskörpern« behandelt. Friedrich Engels kritisierte vom Standpunkt seiner dialektisch-materialistischen Naturauffassung die Verabsolutierung dieser Seite der Gravitation:

»Alle Naturvorgänge sind doppelseitig, beruhen auf dem Verhältnis von mindestens zwei wirkenden Teilen, auf Aktion und Reaktion. ... Aber Attraktion und Repulsion[3] *so untrennbar wie Positiv und Negativ, und daher aus der Dialektik selbst schon vorherzusagen, daß die wahre Theorie der Materie der Repulsion eine ebenso wichtige Stelle anweisen muß wie der Attraktion, daß eine auf bloße Attraktion gegründete Theorie der Materie falsch, ungenügend, halb ist. ... Die ganze Gravitationslehre beruht darauf, zu sagen, die Attraktion ist das Wesen der Materie. Dies notwendig falsch. Wo Attraktion, muß*

---

[3] Attraktion und Repulsion: Anziehung und Abstoßung

sie durch Repulsion ergänzt werden.« (»Dialektik der Natur«, Marx/Engels, Werke, Bd. 20, S. 366, 509, 510)

Die **idealistisch-metaphysische Naturauffassung** verabsolutiert die Gültigkeit einzelner Naturgesetze oder einzelner ihrer Seiten. Ihr gelten Naturgesetze als »ewig«, »von außen in die Natur gesetzt« und damit »über der Natur stehend«. Tatsächlich drücken die verschiedenen Bewegungsgesetze nur qualitativ unterschiedliche Prozesse auf den verschiedenen Entwicklungsstufen der Materie aus.

Der Bau der **Atome** ist ein hervorragender Beweis für die Doppelseitigkeit der Natur. Die Masse des Atoms ist im Atomkern konzentriert, der mit seiner positiven elektrischen Ladung eine attraktive Kraft auf die negativ geladenen Elektronen der Atomhülle ausübt. Die Bewegungsenergie der Elektronen verhindert, dass diese in den positiv geladenen Atomkern fallen und ihn neutralisieren. Die Elektronenhülle bewirkt daher eine relative Abschirmung des elektrischen Feldes des positiv geladenen Atomkerns. Energetisch günstigere Hüllen können durch Verbindung mit den Elektronenschalen anderer Elemente oder desselben Elements erreicht werden. Deshalb kommen die meisten Elemente in der Natur fast ausschließlich gebunden in Molekülen oder in Kristallen vor.

Trotz aller dialektisch-materialistisch gewonnenen Einzelerkenntnisse bleibt die bürgerliche Naturwissenschaft von der metaphysisch-idealistischen Weltanschauung beherrscht. Die metaphysische Methode löst den Gesamtzusammenhang der Stoffwechselprozesse zwischen Mensch und Natur in eine Flut isolierter Einzelerkenntnisse auf. Dadurch kommt es zu Fehlinterpretationen und zu praktischen Fehlern, die meist auf Kosten von Mensch und natürlicher Umwelt gehen.

Die entscheidende Triebkraft der bürgerlichen Naturwissenschaft ist, Naturerkenntnisse möglichst schnell und unmittelbar in maximalprofitbringende Produktion von Waren umzusetzen. Das gebietet der erbitterte kapitalistische Konkurrenzkampf auf der Stufe der internationalisierten Produktion. Diese borniete Motivation schränkt den Gesichtskreis der Naturwissenschaft immer weiter ein und hat zu einer **Krise in der Entwicklung der modernen Naturwissenschaften** geführt.

Nur im Einklang mit den Gesetzmäßigkeiten der Natur kann die Einheit von Mensch und Natur bewusst gestaltet und höherentwickelt werden. *»Die Dialektik«*, schreibt Friedrich Engels, *»die sog.* ***objektive****, herrscht in der ganzen Natur, und die sog. subjektive Dialektik, das dialektische Denken, ist nur Reflex der in der Natur sich überall geltend machenden Bewegung in Gegensätzen, die durch ihren fortwährenden Widerstreit und ihr schließliches Aufgehen ineinander, resp. in höhere Formen, eben das Leben der Natur bedingen.«* (»Dialektik der Natur«, Marx/Engels, Werke, Bd. 20, S. 481)

Die **materialistische Dialektik ist die für die Entwicklung der modernen Naturwissenschaft ausschlaggebende Denkweise.** Sie stellt die alleinige Methode dar, mit der sich die in der Natur vorkommenden Entwicklungsprozesse, Zusammenhänge und Übergänge von einem Untersuchungsgebiet zum andern erklären lassen.

2. Die Biosphäre – Grundlage des menschlichen Lebens

Jedes Leben ist eingebunden in einen unauflöslichen komplexen Zusammenhang mit der unbelebten Umwelt. Der **Teil der Erde, der Leben ermöglicht und Lebensformen enthält**, wird in der Naturwissenschaft als **Biosphäre**[4] bezeichnet.

---

[4] von griechisch bios = Leben und sfaira = Kugel, Bereich

Manche naturwissenschaftlichen Lehrbücher definieren die Biosphäre einseitig als Gesamtheit aller irdischen Lebewesen oder auch als Summe aller Ökosysteme der Erde. Für den Ökologieprofessor Hartmut Bick etwa ist die Biosphäre »*der von Organismen bewohnbare Raum des Planeten Erde*«. (»Ökologie«, S. 8)

Solche Betrachtung ist jedoch einseitig, vereinfachend und irreführend. Sie sieht belebte und unbelebte Welt als starre Gegensätze und voneinander isolierte Erscheinungen. Das **Wesen des Lebens** drückt sich jedoch gerade in seinem beständigen **aktiven Stoffwechsel mit der unbelebten Natur** aus. Friedrich Engels kritisierte die metaphysische Art der Naturbetrachtung:

»Denn in der Natur geschieht nichts vereinzelt. Jedes wirkt aufs andre und umgekehrt, und es ist meist das Vergessen dieser allseitigen Bewegung und Wechselwirkung, das unsre Naturforscher verhindert, in den einfachsten Dingen klarzusehn.« (»Dialektik der Natur«, Marx/Engels, Werke, Bd. 20, S. 451)

In Übereinstimmung mit der dialektisch-materialistischen Naturbetrachtung entwickelte der russische Geowissenschaftler Wladimir Iwanowitsch Wernadski (1863–1945) eine treffende Bestimmung der Biosphäre: die **Gesamtheit der irdischen Organismen mitsamt der unbelebten Materie, die sie umgibt**, mit der sie in einem **unendlichen Stoffwechsel** stehen und die sie mitgestalten und prägen.

Wernadski betonte die **aktive Rolle des Lebens** im System der Biosphäre, insbesondere die des mit Bewusstsein ausgestatteten Menschen. Der Mensch kann seine belebte und unbelebte Umwelt nachhaltig und tief greifend umgestalten und wird von ihr beeinflusst, er ist Teil der Biosphäre. Das schließt die Möglichkeit ein, die natürliche Umwelt so negativ zu verändern, dass die **natürlichen Existenzbedingungen**

des Menschen sehr weitgehend deformiert oder gar zerstört werden.

In diesem Sinn ist es auch wissenschaftlich völlig korrekt, gegenwärtig von der »*Zerstörung der natürlichen Umwelt des Menschen*« zu sprechen. Der verallgemeinernde Begriff der »Naturzerstörung«, wie er zuweilen umgangssprachlich in der Umweltbewegung gebraucht wird, ist dagegen vom dialektisch-materialistischen Standpunkt aus als unwissenschaftlich abzulehnen, er ist wohl von Panik geprägt. Die Natur und das Universum können weder geschaffen noch vernichtet, sondern nur verändert werden.

Das System der Biosphäre

Außer der Erde wurde bislang kein anderer Himmelskörper entdeckt, der Spuren von Leben oder hinreichende Lebensbedingungen aufweist. Aufgrund der universellen Gültigkeit der Naturgesetze ist außerirdisches Leben prinzipiell möglich – überall, wo im unendlichen Universum die erforderlichen natürlichen Bedingungen gegeben sind.

Die **Biosphäre** ist eine im Vergleich zum Gesamtvolumen der Erde ziemlich dünne Hülle. Sie reicht von ungefähr 60 Kilometern über der Erdoberfläche bis fünf Kilometer darunter. Sie umfasst die **oberste Schicht der Erdkruste** einschließlich **des Systems der Wasserareale** und die **unteren Schichten der Atmosphäre**.

Die Entstehung des Lebens vor 3,5 Milliarden Jahren ist Ergebnis der unendlichen Wandelbarkeit der Bewegungsformen von unbelebter und belebter Materie. In seinem Buch »Der Geist fiel nicht vom Himmel« beschrieb Hoimar v. Ditfurth den Prozess der Entstehung des ersten primitiven Lebens so:

»*Der erste Schritt des Lebens war somit ein Akt der* **Verselbständigung**, *des* **Absetzens** *von der Umgebung, die damit* *objektiv zur Außenwelt wurde. ... Dieser fast selbstverständlichen Forderung steht nun jedoch in einer paradox anmutenden Weise eine genau entgegengesetzte Notwendigkeit gegenüber, die dazu zwingt, die Verbindung zu der gleichen Außenwelt ununterbrochen aufrechtzuerhalten. ... Die Lösung kann nur in der Herstellung einer ausgesprochen ›qualifizierten‹ Verbindung zur Außenwelt bestehen. Es muß sich um eine Verbindung handeln, die selektiven, auswählenden Charakter hat.«* (S. 32/33)

Die Verselbständigung des Lebens gegenüber seiner Umwelt und der damit entstehende Stoffwechsel zwischen den Lebewesen und ihrer Umwelt waren dialektische Prozesse, die sich mit dem Aufsteigen von primitiven zu höheren Lebensformen spiralförmig höherentwickelten.

Zunächst war die Erdatmosphäre noch frei von reinem Sauerstoff. Sie war stark wasserdampfgesättigt und enthielt unter anderem Ammoniak, Methan, Wasserstoff sowie Kohlenmonoxid und -dioxid.

Inzwischen ist es gelungen, unter künstlich hergestellten Bedingungen wie in der Ur-Atmosphäre wichtige Bausteine des Lebens herzustellen (unter anderem Aminosäuren und Mononukleotide) und sie zu Nukleinsäuren und Eiweißen zu verknüpfen. Damit wurde die natürliche Entstehung der wesentlichen Bausteine des organischen Stoffwechsels und der Vererbung nachgewiesen.

Friedrich Engels definierte das »**Leben**« treffend als »*die* **Daseinsweise der Eiweißkörper**, *und diese Daseinsweise besteht wesentlich in der beständigen Selbsterneuerung der chemischen Bestandteile dieser Körper.*« (»Anti-Dühring«, Marx/Engels, Werke, Bd. 20, S. 75)

Die moderne Genforschung hat inzwischen den Beweis erbracht, dass sich die Gene gesetzmäßig und in dialektischer Einheit mit der sich verändernden Umwelt entwickeln.

Um Zugang zur ganzen Komplexität der Biosphäre zu finden, ist es sinnvoll, zunächst die wissenschaftliche Methode der Betrachtung ihrer wesentlichen Einzelteile zu wählen. Friedrich Engels stellte diese Methode so dar:

»*Um die einzelnen Erscheinungen zu verstehn, müssen wir sie aus dem allgemeinen Zusammenhang reißen, sie isoliert betrachten*«. (»Dialektik der Natur«, Marx/Engels, Werke, Bd. 20, S. 499)

Aus eben diesem Grund wird die Biosphäre in Anlehnung an den österreichischen Geologen Eduard Suess (1831–1914) üblicherweise in drei Untereinheiten gegliedert:

- die **Lithosphäre**, die Schicht der Gesteine und Böden,
- die **Hydrosphäre**, die Wasserareale der Erde, und
- die **Atmosphäre**, die Lufthülle der Erde.

Es sind dies aber keine scharf voneinander abgegrenzten Sphären, sondern Teile eines **zusammenhängenden globalen Systems**, die in dialektischer Wechselwirkung stehen.

Die Lithosphäre

Eine der wichtigsten ökologischen Funktionen der **Gesteine der Erdkruste** besteht in der Bereitstellung verwitterter Mineralien, der Ausgangsmaterialien der **Bodenbildung**. Aus ihnen entstehen, zusammen mit abgestorbenen organischen Materialien, die mehr oder weniger fruchtbaren Böden, eine der unverzichtbaren Grundlagen aller menschlichen Zivilisation. Eine andere Funktion ist die **Sammlung und Aufbereitung des Trinkwassers**.

Die **Erdkruste** ist ein eigener Lebensraum. Ohne eine riesige Vielfalt von Bodenorganismen wäre der Prozess der Bodenbildung ganz und gar undenkbar. Im Boden wird tote organische Substanz wieder in ihre Bestandteile zerlegt. Kohlendioxid, Wasser, Stickstoffverbindungen und andere Salze stehen so den Pflanzen wiederum als Nährstoffe zur Verfügung. Hier findet auch eine Vielzahl synthetischer Prozesse (Aufbau- und Umbauvorgänge) statt, ohne die zum Beispiel die Humusbildung undenkbar wäre.

Der große Naturforscher Charles Darwin (1809–1882) fand heraus, dass der ganz gewöhnliche Regenwurm (es gibt weltweit viele Arten von Regenwürmern) für die Bildung der fruchtbaren Ackererde hauptverantwortlich ist und mithin unverzichtbar für die menschliche Existenz. Im Lehrbuch »Ökosysteme« von Frank A. Klötzli heißt es dazu:

»Pro Hektar und Jahr wandern so zwischen 1 und 20 Tonnen Boden durch die Körper der Regenwürmer. Im Laubwald wird auf diese Weise der Oberboden bis 50 cm Tiefe in 200–300 Jahren einmal umgesetzt, in Steppen die obersten 30 cm in 100 bis 150 Jahren.« (S. 253)

Die **Bodenfauna und -flora** besteht aus Würmern aller Art, Spinnen, Kleinstinsekten, Algen, Pilzen und Bakterien. In den Bodenschichten findet unaufhörlich ihr Stoffwechsel mit den mineralischen, organischen und gasförmigen Anteilen der Lithosphäre statt.

Die Bodenorganismen sind für die meisten **Übergangs- und Umwandlungsprozesse von der belebten zur unbelebten Materie und umgekehrt** verantwortlich. Dieser Stoffwechsel bildet eine wesentliche **Grundlage allen Lebens**.

Die mineralischen Lagerstätten, die durch Millionen Jahre dauernde geochemische Prozesse entstanden sind, gehören zu den **nicht erneuerbaren Ressourcen**. Dazu müssen auch die Vorkommen fossiler Brennstoffe wie Torf, Kohle, Erdöl und Erdgas gezählt werden. Der Begriff »nicht erneuerbar« ist allerdings nicht ganz exakt, denn die so bezeichneten Rohstoffe sind organischen Ursprungs und ihre Entstehung setzt sich weiter fort. Diese Prozesse sind jedoch so langwierig, dass sie sich in der relativ kurzen Dauer der Menschheitsgeschichte nicht regenerieren werden. Dazu schreiben Stefan Rahmstorf und Hans Joachim Schnellnhuber im Buch »Der Klimawandel«:

»Die jedes Jahr verbrannte Menge entspricht etwa dem, was sich zur Zeit der Entstehung der Lagerstätten von Öl und Kohle in rund einer Million Jahre gebildet hat.« (S. 33/34)

Vom Standpunkt der Bedeutung der Rohstoffe aus der natürlichen Umwelt für das menschliche Leben ist der Ausdruck »nicht erneuerbar« also durchaus sinnvoll.

Die Hydrosphäre

Die **Hydrosphäre** umfasst die **ober- und unterirdischen Wasservorkommen** der Erde. Die aus dem Weltraum zu beobachtende »blaue Farbe« des Planeten Erde rührt vom Wasser her. Die Ozeane bedecken mehr als sieben Zehntel der Erdoberfläche. Die Hydrosphäre umfasst aber auch das Grundwasser, das Sickerwasser im Boden, in Mineralien eingeschlossenes Wasser, Binnengewässer sowie das Inland- und Packeis.

Die gesamte Menge des Wassers auf der Erde wird auf 1,4 Milliarden Kubikkilometer geschätzt. Allein 97 Prozent davon entfallen auf das Salzwasser der Ozeane, 2 Prozent sind in Form von Eis gebunden und nur etwa 0,7 Prozent finden sich als Süßwasser auf dem Festland.

Eine Besonderheit der Erde machen die Temperaturen an ihrer Oberfläche aus, die Wasser zwischen dem festen, flüssigen und gasförmigen Aggregatzustand wechseln lassen. Alle biologischen Prozesse auf der Erde benötigen flüssiges Wasser. Dazu schreiben die Autoren Hans Knodel und Ulrich Kull:

»Nahezu alle Vorgänge in den Zellen der Organismen laufen in wässrigem Milieu ab. In allen Lebewesen ist das Wasser stofflicher Hauptbestandteil (zumeist über 70%), und viele

Organismen leben ausschließlich im Wasser.« (»Ökologie und Umweltschutz«, 1981, S. 4)

In den Ozeanen und Binnengewässern (Flüsse, Seen usw.) beherbergt die Hydrosphäre **Lebensräume** einer Vielzahl von Organismen. Diese gehören zu den wichtigsten Eiweißlieferanten der Nahrungskette (Fische, Krustentiere usw.). In den großen Reservoiren des Tiefen- und Grundwassers sammelt sich das Süßwasser, der Lebenssaft der Flora und Fauna auf dem Land.

Seine überragende Bedeutung für das Leben verdankt das **Wasser** einer Reihe **spezifischer Eigenschaften** (»Anomalien«). Im Vergleich mit ähnlichen Molekülen, etwa Schwefelwasserstoff, wäre bei Wasser eigentlich ein Schmelzpunkt von etwa minus 150 Grad Celsius und ein Siedepunkt von minus 80 Grad Celsius zu erwarten. Wasser hat aber mit 0 Grad Celsius einen viel höheren Schmelzpunkt und verdampft erst bei 100 Grad Celsius. Das ist die entscheidende Voraussetzung für die Existenz von Seen und Flüssen.

Außerdem wird Wasser, wieder im Unterschied zu anderen Stoffen, nicht immer dichter, je kälter es wird. Es hat seine größte Dichte bereits bei vier Grad Celsius – deshalb schwimmt das leichtere Eis auf dem flüssigen Wasser und die Wasserorganismen können darunter überleben. Schließlich ist die Wärmespeicherkapazität des Wassers viel höher als die anderer Moleküle entsprechender Größe. Wassermoleküle können verschiedene Strukturen annehmen, die sich auch ineinander verwandeln. Deshalb ist es das ideale Lösungsmittel für alle biochemischen Lebensprozesse. Zudem ist es in der Lage, andere Moleküle zu stabilisieren, etwa lebenswichtige Eiweiße oder die Erbsubstanz DNA.

Die Hydrosphäre der Erde ist kein einheitlicher Raum, sondern ein **vielfach gegliedertes dynamisches System aus Wasserreservoiren**. Angetrieben wird dieses System von der

Sonne. Ihre Strahlung lässt Gletscher-, Schnee- und Eisflächen tauen und Wasser aus Ozeanen, Seen und Flüssen, aus dem Boden und aus Organismen verdunsten. In der Atmosphäre verteilt sich der Wasserdampf über die Erde, bis er wieder abkühlt und als Niederschlag (Tau, Regen, Schnee, Hagel) zurück auf die Erde gelangt. Eine der wichtigsten ökologischen Funktionen des sonnengetriebenen Wassersystems ist, dass aus den riesigen Salzwasserreservoiren der Ozeane wieder Süßwasser entsteht.

Besondere Bedeutung hat die Hydrosphäre für die Ausbildung des **Klimas**. Weil Wasser ein hohes Wärmespeichervermögen hat, wirken Ozeane und Seen ausgleichend auf ihre Klimaräume.

Die Atmosphäre

Als **Erdatmosphäre** wird die **gasförmige Hülle der Erde** bezeichnet. Sie umfasst mehrere horizontal übereinanderliegende Schichten.

Die Luftschichten gehören zu den essenziellen Lebensgrundlagen der Pflanzen, Tiere und Menschen. In der untersten, erdbodennahen Schicht, der **Troposphäre**, konzentrieren sich 90 Prozent der gesamten Luft und nahezu der gesamte Wasserdampf der Atmosphäre. An den Polen beträgt ihre vertikale Ausdehnung etwa acht, um den Äquator herum gut 18 Kilometer. Nur im unteren Bereich der Troposphäre ist für höherentwickelte Tierarten und Menschen genug Sauerstoff zum Leben vorhanden.

Die als »Luft« bezeichnete Erdatmosphäre besteht zu 78,1 Prozent aus Stickstoff, zu 20,9 Prozent aus Sauerstoff und zu 0,9 Prozent aus dem Edelgas Argon. Die restlichen 0,1 Prozent teilen sich unter eine Vielzahl von »Spurengasen« auf. Das Kohlendioxid ist mit zur Zeit 0,04 Prozent das bekannteste und wichtigste Spurengas, nicht zuletzt, weil es trotz seines geringen prozentualen Anteils eines der wichtigsten natürlichen Treibhausgase ist. Die Treibhausgase sorgen dafür, dass sich die Oberflächentemperaturen der Erde in einem lebensfreundlichen Bereich bewegen.

In der Troposphäre spielt sich das ganze Wettergeschehen mit seinen Winden und Wolkenbildungen ab. Da die Troposphäre vor allem von der Erde erwärmt wird, kühlt sie sich in ihren äußeren Schichten rapide ab (um etwa 6,5 Grad pro Kilometer Höhe). Dort herrschen dann Temperaturen von bis zu minus 55 Grad Celsius.

An die Troposphäre schließt sich oben die **Stratosphäre** an. Dort ist die für das irdische Leben unverzichtbare **Ozonschicht** angesiedelt. Das Ozon-Molekül (O_3) besteht aus drei Sauerstoff-Atomen und ist in der Lage, die energiereiche ultraviolette Strahlung der Sonne (UV-B, UV-C) weitgehend zu absorbieren. Unter einer unverletzten Ozonschicht erreicht nur die energieärmere UV-A-Strahlung ungefiltert die Erdoberfläche.

Über der Stratosphäre liegt ab etwa 50 Kilometern Höhe die **Mesosphäre**, in der die Temperaturen auf minus 90 Grad Celsius sinken. Dort finden sich die letzten Außenposten irdischen Lebens in Form von äußerst unempfindlichen Bakteriensporen.

Die Mesosphäre erfüllt zusammen mit den kalten Regionen der Troposphäre eine für die gesamte Biosphäre wichtige Funktion: Dort friert der Wasserdampf der Atmosphäre zu Eiskristallen, die wieder zur Erde zurückfallen. Ansonsten würde der Wasserdampf weiter ins Weltall hinausdriften und zerfallen. Die Erde hätte längst kein Wasser mehr und alles Leben wäre abgestorben.

Flora und Fauna

Den **lebendigen Gehalt der Biosphäre** machen die Organismen aus, die vielen Arten der **Pflanzen und Tiere einschließlich der Menschen**. Sie bilden systemische Lebensgemeinschaften (Biozönosen) und bewohnen konkrete Lebensräume (Biotope) mit jeweils eigener Identität. Die Arten stehen miteinander und mit den unbelebten Komponenten der Biosphäre in engem wechselwirkenden Zusammenhang, sie bilden ein **Ökosystem**.

Die herkömmliche Ökologie-Wissenschaft unterscheidet vereinfacht drei funktionelle Hauptgruppen bei den Organismen eines Ökosystems: Produzenten, Konsumenten und Destruenten. Diese Einteilung ist zweckmäßig, aber nicht absolut, denn in allen drei Hauptgruppen wird grundsätzlich produziert, konsumiert und zersetzt. Es geht bei dieser Einteilung nur darum, welche dieser drei Seiten der natürlichen Funktionen das jeweils Charakteristische darstellt.

Zu den **Produzenten** (Erzeugern) gehören alle grünen Pflanzen, Algen und einige Bakterien. Sie könnten treffender als biologische Primärerzeuger oder **»Biotransformatoren« für die organische Primärproduktion** bezeichnet werden. Sie sind als einzige Organismen in der Lage, aus Kohlendioxid und Wasser mithilfe des Sonnenlichts Zucker (Glukose) herzustellen, also **anorganische Materie in organische Nährstoffe zu verwandeln**. Diese biochemische Reaktion wird **Fotosynthese** genannt.

Die Fotosynthese ist an das Sonnenlicht gebunden, das bestimmte Farbpigmente, wie das Chlorophyll der grünen Pflanzen, absorbieren können. Ihrem Wesen nach ist die Fotosynthese ein sonnengetriebenes Transformationssystem: Die Sonnenenergie wird hier zunächst in elektrische Energie umgewandelt, anschließend dann in chemische Energie (energiereiche Verbindungen), mit deren Hilfe dann Zucker bzw. Kohlenhydrate aufgebaut werden.

Der in Pflanzen hergestellte Zucker ist der universale Ausgangsstoff für die Gewinnung von Energie in Lebewesen und für die Herstellung komplexerer organischer Stoffe, von denen alle Tiere leben. Außerdem entsteht bei der Fotosynthese freier Sauerstoff, der in die Atmosphäre abgegeben wird, wo er eine lebensnotwendige Grundlage für die atmenden Lebewesen bereitstellt und auch den Grundstoff für die Ozonschicht.

Mittels der Fotosynthese werden global pro Jahr etwa 175 Milliarden Tonnen organisches Material aufgebaut, davon 120 Milliarden Tonnen auf dem Festland und 55 Milliarden Tonnen in den Ozeanen.

Seit 1979 sind Ökosysteme sogar am Meeresgrund erforscht worden, 2012 wurde eines in der Rekordtiefe von 5000 Metern entdeckt. Hier erfolgt die Umwandlung von anorganischer Materie in organische Nährstoffe nicht mittels der Fotosynthese, sondern durch Chemosynthese. Energielieferanten sind dabei durch Vulkanismus erhitztes Wasser und schwefelhaltige Verbindungen.

Die zweite große Gruppe, die **Konsumenten**, kann selbst keine Primärproduktion leisten. Sie müssen organische Substanz als Nahrung zu sich nehmen, um Energie und lebenswichtige Verbindungen für ihren Stoffwechsel zu gewinnen. Zu dieser Gruppe gehören alle Tiere und auch der Mensch. Man kann dabei Pflanzenfresser von Fleischfressern und Allesfressern unterscheiden. Erstere sind als Primärkonsumenten direkte Nutznießer der pflanzlichen Primärproduktion und dienen selbst den fleischfressenden Tieren (sekundäre Konsumenten) als Nahrung. Viele Tierarten und auch der Mensch können sich variabel ernähren (»Allesfresser«).

Die Gruppe der **Destruenten** (Zersetzer) schließlich baut die organische Substanz abgestorbener Lebewesen zu einfacheren Stoffen ab. Zwei Hauptgruppen lassen sich unterscheiden: Abfallfresser und Mineralisierer. Zur ersten Gruppe gehören viele Kleintiere der Bodenschichten, zum Beispiel Würmer, Insekten, Krebstierchen. Sie übernehmen die Vorzerkleinerung der organischen Substanz. Da der Nährwert ihrer Nahrung ziemlich gering ist, haben sie einen hohen Stoffumsatz. Die wichtigsten Mineralisierer sind Pilze und Bakterien. Sie verwerten die organischen Reste, bauen sie zu Humus und letztlich zu Wasser, Kohlendioxid und Mineralsalzen ab. Auf diese Weise muss der Planet nicht an Unmengen angehäufter toter Biomasse ersticken.

Die Pflanzen verwerten für ihre Fotosynthese nur etwa ein bis drei Prozent der auftreffenden Sonnenenergie. Von der Gesamtmenge produzierter organischer Substanz (Bruttoprimärproduktion) wird ein Teil für die energetische Eigenversorgung der Pflanzen verbraucht. Der verbleibende Überschuss (die Nettoprimärproduktion) dient dem effektiven pflanzlichen Zuwachs und steht den Konsumenten als Nahrung zur Verfügung.

Der von den Pflanzen produzierte organische Zuwachs und die darin gespeicherte Energie werden durch wiederholtes »Fressen und Gefressenwerden« über verschiedene Ebenen von Konsumenten verteilt. In der Regel ernährt sich eine Art von einer ganzen Reihe anderer Arten. So bildet sich in einem Ökosystem typischerweise ein komplexes **Netzwerk von Nahrungsketten**.

Die von Mensch und Tier aufgenommene Nahrung wird nie vollständig verwertet. Bei jeder Energieumformung wird ein Teil in Wärmeenergie verwandelt, die entweder zur Aufrechterhaltung der Körpertemperatur genutzt oder als Wärme an die Umgebung abgegeben wird. So nimmt mit jeder Ebene die mit der Nahrung weitergereichte Energiemenge ab. Die Produktion von Fleisch ist energetisch besonders aufwendig, weil die Nutztiere den größten Teil der verarbeiteten Biomasse selbst verbrauchen.

Der Energiefluss kann im Ökosystem aufgrund der fortwährenden Wärmeverluste nur durch andauernde Zufuhr von Energie in Form von Sonnenstrahlung aufrechterhalten werden. Die stofflichen Bestandteile durchlaufen die Nahrungsnetze in Form von vielerlei Verbindungen und gelangen durch Ausscheidung oder Mineralisierung wieder in den unbelebten Bereich der Biosphäre. Dort stehen sie den Organismen erneut als Ausgangsstoffe für die organische Synthese zur Verfügung.

Zu den wesentlichen Systemeigenschaften der Biosphäre gehört das »**biologische Gleichgewicht**«. Es wird in der allgemeinen Auffassung oft in einem metaphysischen Sinn missverstanden als Tendenz der lebendigen Systeme, in einem alten Zustand zu verharren, Veränderungen zu vermeiden oder zu verhindern. Das »Gleichgewicht« der Ökosysteme existiert jedoch seinem Wesen nach als **hochdynamischer Prozess** der Abfolge relativer Ungleichgewichte. Das **ökologische Ungleichgewicht** bildet die **Grundlage des ökologischen Gleichgewichts und umgekehrt**. Dieser Prozess erreicht Stabilität vor allem durch Entwicklung und Anpassung seiner Arten an sich verändernde Umstände. Dazu schreiben die Biologen Neil A. Campbell und Jane B. Reece:

»Es liegen immer mehr Erkenntnisse darüber vor, dass viele Lebensgemeinschaften sich nicht in einem statischen Gleichgewichtszustand befinden, sondern stete Störungen und dadurch hervorgerufene dynamische Prozesse der Normalfall sind.«
(»Biologie«, 8. aktualisierte Auflage, S. 1631)

Dies ist nichts anderes als die ökologische Manifestation der dialektisch-materialistischen Auffassung, dass Bewegung bzw. Veränderung die Daseinsweise der Materie ist. Die hochdynamische Stabilität eines Ökosystems beruht vor allem auf der **Selbstregulation der Zusammensetzung seiner Arten**, deren Elemente sowohl in Konkurrenz zueinander als auch Abhängigkeit voneinander stehen. Als allgemeine Regel kann dabei gelten: **Je artenreicher die Biozönose, umso belastbarer ist das Ökosystem.**

Eine verringerte Artenvielfalt kann sich negativ auf die Systemeigenschaften eines Lebensraums auswirken, insbesondere auf seine Stabilität und seine Widerstandskraft gegen weitere schädigende Einflüsse. Bei Erreichen eines bestimmten Kipppunkts kann das ganze Ökosystem in einen Zustand geringerer Komplexität umschlagen. Auch derartig **degradierte Stadien** ursprünglich komplexer Ökosysteme können noch lange relativ stabil bleiben. Ein Beispiel hierfür ist der mediterrane »Buschwald« (Macchie, Garigue), der die abgeholzten und überweideten ursprünglichen Eichenmischwälder des Mittelmeerraums weitgehend ersetzt hat. Doch eine Regeneration des ursprünglichen Systems ist auch bei Abstellung aller Störfaktoren vielfach nur noch über lange Zeiträume möglich – oder sie ist sogar unmöglich. Das trifft auf manche Formen des Regenwalds zu oder auf Hochmoore.

Lebewesen sind nicht nur funktionelle Elemente der Ökosysteme, sondern auch Nahrungsquelle, genetisches Reservoir, Umweltindikatoren und vieles andere mehr. Nicht zuletzt sind sie lebendige Inspiration für Geist und Kultur des Menschen. Die **Artenvielfalt der Erde** ist deshalb eine der existenziellen Ressourcen der Menschheit und wesentliches **Qualitätsmerkmal der Biosphäre.**

3. Weltanschaulicher Kampf um die grundlegende Einheit von Mensch und Natur

Die Geschichte der Menschheit beruhte von Anfang an auf der immer höheren **Einheit von Mensch und Natur**. Sie ist ein **gesellschaftlicher Prozess**, der mit der Urgesellschaft begann und erst in der kommunistischen Gesellschaft seine höchste Stufe erreicht haben wird. Karl Marx schrieb dazu in seinen »Ökonomisch-philosophischen Manuskripten aus dem Jahre 1844«:

*»Dieser Kommunismus ist als vollendeter Naturalismus = Humanismus, als vollendeter Humanismus = Naturalismus, er ist die **wahrhafte** Auflösung des Widerstreites zwischen dem Menschen mit der Natur und mit dem Menschen«.* (Marx/Engels, Werke, Bd. 40, S. 536)

Die Menschen schufen mit der modernen Naturwissenschaft und der industriellen Produktionsweise die bisher höchste Stufe der Einheit von Mensch und Natur. Lenin schrieb über die Grundlage für die Beherrschung der Natur:

»Die Herrschaft über die Natur, die sich in der Praxis der Menschheit äußert, ist das Resultat der objektiv richtigen Widerspiegelung der Erscheinungen und Vorgänge der Natur im Kopfe des Menschen«. (»Materialismus und Empiriokritizismus«, Lenin, Werke, Bd. 14, S. 187)

Mit ihrer Arbeit verbesserten die Menschen die Bodenfruchtbarkeit und schufen Kulturlandschaften voller Artenreichtum. Der rasante Ausbau der Produktion, des Handels, des Verkehrs, der Kommunikation, der Wissenschaft und der Künste ermöglichte gewaltige Sprünge in der Produktion und Reproduktion des menschlichen Lebens. Die Zahl der Menschen vervierfachte sich von 1900 bis 2010: von 1,6 auf über 7 Milliarden.

Der Kapitalismus bahnte nicht nur der modernen Naturwissenschaft und der industriellen Produktion den Weg. Er stellte zugleich diesen Fortschritt infrage, weil er nur **auf den unmittelbaren Profit ausgerichtet** ist und die schädlichen Folgen für die Einheit von Mensch und Natur ignoriert.

Pseudowissenschaftliche Reaktionen auf die Umweltkrise

Die Vertreter der sogenannten »Klimakontrolle« propagieren den naiven Glauben, die Einheit von Mensch und Natur könne gar nicht grundlegend zerstört werden, weil der naturwissenschaftliche und technische Fortschritt immer eine rettende Lösung bereithalte.

Anhänger dieser Richtung – wie der Physiker Gerd Ganteför in seinem populärwissenschaftlich gehaltenen Buch »Klima – Der Weltuntergang findet nicht statt« – stellen in überheblicher Weise die große Sorge um den Erhalt der natürlichen Lebensbedingungen auf eine Stufe mit Weltuntergangsprophezeiungen des Mittelalters.

Methodisch sticht bei diesen »Analysen« und Vorschlägen eine penetrante Ignoranz ins Auge: Zusammenhänge und komplexe Wechselwirkungen zwischen der drohenden Klimakatastrophe und anderen Hauptfaktoren der globalen Umweltkrise werden nicht wahrgenommen. Deshalb bedeuten solche »Analysen« nichts anderes als einen pseudowissenschaftlichen Freibrief für die Fortführung der auf Verschwendung von Ressourcen beruhenden Lebensweise im Kapitalismus, vor allem der auf Maximalprofit ausgerichteten Energiewirtschaft.

Beunruhigt durch die Verschärfung der Umweltkrise stellen die Massen die imperialistische Umweltpolitik zunehmend infrage. Das macht es den Herrschenden schwer, ihren Raubbau an der natürlichen Umwelt beliebig fortzusetzen. Deshalb versuchen sie, das Umweltbewusstsein zu manipulieren und zu zersetzen.

Als Widerspiegelung dieses Konflikts gibt es in der internationalen Umweltbewegung eine **weltanschauliche Auseinandersetzung über den Umgang des Menschen mit der Natur**. Idealistische Deutungen und metaphysische Verzerrungen äußern sich zwangsläufig in falschen Einschätzungen und unwirksamen oder sogar schädlichen Lösungsvorschlägen.

Einen der weitverbreiteten **idealistischen Standpunkte** vertritt neben anderen der norwegische Philosoph Arne Naess. Er ist einer der Begründer der »Tiefenökologie«, eines weltanschaulichen Vorläufers der »grünen Bewegung«. In einem Interview erklärte er 1999:

»Tiefenökologie geht von dem philosophischen oder religiösen Standpunkt aus, der besagt, dass alle Lebewesen an sich wertvoll sind und somit Schutz vor der Zerstörung durch Milliarden Menschen benötigen.« (www.nancho.net vom 20. Januar 2014 – eigene Übersetzung)

Arne Naess sieht den Menschen wie einen Gast in einer intakten, fertigen Natur, der ihre Gastfreundschaft sträflichst missbraucht und durch sein ungebührliches Benehmen den natürlichen, »wertvollen« Gastgeber in Gefahr bringt. Dabei übersieht er geflissentlich, dass der Mensch selbst Teil und das **höchste Produkt eben dieser Natur** ist.

Die natürliche Umwelt hat sich in Wechselwirkung mit dem Leben und Arbeiten der Menschen verändert. Die Biosphäre in ihrer heutigen Entwicklungsstufe ist maßgeblich vom aktiven Einwirken der Menschen geprägt; sie stellt die natürliche Basis der menschlichen Existenz und ihrer Höherentwicklung dar.

Naess betrachtet die *»Interessen des Planeten«* und die *»Interessen der Menschen«* als starren Gegensatz. Für ihn folgt daraus, dass die Natur *vor den Menschen* geschützt werden müsse. In seiner religiösen Überzeugung, dass die Welt von Gott geschaffen sei, leugnet er, dass sie sich seit der vermeintlichen Schöpfung weiterentwickelt hat. Den Einfluss der Menschen auf die Herausbildung der aktuellen natürlichen Umwelt schmäht er pauschal als Zerstörung. Der Mensch kann demnach sein Schicksal und damit die Höherentwicklung seiner natürlichen Lebensumwelt nicht selbst und schöpferisch in die Hand nehmen. So bleibt nur die vage Hoffnung, dass eine höhere Macht die Natur vor dem Menschen und den Menschen vor sich selbst schützt. Das ist nichts anderes als eine ökologisch verbrämte religiöse Verewigung der angeblichen Sündhaftigkeit und Ohnmacht des Menschen!

Eine »wissenschaftliche« Variante dieser Ohnmachtsbehauptung ist der **Positivismus**, der im 20. Jahrhundert dominierenden Einfluss auf die bürgerlichen Naturwissenschaften gewann. Die Naturwissenschaft soll sich auf das »positiv« Gegebene, also auf beobachtbare Gegenstände und Vorgänge beschränken. Darüber hinausgehende Fragen nach tieferen Ursachen, nach dem inneren Wesen und nach allseitigen Zusammenhängen lehnt der Positivismus als reine Spekulation ab.

Weltanschaulich vermengt der Positivismus Idealismus und Materialismus: Er bestreitet nicht die Existenz einer objektiven Realität außerhalb des Geistes, verbreitet jedoch die Auffassung, der Mensch könne die universelle Wirklichkeit nicht erkennen und sie auch nicht schöpferisch gestalten (Agnostizismus).

Der Positivismus betrachtet mathematische Abstraktionen als die hauptsächlich gültige wissenschaftliche Methode. Der Physiker Prof. Dr. Bertram kritisierte diese Methode, als er die Verharmlosung der Wirkung radioaktiver Strahlung auf den Menschen angriff:

»*Für die Wirkung radioaktiver Strahlung auf lebende Systeme werden Modelle verwendet, die dem tatsächlichen physikalischen und physiologischen Ereignisablauf der Zerstörung von organismischem Gewebe und Beeinflussung der Stoffwechselvorgänge nicht oder nicht hinreichend Rechnung tragen.*« (Prof. Dr. Rolf Bertram, »Zu den verhängnisvollen Konsequenzen durch die Verwechslung von Modell und Wirklichkeit«, in: Gesellschaft für Strahlenschutz e.V., »Internationaler Kongress 20 Jahre nach Tschernobyl 2006, Kurzfassungen der Beiträge«, S. 22)

Wissenschaftliche Aussagen über die objektive Realität oder über die Existenz objektiver Naturgesetze sind nach Ansicht des Positivismus nicht möglich oder reine Glaubenssache. Er wendet sich so besonders gegen den Standpunkt, dass die menschliche Erkenntnis die objektiven Gesetzmäßigkeiten der Natur auf der Basis praktischer Erfahrungen und mithilfe der dialektisch-materialistischen Methode immer besser erkennen, genauer erfassen und gezielter anwenden kann. So verschleiert er die kapitalistische Profitwirtschaft als Ursache der dramatischen Umweltzerstörung.

Die Apologeten[5] imperialistischer Umweltpolitik treiben die positivistischen Heilslehren mit grotesker Schönfärberei auf die Spitze, sie preisen die vermeintlich positiven Auswirkungen der Erderwärmung. Mit geradezu perversen Hypothesen machen sie neue Profitquellen für die internationalen Monopole aus, etwa die Erschließung bisher unzugänglicher Rohstoffvorkommen nach dem Abschmelzen der Polarkappen oder den notwendigen Wiederaufbau nach Naturkatastrophen. In einer Zusammenfassung des Nachrichtensenders n-tv heißt es über diese Diskussion:

---

[5] Apologet heißt ursprünglich: dogmatischer oder unkritischer Nachbeter einer Religion, dann auch: Verteidiger einer Ideologie

»Vor allem Nordeuropa, Russland, die Mongolei und Kanada könnten nach solchen Berechnungen von dem globalen Temperaturanstieg profitieren. Bessere Ernteerträge, die Erschließung bisher unzugänglicher Erdölvorkommen und neue Urlaubsziele könnten demnach die Folge sein.« (www.n-tv.de/wissen/Gibt-es-Gewinner-article223579.html vom 25. Juli 2007)

In der Umweltbewegung wirkt der Einfluss des Positivismus besonders als **kleinbürgerlich-skeptizistische Denkweise**. Diese richtet sich gegen das Selbstbewusstsein der Massen, gegen ihre Überzeugung, im aktiven Widerstand und im gemeinsamen Kampf mit der revolutionären Arbeiterbewegung die Entwicklung zur Umweltkatastrophe aufhalten zu können.

Der **Positivismus führt zur Vereinzelung, zu Kleingeistigkeit, zum Pragmatismus und zur kleinbürgerlich-reformistischen Denkweise**, die immer nur unmittelbar greif- und erlebbare Reformziele auf die Tagesordnung setzt. Es gilt aber, die globalen Zusammenhänge dialektisch-materialistisch zu analysieren und die Schlussfolgerungen daraus zur Leitlinie menschlichen Denkens, Fühlens und Handelns zu machen. Deshalb kann der Übergang in die globale Umweltkatastrophe nur gestoppt werden, wenn der weltanschauliche Einfluss des Positivismus überwunden wird.

Eine weitere unter Wissenschaftlern der Umweltbewegung verbreitete Form der Metaphysik und des Idealismus ist die **Theorie der »Entropie«**. Sie behauptet, dass die Wirklichkeit von einem »Weltgesetz des Niedergangs« bestimmt sei. Dr. Christian Schütze, ehemaliger Redaktionsleiter für Innen- und Umweltpolitik bei der »Süddeutschen Zeitung«, erläuterte das Entropie-Gesetz:

»*Entropie ist die Summe der nicht mehr nutzbaren Energie, die auch gebundene Energie heißt. ... Freie Energie geht, indem* *sie Arbeit leistet, in die Menge der nicht mehr nutzbaren Entropie ein. Diese Entropie wird in einem geschlossenen System immer größer. ... Der Energiefluss hat immer nur eine Richtung hin zur Niedertemperaturwärme. Diese Tatsache gehört zum Fundament unseres Wirtschaftens und **erklärt zugleich alle Umweltproblematik**.«* (»Wie ist qualitatives Wachstum möglich?«, www.gcn.de/Kempfenhausen/Zyklus1, Download vom 8. Februar 2014 – Hervorhebung Verf.)

Alles soll aus dieser Thermodynamik zu erklären sein? Das Entropiegesetz gilt nur für geschlossene Systeme. In der Wirklichkeit existieren aber keine absolut geschlossenen Systeme, die weder Materie noch Energie mit ihrer Umgebung austauschen. Das Universum selbst ist keineswegs, wie die Niedergangstheoretiker behaupten, ein absolut geschlossenes System, das dem sogenannten »Wärmetod« entgegeneilt. Es ist, im Unterschied zu den endlichen Formen der konkreten Materie, unendlich sich bewegende und höherentwickelnde Materie – ohne Anfang und ohne Ende. Prof. Walter Thirring widerlegt treffend die Gültigkeit des Entropiegesetzes im kosmischen Maßstab:

»Nicht nur fand Boltzmanns Wärmetod nicht statt, sondern im Gegenteil entwickelte das Universum ... heiße Haufen, die Sterne. Somit können wir den Sonnenschein genießen, der reich an Energie und arm an Entropie ist«. (»The Stability of Matter: From Atoms to Stars«, Springer Verlag, Berlin 1991, S. 6 – eigene Übersetzung)

Weiter widerspricht die Theorie vom »Weltgesetz des Niedergangs« der Tatsache, dass es im Universum und auch auf der Erde Evolution gibt. Sie wird in unserem Sonnensystem ermöglicht durch die Sonnenenergie. Die Theorie der Entropie blendet diese Kraft der Sonne, die der Erde beständig Energie vor allem in Form von Wärme zuführt, einfach aus und reißt die Erkenntnisse über die Entropie in Einzelprozessen, die durchaus bedeutsam sein können, aus dem Gesamtzusammenhang der universell wirkenden Naturgesetze. Als Weltanschauung taugt sie höchstens zur Rechtfertigung des Fatalismus.

Die Vorstellung vom ständigen Niedergang entwaffnet die Umweltbewegung und verbreitet eine Haltung der Kapitulation vor der Komplexität der Probleme. Sich »noch ein paar schöne Jahre zu machen« oder den unvermeidlichen Untergang allenfalls hinauszuzögern, wäre die Devise, wenn der Mensch die Entwicklung zu einer Umweltkatastrophe ohnehin nicht aufhalten könnte. Es ist kein Zufall, dass diese Weltsicht besonders in jenen gesellschaftlichen Schichten verbreitet ist, denen aufgrund ihrer kleinbürgerlichen und bürgerlichen Lebensweise eine Infragestellung der kapitalistischen Gesellschaftsordnung undenkbar scheint.

Religiöse Deutungen der Einheit von Mensch und Natur

Idealistische Deutungen der Einheit von Mensch und Natur sind besonders ausgeprägt in den **Religionen**.

Die **Naturreligionen** der Urgesellschaft gingen auf einer sehr niedrigen Stufe des Bewusstseins von der Einheit von Mensch und Natur aus. Die Natur trat den Menschen als *»fremde, allmächtige und unangreifbare Macht gegenüber«*, sie besaßen noch ein *»rein tierisches Bewußtsein der Natur«*. (»Die deutsche Ideologie«, Marx/Engels, Werke, Bd. 3, S. 31)

Die Naturreligionen waren von Ehrfurcht vor der mächtigen Natur geprägt, in der die Menschen ihr Leben gestalten mussten. Solange ihr Wissen über die Gesetzmäßigkeiten der Natur gering war, schrieben die Menschen die Fruchtbarkeit ihrer natürlichen Umwelt magischen »höheren Mächten« zu. Die Jäger und Sammler verehrten eine Gottheit der Tiere, die ihnen das Jagdwild zuführte. Die Ackerbauern verehrten »Mutter Erde«, die ihnen eine gute Ernte verschaffte.

Erst mit der Herausbildung der Klassen und der Teilung der gesellschaftlichen Arbeit in materielle und geistige Arbeit konnte sich ein selbständiges, vom unmittelbaren Handeln gelöstes Bewusstsein herausbilden. So entwickelten sich wissenschaftlich denkende und handelnde Menschen. Mit der Fähigkeit zur Abstraktion entstand Wissenschaft.

Mit dem Aufkommen der Klassengesellschaften nahm die herrschende theoretische Deutung der Natur und der Gesellschaft den Charakter des metaphysischen Idealismus oder des mechanischen Materialismus an. Beides diente der Rechtfertigung der jeweiligen Klassenherrschaft und ihrer gesellschaftlichen Einrichtungen.

Beeinflusst von den monotheistischen[6] Religionen, setzte sich die Theorie des Gegensatzes zwischen Geist und Materie, Mensch und Natur, Seele und Leib durch.

Der **christliche Dualismus** betrachtet den Geist als immaterielle Substanz, im Gegensatz zum Körper als materieller Substanz. Er stellt die geistige Sphäre über die körperliche, denn sie wurzle in dem göttlichen Willen. Er überhöht den religiösen Menschen als »Ebenbild Gottes« und Herrscher über das niedere körperliche Dasein in Natur und Gesellschaft. Zur ideologischen Rechtfertigung ihrer feudalen Alleinherrschaft über Mensch und Natur gaben sich die weltlichen oder religiösen Feudalherren als Statthalter Gottes auf Erden aus.

Das Aufkommen der modernen Naturwissenschaft in der bürgerlichen Gesellschaft wälzte das bis dahin herrschende Weltbild um. Die primitiven wissenschaftsfeindlichen Formen der Religion verloren an Einfluss. Mit der Entstehung des Imperialismus, mehr noch mit der Alleinherrschaft des internationalen Finanzkapitals über die ganze Welt, erlebten reli-

---

[6] Monotheismus: Glaube an einen einzigen Gott

giöse Hoffnungs- und Heilslehren allerdings eine merkwürdige Renaissance. Die monotheistischen Religionen schwangen sich zur moralischen Instanz in der *»modernen Zivilgesellschaft«* auf, ohne mit ihrer Verunglimpfung und Bekämpfung naturwissenschaftlichen Fortschritts vollständig zu brechen.

Der als scharfer Kirchenkritiker bekannte katholische Theologe Eugen Drewermann veröffentlichte 1981 ein Buch mit dem Titel »Der tödliche Fortschritt – Von der Zerstörung der Erde und des Menschen im Erbe des Christentums«. Darin wies er verdienstvoll auf die enormen Gefahren der Umweltzerstörung hin und prangerte die herkömmliche christliche Lehre an, wesentlich dazu beigetragen zu haben:

»Der entscheidende Wegbereiter dieser Entwicklung indessen ist die Geisteshaltung Europas. Sie allein hat im Gefolge und im säkularisierten Erbe des Christentums den Menschen nicht als Teil der Schöpfung, sondern als Herrscher über die Natur gesehen und am Menschen selber wiederum nur den Verstand und Herrschaftswillen gelten lassen.« (S. 7)

Diese von Drewermann als »*christliche Anthropozentrik*«[7] bezeichnete Einstellung müsse überwunden werden, damit es nicht zur Katastrophe komme. 1991 wurde Drewermann von der katholischen Kirche die Lehrerlaubnis entzogen. Anschließend wurde er auch vom Priesteramt suspendiert.

Den **»Anthropozentrismus«** als weltanschauliche Ursache herauszustellen, verschleiert allerdings die gesellschaftlichen Ursachen der Zerstörung der menschlichen Lebensgrundlagen, macht eine bestimmte Geisteshaltung oder die menschliche Zivilisation als solche verantwortlich. Der Anthropozentrismus legt nahe, der Mensch könne und solle sich so weit wie möglich aus der Natur heraushalten. Das wäre jedoch eine

---

[7] Einstellung, die den Menschen in den Mittelpunkt stellt (von griechisch: anthropos = Mensch)

idealistische Verleugnung der gestalterischen Rolle des Menschen in der Natur.

Der Islam baut auf derselben **idealistischen Schöpfungsgeschichte** auf wie das Christentum. Er stellt den Menschen über das sonstige Leben, in göttlichem Auftrag soll er über die Erde herrschen.

Der **Buddhismus** spricht allen Lebewesen eine gemeinsame »Buddha-Natur« zu: die universelle Fähigkeit, ein »erleuchtetes Wesen« zu werden. Der Mensch hat kein eigenes, von anderen Lebewesen unterschiedenes Selbst, deshalb soll er sich gegenüber allen Lebewesen mitfühlend verhalten. Darin unterscheidet sich der Buddhismus vom Dünkel der Herrschaft über die Natur, der die anderen Religionen auszeichnet. Die Kehrseite ist aber der Verzicht auf aktive Einflussnahme des Menschen auf die natürliche Umwelt und die Gesellschaft. Deshalb steht auch diese Religion einer bewussten Höherentwicklung der Einheit von Mensch und Natur entgegen.

Amerikanische Buddhisten verbanden buddhistische mit indianischen religiösen Anschauungen. Anhänger dieser Strömung leben individuell meist in großer Naturverbundenheit, sie tragen jedoch einen idealistischen und individualistischen **Naturkult** in die Umweltbewegung. Ihre Ideologie betont einseitig die Natur, stellt sie dem Menschen und seiner natürlichen Umwelt gegenüber. So kann dann die eigene Kapitulation vor der drohenden Umweltkatastrophe gerechtfertigt werden.

Die **Esoterik** verspricht und verkauft denjenigen spirituelle Naturverbundenheit, die sich traditioneller Religionsausübung entwachsen glauben. Was sich als sinnliche Ergänzung der nackten Rationalität anbietet, charakterisiert Jutta Ditfurth treffend als *»ein übelriechender Eintopf aus geklauten, ihrem sozialen und kulturellen Zusammenhang entrissenen Elementen aus allen traditionellen Religionen«*. (Jutta Ditfurth, »Feuer in die Herzen«, S. 191)

Der aus den Naturreligionen der Ackerbauern und Viehzüchter stammende Glaube an die Beseeltheit der Natur wurde von Teilen der kleinbürgerlichen Umweltbewegung wiederbelebt und vielfach esoterisch verbrämt. In der Natur sollte eine spirituelle Welt unmittelbar erfahrbar werden. Solche Sehnsüchte nach Erneuerung »natürlicher Werte« und die daran geknüpften Heilsversprechen entsprangen der Illusion glücklichen Lebens in Einheit mit der Natur, der Flucht aus der der Natur entfremdeten Welt des Kapitalismus. Die Esoteriker machten den Umweltschutz zu einer Art Ersatzreligion.

Der Ruf »zurück zur Natur« wurde zur Parole absurder Heilslehren. Die Aussteigermentalität der Hippie-Bewegung richtete verklärt darauf aus, an den Busen von »Mutter Natur« zurückzukehren.

Das Ideal einer unberührten Natur ist ein irreales Konstrukt kleinbürgerlicher Fantasten, mit dem sie ihre individualistische Lebensweise rechtfertigen wollen. Oder sollen die letzten »unberührten« Flecken der Erde von all denen besiedelt werden, die – jeder für sich – den zunehmend menschenfeindlichen Lebensbedingungen in den Megastädten und den Anstrengungen des Kampfs gegen die Umweltzerstörung entkommen wollen?

In der Realität gibt es nur die Natur und ihre ständigen Veränderungen, an denen die schöpferische Tätigkeit der Menschen wesentlichen Anteil hat.

Die kleinbürgerliche Umweltbewegung der 1970er Jahre leistete wichtige Beiträge, um das Umweltbewusstsein der Massen zu wecken. Aber sie verkannte die revolutionäre Entwicklung der Produktivkräfte als Grundlage der Einheit von Mensch und Natur. Sie nahm eine überhebliche Haltung gegenüber der Arbeiterbewegung ein, beanspruchte eine führende Rolle im Kampf um die Rettung der natürlichen Umwelt und um gesellschaftlichen Fortschritt und negierte die soziale Frage als Basis der Lösung der Umweltfrage.

Viele machten sich auf, die »wilde«, »unberührte Natur« gegen die Frevel der Industrialisierung zu schützen. Sie verteufelten den Klassenkampf und das Ziel revolutionärer Veränderung der gesellschaftlichen Verhältnisse als überholte Tradition aus längst vergangenen Zeiten. Zuerst wollten sie zurück zur Kleinproduktion, dann den Kapitalismus umweltfreundlich umbauen, bis sie schließlich zu der »Einsicht« gelangten, sie müssten die Einheit von Ökologie und kapitalistischer Ökonomie propagieren. Gelandet sind nicht wenige ihrer Wortführer in den bequemen Stuben der kapitalistischen Gesellschaft. Streng biologisch ernährt, »Bio«-Diesel fahrend und unter dem solargedeckten Dach ihres Eigenheims fungieren sie nur noch als »Greenwasher« des bürgerlichen Politikbetriebs. Ihre immer offensichtlichere Wandlung zu engagierten Verfechtern der bürgerlichen Gesellschaft bemänteln sie vielfach mit Tiraden des modernen Antikommunismus.

Dialektisch-materialistische Betrachtung der Einheit von Mensch und Natur

Den **materialistischen Standpunkt** zur Wechselwirkung von Mensch und Natur hat Friedrich Engels in seinem berühmten Artikel »Der Anteil der Arbeit an der Menschwerdung des Affen« dargestellt:

»Kurz, das Tier **benutzt** *die äußere Natur bloß und bringt Änderungen in ihr einfach durch seine Anwesenheit zustande; der Mensch macht sie durch seine Änderungen seinen Zwecken dienstbar,* **beherrscht** *sie. ... Und so werden wir bei jedem Schritt daran erinnert, daß wir keineswegs die Natur beherrschen, wie ein Eroberer ein fremdes Volk beherrscht, wie jemand, der außer der Natur steht – sondern daß wir mit*

Grundlegende Einheit von Mensch und Natur

Fleisch und Blut und Hirn ihr angehören und mitten in ihr stehn, und daß unsre ganze Herrschaft über sie darin besteht, im Vorzug vor allen andern Geschöpfen ihre Gesetze erkennen und richtig anwenden zu können.« (»Dialektik der Natur«, Marx/Engels, Werke, Bd. 20, S. 452/453)

Der Mensch hat sich aus dem Tierreich erhoben und immer weiterentwickelt, indem er bewusst auf die Natur einwirkte. Mit der neu errungenen Fähigkeit der bewussten Lebenstätigkeit entstand auch der Widerstreit zwischen Mensch und Natur. Vor allem aber wuchsen die schöpferischen Fähigkeiten, durch Arbeit und Wissenschaft diesen Widerstreit zu lösen und die Einheit von Mensch und Natur höherzuentwickeln.

Die krisenhafte Untergrabung der Lebensbedingungen, die Gefährdung der Lebensweise der Menschheit hat inzwischen jedoch eine **Tendenz zur Auflösung der grundlegenden Einheit von Mensch und Natur** hervorgebracht, die Klassenkampf und Massenwiderstand geradezu herausfordert.

Friedrich Engels wies weitsichtig darauf hin, dass eine allseitige Beherrschung und Regelung der natürlichen und gesellschaftlichen Auswirkungen der produktiven Tätigkeit der Menschen nur möglich ist, wenn die **kapitalistische Produktionsweise umgewälzt** und die **sozialistische Produktionsweise durchgesetzt** wird:

Wir lernen »allmählich, durch lange, oft harte Erfahrung und durch Zusammenstellung und Untersuchung des geschichtlichen Stoffs, uns über die mittelbaren, entfernteren gesellschaftlichen Wirkungen unserer produktiven Tätigkeit Klarheit zu verschaffen, und damit wird uns die Möglichkeit gegeben, auch diese Wirkungen zu beherrschen und zu regeln.

*Um diese Regelung aber durchzuführen, dazu gehört mehr als die bloße Erkenntnis. Dazu gehört eine **vollständige***

Umwälzung unsrer bisherigen Produktionsweise und mit ihr unsrer jetzigen gesamten gesellschaftlichen Ordnung.« (ebenda, S. 454 – Hervorhebung Verf.)

4. Marx' und Engels' grundsätzliche Kritik am Gothaer Programm

Karl Marx und Friedrich Engels schufen die wissenschaftlich begründete Vision einer Gesellschaft, in der die Ausbeutung des Menschen durch den Menschen überwunden ist. Dazu gehört, dass die Menschen ihr Verhältnis zur Natur sinnvoll, würdig und bewusst gestalten. Marx schrieb in den 1860er Jahren in den Vorarbeiten zum III. Band von »Das Kapital«:

»Wie der Wilde mit der Natur ringen muß, um seine Bedürfnisse zu befriedigen, um sein Leben zu erhalten und zu reproduzieren, so muß es der Zivilisierte, und er muß es in allen Gesellschaftsformen und unter allen möglichen Produktionsweisen. Mit seiner Entwicklung erweitert sich dies Reich der Naturnotwendigkeit, weil die Bedürfnisse; aber zugleich erweitern sich die Produktivkräfte, die diese befriedigen. Die Freiheit in diesem Gebiet kann nur darin bestehn, daß der vergesellschaftete Mensch, die assoziierten Produzenten, diesen ihren Stoffwechsel mit der Natur rationell regeln, unter ihre gemeinschaftliche Kontrolle bringen, statt von ihm als von einer blinden Macht beherrscht zu werden; ihn mit dem geringsten Kraftaufwand und unter den ihrer menschlichen Natur würdigsten und adäquatesten Bedingungen vollziehn.« (Marx/Engels, Werke, Bd. 25, S. 828)

Die bürgerliche Ideologie ignorierte im 19. Jahrhundert die Bedeutung der Natur in der gesellschaftlichen Arbeit. Marx kritisierte den damals führenden bürgerlichen Ökonomen, Adam Smith:

»*Nachdem die besondern Formen der realen Arbeit wie Agrikultur, Manufaktur, Schiffahrt, Handel usw. der Reihe nach als wahre Quellen des Reichtums behauptet worden waren, proklamierte* **Adam Smith** *die Arbeit überhaupt, und zwar in ihrer gesellschaftlichen Gesamtgestalt,* **als Teilung der Arbeit**, *als die einzige Quelle des stofflichen Reichtums oder der Gebrauchswerte. Während er hier das Naturelement gänzlich übersieht, verfolgt es ihn in die Sphäre des nur gesellschaftlichen Reichtums, des Tauschwerts.*« (»Zur Kritik der Politischen Ökonomie«, Marx/Engels, Werke, Bd. 13, S. 44)

Die bürgerliche Ideologie degradiert die Natur und überhöht die Möglichkeiten der Arbeit, indem sie diese von ihren natürlichen Voraussetzungen löst. Die **Bourgeoisie hat sich die Natur als Quelle des Reichtums privat angeeignet** und die natürlichen Ressourcen mehr und mehr in Waren verwandelt.

Marx und Engels kritisieren das Gothaer Programm

1875 fand der Vereinigungsparteitag der damals noch revolutionären sozialdemokratischen Partei und des von Ferdinand Lassalle gegründeten Allgemeinen Deutschen Arbeitervereins (ADAV) in Gotha statt. Unter maßgeblicher Verantwortung von Wilhelm Liebknecht[8] entstand der Entwurf des Programms der neuen Partei, das Gothaer Programm.

Kurz vor dem Parteitag wurde der Programmentwurf in den sozialdemokratischen Medien publiziert. Erst auf diese Weise erfuhren Marx und Engels, die in England im Exil lebten,

---

[8] Wilhelm Liebknecht (1826–1900) war führender Repräsentant der damals noch revolutionären deutschen Sozialdemokratie.

von dem Text. Friedrich Engels schrieb umgehend an August Bebel:

»*Es ist derart, daß, falls es angenommen wird, Marx und ich uns **nie** zu der auf dieser Grundlage errichteten **neuen** Partei bekennen können*«. (»Brief an Bebel«, 18./28. März 1875, Marx/Engels, Werke, Bd. 19, S. 7)

Karl Marx verfasste zwischen Mitte April und Mitte Mai 1875 eine wissenschaftliche Polemik gegen den Programmentwurf – die er bescheiden »Randglossen zum Programm der Deutschen Arbeiterpartei« nannte. Später wurde der Text in der kommunistischen Bewegung als »Kritik des Gothaer Programms« eine der **wichtigsten und am meisten verbreiteten Schriften des Marxismus-Leninismus**.

Marx bezeichnete den Programmentwurf als »*ungeheuerliches Attentat auf die in der Parteimasse verbreitete Einsicht*«, als »*frevelhaften Leichtsinn*« und »*Gewissenlosigkeit*«. (Karl Marx, »Kritik des Gothaer Programms«, Marx/Engels, Werke, Bd. 19, S. 26)

Neben der Behauptung, die Arbeit sei Quelle allen Reichtums, kritisiert er den »*Unsinn*«, alle anderen Klassen als »*reaktionäre Masse*« gegenüber der Arbeiterklasse zu bezeichnen (S. 22/23). Er polemisiert gegen die Ersetzung des proletarischen Internationalismus durch eine seichte »*internationale Völkerverbrüderung*« (S. 23). Die Übernahme des »*ehernen Lohngesetzes*« von Lassalle ist für Marx ein »*wahrhaft empörender Rückschritt*« (S. 25). Er entlarvt die Forderung nach »*Errichtung von Produktivgenossenschaften mit **Staatshilfe unter der demokratischen Kontrolle des arbeitenden Volks***« als Kapitulation vor dem notwendigen »*revolutionären Umwandlungsprozesse der Gesellschaft*« (S. 26) und als nackten Opportunismus, mit dem die Partei »*vom Standpunkt der Klassenbewegung zu dem der Sektenbewegung zurückgeht.*« (S. 27) Er geißelt den Opportunismus, einen »*freien Staat*« zu postulieren, statt »*die revolutionäre Diktatur des Proletariats*« als Staat der sozialistischen Übergangsperiode anzustreben (S. 28). Engels führt später als weitere grundsätzliche Kritik von Marx an, dass die Behandlung der Gewerkschaften im Gothaer Programm völlig fehle. Sie seien wesentliche »*Klassenorganisation des Proletariats, in der es seine täglichen Kämpfe mit dem Kapital durchficht, in der es sich schult*«. (»Brief an Bebel«, 18./28. März 1875, Marx/Engels, Werke, Bd. 19, S. 6)

Es war ein grundsätzlicher Fehler, dass Wilhelm Liebknecht die Kritik von Marx und Engels zur geheimen Verschlusssache machte und sie dem Parteitag vorenthielt. Marx ahnte das Manöver und schrieb am 5. Mai 1875:

»*Man wollte offenbar alle Kritik eskamotieren*[9] *und die eigne Partei nicht zum Nachdenken kommen lassen.*« (»Brief an Wilhelm Bracke«, Marx/Engels, Werke, Bd. 19, S. 14)

In aller Deutlichkeit drückt Marx seine zentrale Kritik in Bezug auf die Einheit von Mensch und Natur aus:

»*Die Arbeit ist **nicht die Quelle** alles Reichtums. Die **Natur** ist ebensosehr die Quelle der Gebrauchswerte (und aus solchen besteht doch wohl der sachliche Reichtum!) als die Arbeit, die selbst nur die Äußerung einer Naturkraft ist, der menschlichen Arbeitskraft. ... Nur soweit der Mensch sich von vornherein als Eigentümer zur Natur, der ersten Quelle aller Arbeitsmittel und -gegenstände, verhält, sie als ihm gehörig behandelt, wird seine Arbeit Quelle von Gebrauchswerten, also auch von Reichtum.*« (»Kritik des Gothaer Programms«, Marx/Engels, Werke, Bd. 19, S. 15)

Als Motiv der Behauptung, Arbeit wäre die Quelle allen Reichtums, sieht Marx die Verewigung der kapitalistischen Ausbeutungsverhältnisse:

---

[9] durch einen Taschenspielertrick verschwinden lassen

*»Die Bürger haben sehr gute Gründe, der Arbeit **übernatürliche Schöpfungskraft** anzudichten; denn grade aus der Naturbedingtheit der Arbeit folgt, daß der Mensch, der kein andres Eigentum besitzt als seine Arbeitskraft, in allen Gesellschafts- und Kulturzuständen der Sklave der andern Menschen sein muß, die sich zu Eigentümern der gegenständlichen Arbeitsbedingungen gemacht haben. Er kann nur mit ihrer Erlaubnis arbeiten, also nur mit ihrer Erlaubnis leben.«*
(ebenda)

Das Interesse der Kapitalisten an der Natur reduziert sich auf ihre Funktion als Produktionsmittel zur »*Exploitation der Erde zum Zweck der Reproduktion oder Extraktion*«, wie Marx im III. Band von »Das Kapital« schreibt (S. 782). Das heißt: Ausbeutung der Erde zur Vermehrung des Kapitals durch Gewinnung und Verarbeitung von Rohstoffen.

Die **Politische Ökonomie des Marxismus-Leninismus** betrachtet dagegen **Arbeit und Natur als grundlegende Einheit**. Entsprechend versteht Marx die gesellschaftliche Produktion als wesentliche Beziehung der Menschen zur Natur:

»Um zu produzieren, treten sie in bestimmte Beziehungen und Verhältnisse zueinander, und nur innerhalb dieser gesellschaftlichen Beziehungen und Verhältnisse findet ihre Einwirkung auf die Natur, findet die Produktion statt.« (»Lohnarbeit und Kapital«, Marx/Engels, Werke, Bd. 6, S. 407)

Die Schrift »Kritik des Gothaer Programms« enthält wegweisende Positionen zu allen wesentlichen Programmfragen der Kommunisten, sie hat aber darüber hinaus das besondere historische Verdienst, **die dialektische Einheit von Mensch und Natur zu einer der programmatischen Grundlagen des Marxismus** zu machen.

Marx und Engels vertieften – aufbauend auf Marx' ökonomisch-philosophischen Manuskripten von 1844 – diese marxistische Grundposition in »Das Kapital«, insbesondere im III. Band.

Kleinbürgerliche Behandlung der Kritik durch die SPD-Führung

Wilhelm Liebknecht und die Führung der deutschen Sozialdemokratie leisteten erbitterten Widerstand gegen die grundlegenden Positionen von Marx und Engels. Ohne Ross und Reiter zu nennen, aber unmissverständlich an die Adresse von Marx und Engels gerichtet, beharrte Wilhelm Liebknecht in seiner Programmrede auf dem Parteitag 1890 in Halle/Saale, also 15 Jahre nach der »Kritik des Gothaer Programms«, demagogisch auf seiner falschen Ansicht:

»es ist gesagt worden: Die Arbeit ist nicht die alleinige Quelle des gesellschaftlichen Reichthums, auch die Natur hilft ihn schaffen ... Wer das gesagt hat – und diese irrige Ansicht ist wiederholt aufgetaucht – hat ... nur ausgesprochen, was die flache, bürgerliche Nationalökonomie schon lange vorher ausgesprochen hat; ... Also kommen wir immer wieder zur A r b e i t, als der Quelle a l l e s Reichthums, zurück.« (»Protokoll über die Verhandlungen des Parteitages der Sozialdemokratischen Partei Deutschlands«, S. 160/161)

Für die dreiste Verdrehung der Tatsachen nutzte er vor allem aus, dass die Delegierten die Urheber der Kritik nicht kannten. Feige polemisierte er gegen die Ansichten von Marx und Engels als *»flache, bürgerliche Nationalökonomie«*, ohne zu wagen, die Kritiker beim Namen zu nennen.

Auf dem Parteitag wurde die Ausarbeitung eines neuen Parteiprogramms beschlossen. Angesichts der Programmdebatte fand Friedrich Engels, dass nun endlich die ganze Arbeiterbewegung die »Kritik des Gothaer Programms« von Karl Marx kennenlernen musste.[10] Aufgrund seiner unerbittlichen Initiative und gegen alle Widerstände aus der Führung der Sozialdemokratie wurde die Schrift schließlich 1891, 16 Jahre nach ihrem Erscheinen, in der Zeitschrift »Neue Zeit« veröffentlicht. Das hatte durchschlagende Wirkung! Engels schrieb am 10. Februar 1891 in einem Brief an Paul Lafargue:

»Der Artikel von Marx hat im Parteivorstand großen Zorn und in der Partei selbst viel Beifall hervorgerufen.« (Marx/Engels, Werke, Bd. 38, S. 27)

Die offensichtlich heftige Diskussion in der SPD führte schließlich dazu, dass der Satz »*Die Arbeit ist die Quelle allen Reichtums*« nicht in das Erfurter Programm von 1891 aufgenommen wurde. So konnte Engels den Entwurf dieses Programms positiv bewerten:

»Der jetzige Entwurf unterscheidet sich sehr vorteilhaft vom bisherigen Programm. Die starken Überreste von überlebter Tradition – spezifisch lassallischer wie vulgärsozialistischer – sind im wesentlichen beseitigt, der Entwurf steht nach seiner theoretischen Seite im ganzen auf dem Boden der heutigen Wissenschaft und läßt sich von diesem Boden aus diskutieren.« (»Zur Kritik des sozialdemokratischen Programmentwurfs 1891«, Marx/Engels, Werke, Bd. 22, S. 227)

Eine selbstkritische Aufarbeitung der Unterdrückung der revolutionären Positionen zur Einheit von Mensch und Natur blieb jedoch in der Sozialdemokratie tabu. Im Gegenteil rechtfertigte August Bebel auch Jahre später noch die Vereinigung mit den Lassalleanern auf der Grundlage des opportunistischen Gothaer Programms und schürte Vorbehalte gegen Marx und Engels. 1910 schrieb er in seiner Biografie:

---

[10] Karl Marx starb 1883.

»Man sieht, es war kein leichtes Stück, mit den beiden Alten in London sich zu verständigen. Was bei uns kluge Berechnung, geschickte Taktik war, das sahen sie als Schwäche und unverantwortliche Nachgiebigkeit an, schließlich war doch die Tatsache der Einigung die Hauptsache.« (August Bebel, »Aus meinem Leben«, Zweiter Teil, S. 279)

5. Allgemeine Geringschätzung der Umweltfrage in der Arbeiterbewegung

Die internationale Arbeiterbewegung hat die Umweltfrage in der Vergangenheit ohne Zweifel in nicht hinnehmbarem Ausmaß unterschätzt. Diese Kritik trifft nicht allein die reformistische Arbeiterbewegung, wenngleich der Fehler dort seine politischen und weltanschaulichen Wurzeln hat.

Am Ende des 19. Jahrhunderts war die SPD noch revolutionär. Doch die Unterdrückung revolutionärer Positionen, die Verweigerung der selbstkritischen Aufarbeitung und die Prinzipienlosigkeit widerspiegelten schon den **Opportunismus**, der mit dem **Imperialismus** aufkam und massiv in die Arbeiterbewegung eindrang. Mit dem Abgehen von den Marx'schen Positionen zur Einheit von Mensch und Natur begann die weitgehende **Verdrängung der Umweltfrage aus der Arbeiterbewegung**.

Zu Beginn des I. Weltkriegs 1914 wurde die revisionistische Entartung der Sozialdemokratie unübersehbar. Die SPD wurde zu einer bürgerlichen Arbeiterpartei und die **Verdrängung der Umweltfrage wurde zu einer der Grundlagen des Reformismus**. So war es nur konsequent, dass in der gesamten Programmatik der Sozialdemokratie bis hin zum

Godesberger Programm von 1959 das Thema Umwelt mit keinem Wort erwähnt ist.

Unter der Regie der reformistischen Sozialdemokratie verdrängten auch die **deutschen Gewerkschaften** über lange Zeit die Umweltfrage gänzlich.

Die Unterdrückung der Marx'schen Kritik durch die Führung der Sozialdemokratie hat zweifellos tiefe weltanschauliche Spuren hinterlassen. Die Behauptung, dass die Arbeit »Quelle allen Reichtums« sei, wurde zu einem Lehrsatz des Reformismus. Am 30. April 2011 schrieben der SPD-Vorsitzende Sigmar Gabriel und der DGB-Vorsitzende Michael Sommer einen gemeinsamen Gastbeitrag zum 1. Mai für die »Frankfurter Allgemeine Zeitung«:

»Die Arbeiterbewegung hat von Anfang an dafür gekämpft, dass die Arbeit als Quelle allen Reichtums und aller Kultur geachtet wird.« (www.spd.de vom 30. April 2011)

Auch die in ihren Anfangsjahren revolutionäre SED in der DDR ist nach ihrem revisionistischen Verrat zur Position des Reformismus zurückgegangen:

»Auch im Kommunismus, wie in jeder anderen Gesellschaftsordnung, bleibt die Arbeit die Quelle aller Werte.« (»Weltall Erde Mensch«, 19. bearbeitete Auflage 1971, Verlag Neues Leben, Berlin, S. 495)

Diese These wirkt bis heute als ökonomistischer Einfluss und als Geringschätzung der Umweltfrage auch in der internationalen marxistisch-leninistischen und Arbeiterbewegung.

Auseinandersetzungen um die Dialektik der Natur

Im Juni 1876, unmittelbar im Anschluss an die Auseinandersetzung um das »Gothaer Programm«, beschäftigte sich Friedrich Engels weiter mit der Umweltfrage. In fast 200 einzelnen Texten vertiefte er, in Absprache und in Übereinstimmung mit

Karl Marx, die Frage der grundlegenden Einheit von Mensch und Natur.

Diese Texte wurden erst 1925 als Buch veröffentlicht: in der sozialistischen Sowjetunion auf Deutsch und Russisch mit dem Titel »Dialektik der Natur«. In einer Würdigung des Werks in der theoretischen Schriftenreihe der Komintern »Unter dem Banner des Marxismus« empörte sich der Verfasser A. Timirjaseff berechtigt über die Missachtung dieser Schrift durch die Führung der deutschen Sozialdemokratie:

»Nimmt man den ... Band zur Hand, so weiß man nicht, ob man mehr die glänzende Leistung des Herausgebers bestaunen oder ob man sich entrüsten soll über das langjährige Zurückhalten eines so ungewöhnlich wertvollen Nachlaßwerkes.« (»Unter dem Banner des Marxismus«, I. Jahrgang, März 1925 bis Januar 1926, S. 459)

Bemerkenswerterweise bezog sich diese Würdigung jedoch weniger auf die grundsätzlichen weltanschaulichen Fragen der materialistischen Dialektik, sondern auf Engels' Erörterungen zur Physik, auf ihre weitestgehende Übereinstimmung mit den neuesten Erkenntnissen der Wissenschaft. So schrieb Timirjaseff:

»Ohne sich einer Übertreibung schuldig zu machen, darf man wohl sagen, daß dieses hervorragende Buch, das Gen. Rjasanoff von dem Staube 30 Jahre langen Liegens in den sozialdemokratischen Archiven befreien konnte, **von allen marxistischen Naturwissenschaftlern** *immer wieder gelesen werden wird.«* (ebenda, S. 459 – Hervorhebung Verf.)

Das Reduzieren der Bedeutung dieses Buchs auf seine naturwissenschaftlichen Aussagen bedeutete im Kern eine **Geringschätzung der dialektisch-materialistischen Methode**.

Weder in den Programmen der KPD von 1918, 1922 und 1930 noch in Reden oder Schriften von Ernst Thälmann oder im Aufruf des Zentralkomitees der KPD von 1945 zum Neuaufbau der Partei waren programmatische Aussagen zur Umweltfrage, zur dialektischen Einheit von Mensch und Natur enthalten.

Bei der Beurteilung der Behandlung der Umweltfrage in den Parteien der alten kommunistischen Bewegung muss natürlich in Rechnung gestellt werden, dass in jenen Jahren allenfalls **regionale Umweltkatastrophen, nicht aber eine globale Umweltkrise existierte** und das Umweltbewusstsein in der Gesellschaft allgemein schwach entwickelt war.

Die **Frage der Einheit von Mensch und Natur** ist jedoch keine zeitbezogene, sondern eine **grundsätzliche Frage des Marxismus**. Ihre allgemeine weltanschauliche Geringschätzung stand im Gegensatz zu Lenin, der die Einheit von Mensch und Natur immer als grundlegende Frage behandelt hat. In seinen philosophischen Schriften qualifiziert er sie sogar als Scheidelinie zwischen Materialismus und Idealismus:

»nicht die Natur und das Reich des Menschen richten sich nach den Prinzipien, sondern die Prinzipien sind nur insoweit richtig, als sie mit Natur und Geschichte stimmen. Das ist die einzige materialistische Auffassung der Sache ... hier handelt es sich ... um den Gegensatz von Materialismus und Idealismus, um den Unterschied der beiden philosophischen Grundlinien.« (»Materialismus und Empiriokritizismus«, Lenin, Werke, Bd. 14, S. 32/33)

Nach der revisionistischen Entartung großer Teile der alten kommunistischen Bewegung entstanden seit den 1960er Jahren neue marxistisch-leninistische Parteien, die sich zunächst berechtigt auf die prinzipielle Verteidigung des Marxismus-Leninismus gegen den Revisionismus und auf den Parteiaufbau konzentrierten. Sie waren jedoch auch beeinflusst von der Geringschätzung der Umweltfrage in der alten kommunistischen und Arbeiterbewegung.

Auch in der Grundsatzerklärung des Kommunistischen Arbeiterbunds Deutschlands (KABD), der Vorläuferorganisation der MLPD, von 1972 ist die Umweltfrage noch nicht behandelt. Willi Dickhut kritisierte jedoch die Verwendung der Losung, die Arbeit sei die Quelle allen Reichtums, in Veröffentlichungen der Partei. Und die MLPD übte auch Kritik an der Behandlung der Umweltfrage in der kleinbürgerlichen Umweltbewegung. Dennoch wurde die Unterschätzung der Umweltfrage erst in der ideologischen, politischen und organisatorischen Vorbereitung der Parteigründung gründlich kritisiert.

Seit ihrer Parteigründung 1982 hat die MLPD in ihrem Grundsatz- wie in ihrem Kampfprogramm **prinzipiell richtig Stellung genommen.** So hieß es im Grundsatzprogramm:

»Der wissenschaftliche Fortschritt in der Nutzung der Natur und ihrer Gesetze führt aufgrund des Gesetzes der Profitmaximierung, das nur auf den unmittelbaren Effekt ausgerichtet ist, zum hemmungslosen Raubbau an der natürlichen Umwelt. Die Deformierung und Vergiftung von Luft, Wasser und Boden nimmt immer bedrohlichere Ausmaße für Menschen, Tiere und Pflanzen an.« (S. 7)

In dem Kampfprogramm, das der Gründungsparteitag verabschiedete, hieß es:

»10. Wirksamer Umweltschutz und verstärkte Kontrolle gegen die industriellen Verschmutzer – Haftung der Verantwortlichen für alle entstandenen Schäden!« (S. 27)

Seitdem hat die Lösung der Umweltfrage **ihren gebührenden Platz** in der ideologisch-politischen Linie der MLPD erobert, vor allem **ausgehend von REVOLUTIONÄRER WEG 23** »Krisen und Klassenkampf« 1984. Auch neue Erscheinungen und wesentliche Veränderungen im imperialistischen Weltsystem wurden berücksichtigt.

In der **Praxis** der Parteiarbeit wirkte die **latente Unterschätzung der Umweltfrage** jedoch noch lange weiter. Die nachhaltige Verdrängung der weltanschaulichen Grundfrage der Einheit von Mensch und Natur muss unbedingt restlos überwunden werden.

Im Zuge ihrer internationalistischen Arbeit stieß die MLPD auch auf **anhaltende Geringschätzung** der Umweltfrage **in der internationalen marxistisch-leninistischen und Arbeiterbewegung.** Intensiv bemühte sie sich zusammen mit einigen anderen Parteien, in der Internationalen Konferenz Marxistisch-Leninistischer Parteien und Organisationen (IKMLPO) die Umweltfrage auf die Tagesordnung zu setzen. Dies wurde durch andere Teilnehmer fast zwanzig Jahre lang mit unterschiedlichen Begründungen stets abgelehnt oder vertagt.

Erst auf der 10. Internationalen Konferenz 2010 wurde das Thema gründlich diskutiert und anschließend wurde die wegweisende Resolution »Die Umweltfrage und die Aufgaben der Marxisten-Leninisten« verabschiedet. Darin heißt es:

*»Die **Internationale Konferenz stellt fest, dass es Versäumnisse seitens der marxistisch-leninistischen und Arbeiterbewegung in der Umweltfrage** gab. ... Deshalb sind die marxistisch-leninistischen Parteien und Organisationen dafür verantwortlich, die Frage global aufzugreifen und den Widerstand gegen die imperialistischen Pläne zur Zerstörung der Umwelt aufzubauen. Es ist notwendig, den Klassenkampf mit dem Kampf gegen die Zerstörung der Umwelt zu vereinen, im Wissen, dass nur die Zerschlagung des imperialistischen kapitalistischen Systems und seine Ersetzung durch eine neue Gesellschaft die endgültige Lösung für dieses Problem sein wird.«* (Hervorhebung Verf.)

II. Kapitalismus und Umweltzerstörung

1. Untergrabung der natürlichen Lebensgrundlagen und Ruinierung der Arbeitskraft

Der Mensch wirkt mit seinen Handlungen gestalterisch auf die Natur ein. Dabei kommt es auch zu **unvorhergesehenen und unbeabsichtigten Folgen.** Dazu schreibt Friedrich Engels:

»Schmeicheln wir uns indes nicht zu sehr mit unsern menschlichen Siegen über die Natur. Für jeden solchen Sieg rächt sie sich an uns. Jeder hat in erster Linie zwar die Folgen, auf die wir gerechnet, aber in zweiter und dritter Linie hat er ganz andre, unvorhergesehene Wirkungen, die nur zu oft jene ersten Folgen wieder aufheben.« (»Dialektik der Natur«, Marx/Engels, Werke, Bd. 20, S. 452/453)

Produktivkräfte und Destruktivkräfte des Kapitalismus

Der Raubbau an der natürlichen Umwelt beruhte in vorkapitalistischen Gesellschaften auf einem niedrigen Niveau der Produktivkräfte und der Naturwissenschaft. Im Zeitalter des Feudalismus griffen die Menschen mit Arbeitsmitteln und -methoden, die auf handwerklicher Produktion und kleinbäuerlicher Landwirtschaft beruhten und noch relativ eingeschränkt waren, in ihre natürliche Umwelt ein. Die schwerer wiegenden Eingriffe wie die Abholzung von Wäldern in Mitteleuropa zur Gewinnung von Ackerflächen blieben lokal begrenzt oder die Biosphäre konnte sie wieder ausgleichen.

Erst mit dem Übergang von der handwerklichen Produktion im Feudalismus zur überwiegend industriellen **Großproduktion im Kapitalismus** erfuhr der **Stoffwechsel von Mensch und Natur eine wesentliche Veränderung und bekam dominanten Einfluss auf die Biosphäre.** Die menschliche **Arbeitsproduktivität** entwickelte sich sprunghaft. Das neue Niveau von Arbeit, Wissenschaft und Technik ermöglichte **allseitige, tief gehende Eingriffe in die Natur.**

Erfindung und Einsatz der Dampfmaschine beflügelten die industrielle Massenproduktion. So stieg die Stahl- und Eisenproduktion von 300 000 Tonnen im Jahr 1700 bis 1850 um das Vierzigfache auf 12 Millionen Tonnen.

Mit der industriellen Nutzung fossiler Energieträger erhöhte sich sprunghaft die **Menge** zu verwendender **Energie.** Die globale Kohleförderung stieg von 10 Millionen Tonnen im Jahr 1800 auf 760 Millionen im Jahr 1900, also um das 76-Fache. Das gab der Produktion und Reproduktion des unmittelbaren menschlichen Lebens eine neue Dimension. Damit vervielfachten sich auch der Umfang des Stoffwechsels von Mensch und Natur und der Verbrauch natürlicher Ressourcen.

Massenhafte Konzentration der Fabrikarbeiter im Bergbau, in der Textil-, Stahl- und Maschinenbauindustrie führte zum Entstehen und rasanten Wachstum der Städte. Lebten um 1800 drei Prozent der Menschen in Städten, so waren es im Jahr 1900 bereits vierzehn Prozent. Die **Urbanisierung der Menschheit** beschleunigte sich mit der fortschreitenden Industrialisierung und wurde zur **Schrittmacherin des gesellschaftlichen Fortschritts** in der kapitalistischen Gesellschaft.

Die Verdoppelung der Weltbevölkerung von 1700 bis 1850 hatte noch in erster Linie die Verdoppelung der Fläche des Ackerlands zur Grundlage. Erst die später einsetzende Verwendung von mineralischem Kunstdünger und die **Mechanisierung und Industrialisierung der Landwirtschaft** vervielfachten die Erträge und steigerten die Produktion von Nahrungsmitteln.

Eisenbahnen und Schiffe sorgten für einen **globalen Transport der Waren**. Straßen, Kanäle, Gleise, Brücken und elektrische Leitungen durchzogen die Landschaft. Die Nutzung des elektrischen Telegrafen und des Telefons revolutionierte die Kommunikation. Neue wissenschaftliche Erkenntnisse und Fortschritte in der industriellen Produktion verbreiteten sich nun in Windeseile über die ganze Welt.

Der historisch fortschrittliche Prozess der raschen Entwicklung der Produktivkräfte und des gesellschaftlichen Lebens im Kapitalismus beruhte auf einer immer umfassenderen Ausbeutung der Arbeitskraft der Lohnarbeiter und auf der Einführung der bürgerlichen Familienordnung. Das ging einher mit **wachsender Untergrabung der natürlichen Lebensgrundlagen der Menschheit**.

- Über Jahrmillionen gewachsene, **nicht erneuerbare Rohstoffe** wie Kohle und Erdöl wurden verbrannt, Kohlenstoff wurde aus der Lithosphäre in die Atmosphäre transportiert. Der verstärkte Ausstoß von CO_2 löste einen Prozess der Erderwärmung aus, der jedoch bis Mitte des 20. Jahrhunderts ohne wesentliche negative Auswirkungen auf das Weltklima verlief.

- Die immer intensivere kapitalistische Landwirtschaft **schädigte** zunehmend **die Ackerböden**. Die Zersiedelung der Landschaft **versiegelte immer größere Bodenflächen**. Beides beeinträchtigte die herkömmlichen Ökosysteme.

- **Abfälle, Abgase und Abwasser** vergifteten Boden, Luft und Wasser, schädigten Pflanzen, Tiere und Menschen.

- Während auf dem Land weiter die kulturelle Rückständigkeit grassierte, beeinträchtigte die Entstehung der großen Städte empfindlich den **natürlichen Stoffwechsel zwischen Mensch und Natur**. Karl Marx schrieb dazu in seinem Hauptwerk »Das Kapital«:

»Mit dem stets wachsenden Übergewicht der städtischen Bevölkerung, die sie in großen Zentren zusammenhäuft, häuft die kapitalistische Produktion einerseits die geschichtliche Bewegungskraft der Gesellschaft, stört sie andrerseits den Stoffwechsel zwischen Mensch und Erde, d. h. die Rückkehr der vom Menschen in der Form von Nahrungs- und Kleidungsmitteln vernutzten Bodenbestandteile zum Boden, also die ewige Naturbedingung dauernder Bodenfruchtbarkeit. Sie zerstört damit zugleich die physische Gesundheit der Stadtarbeiter und das geistige Leben der Landarbeiter.«
(»Das Kapital«, Marx/Engels, Werke, Bd. 23, S. 528)

- Vor allem in **Arbeiterwohngebieten** breiteten sich bittere **Not, Armut und Elend** aus sowie verheerende **Krankheiten** wie Tuberkulose, Cholera, Typhus, Rachitis. Die Ursachen lagen in der brutalen Ausbeutung der Arbeitskraft der Proletarier, ihrer Frauen und Kinder, in den beengten, unhygienischen Wohnverhältnissen und in mangelnder Ernährung.

Marx charakterisierte den Umgang mit der Natur im Kapitalismus der freien Konkurrenz als **Untergrabung von Mensch und Natur**:

*»Die kapitalistische Produktion entwickelt daher nur die Technik und Kombination des gesellschaftlichen Produktionsprozesses, indem sie zugleich **die Springquellen alles Reich-***

tums untergräbt: **die Erde und den Arbeiter.**« (ebenda, S. 529/530 – Hervorhebung Verf.)

Die Entfremdung von der Natur im Kapitalismus

Der **Stoffwechsel zwischen Mensch und Natur** wird wesentlich **durch die Arbeit** verwirklicht. Sie ist Naturbedingung des menschlichen Lebens überhaupt, macht das Wesen des Menschen aus. Die Erde und die Arbeitskraft des Menschen werden jedoch im Kapitalismus rücksichtslos ausgebeutet. Dazu schrieb Marx:

»Indem das Kapital sich die beiden Urbildner des Reichtums, Arbeitskraft und Erde, einverleibt, erwirbt es eine Expansionskraft, die ihm erlaubt, die Elemente seiner Akkumulation auszudehnen jenseits der scheinbar durch seine eigne Größe gesteckten Grenzen«. (ebenda, S. 630/631)

Der Arbeiter produziert nicht für die Befriedigung seiner Lebensbedürfnisse, sondern für die des Kapitals. Das entfremdet ihn vom Arbeitsprozess und vom Produkt seiner Arbeit. **Dieser entfremdete Charakter der Arbeit entfremdet den Menschen** zugleich **von der Natur:**

*»Das Verhältnis des Arbeiters zum **Produkt der Arbeit** als fremden und über ihn mächtigen Gegenstand ... ist zugleich das Verhältnis zur sinnlichen Außenwelt, zu den Naturgegenständen als einer fremden, ihm feindlich gegenüberstehenden Welt.«* (»Ökonomisch-philosophische Manuskripte aus dem Jahre 1844«, Marx/Engels, Werke, Bd. 40, S. 515)

Die kapitalistische Produktionsweise **nimmt wenig Rücksicht auf die Folgen für Mensch und Natur**. Raubbau, Vergiftung und Deformierung der Natur hätten im Kapitalismus grundsätzlich vermieden werden können, sie waren aber eine **ständige Begleiterscheinung**.

Die Denkweise der Kapitalisten zielt, angetrieben von ihrer Profitgier, nur auf unmittelbar absehbare Ergebnisse, vor allem auf Steigerung des Profits. Selbst die fortschrittlichen Produktivkräfte richten sich unter kapitalistischen Bedingungen zunehmend als Destruktivkräfte gegen Mensch und Natur. Die Entfremdung der Arbeiter von der Natur wird zur materiellen Grundlage einer klassenfremden bürgerlichen Weltanschauung. Sie beeinflusst die Denkweise der Arbeiterklasse, schlägt sich in Geringschätzung der Natur und gedankenlosem Raubbau an der Natur nieder.

Als einzig revolutionäre Klasse und entscheidende Produktivkraft ist das Proletariat in der Lage, eine solche dekadente Denkweise abzulegen, den Kapitalismus revolutionär zu überwinden und die Wissenschaft und Technik im Sozialismus/Kommunismus im Interesse der Einheit von Mensch und Natur bewusst anzuwenden.

»*In dem Maße, wie die Menschheit die Natur bezwingt, scheint der Mensch durch andre Menschen oder durch seine eigne Niedertracht unterjocht zu werden. ... Einige Parteien mögen darüber wehklagen; andere mögen wünschen, die modernen technischen Errungenschaften loszuwerden, um die modernen Konflikte loszuwerden. ... Wir wissen, daß die neuen Kräfte der Gesellschaft, um richtig zur Wirkung zu kommen, nur neuer Menschen bedürfen, die ihrer Meister werden – und das sind die Arbeiter.*« (Karl Marx, »Rede auf der Jahresfeier des ›People's Paper‹«, Marx/Engels, Werke, Bd. 12, S. 3/4)

Der moderne Antikommunismus in der Umweltfrage

Nicht zufällig attackiert der moderne Antikommunismus gerade in jüngster Zeit verstärkt die weltanschaulichen Grundlagen des Marxismus zur Einheit von Mensch und Natur.

Bereits 1983 war anlässlich des 100. Todestags von Karl Marx der sogenannte »Wissenschaftsstreit über Marx und die Naturfrage« zwischen dem Ökonomieprofessor Hans Immler und dem Philosophen Wolfdietrich Schmied-Kowarzik entbrannt. Angesichts einer Renaissance von Marx' Lehren im Zusammenhang mit verstärkter Kapitalismuskritik erfuhr ihr Buch 2011 eine Neuauflage.

Im Vorwort ihres Buchs beschwören die Autoren ihre Übereinstimmung, dass die weitere Entwicklung der Menschheit von der *»Lösung der ›Naturfrage‹«* abhänge. (Hans Immler, Wolfdietrich Schmied-Kowarzik, »Marx und die Naturfrage«, S. 7)

Beiden ist bewusst, dass die kapitalistische Gesellschaft, die klassenneutral als *»wertgetriebene Industriegesellschaft«* umschrieben wird, die Lebensgrundlagen der Menschheit bedroht. Doch in trauter Gemeinsamkeit verzerren beide auf ihre Weise die revolutionäre Position des Marxismus in der Frage der Einheit von Mensch und Natur.

Schmied-Kowarzik möchte sich in der Rolle des Verteidigers von Marx profilieren. Ihn interessiert aber ausschließlich der *»philosophische Denker«*, da Marx für die praktische Lösung der Umweltfrage ohnehin nicht zu gebrauchen sei.

Dagegen spielt Immler den Part des offen Aggressiven. Er behauptet, *»dass die Marxsche Theorie einer Lösung des wohl größten Zukunft bestimmenden Menschheitsproblems eher im Wege steht. ... Es bleiben die absoluten und sich verheerend auswirkenden Fehler in der Marxschen Theorie, dass nur die menschliche Arbeit als wertproduktiv und somit die Natur als wertunproduktiv behandelt wird.«* (ebenda, S. 9/10)

Das ist eine glatte Fälschung der Marx'schen Positionen – wohl in der Hoffnung, dass keiner das Original zurate zieht. Immler »übersieht« in seiner platten Auslegung der Marx'schen Kritik an der politischen Ökonomie des Kapitalismus das Wesentliche: die dialektische **Unterscheidung von Tauschwert und Gebrauchswert der Waren.**

Da den Kapitalisten aufgrund seiner Profitgier und der gesetzmäßigen Konkurrenz nur die Akkumulation seines Kapitals interessiert, unterwirft er den gesamten Stoffwechsel von Mensch und Natur der Erzeugung von Tauschwert. Der Gebrauchswert verkümmert zum bloßen Mittel zum Zweck der Profitmacherei. Das haben Marx und Engels nun wirklich nicht zu verantworten! Die »Kritik« Immlers an Marx gleicht dem absurden Vorwurf an den Arzt, er habe wegen seiner Diagnose eines Krebsgeschwürs dieses gefälligst auch zu verantworten.

Im März 2013 erschien das Buch von Ralf Fücks[11] »Intelligent wachsen – Die grüne Revolution«. Es richtet sich explizit an alle, die angesichts des Scheiterns der kleinbürgerlichen Umweltbewegung nach revolutionären Alternativen suchen. Fücks attackiert darin Karl Marx und seine wissenschaftlichen Lehren über die nachhaltige Verwirklichung der Einheit von Mensch und Natur.

»Marx ging davon aus, dass die kapitalistischen Produktionsverhältnisse (alsbald) zu eng für die stürmische Entwicklung der Produktivkräfte würden. Dann werde die Stunde der Revolution als Geburtshelfer einer neuen, sozialistischen Gesellschaft schlagen. Stattdessen häutete sich der Kapitalismus mit jeder Krise und ging verjüngt aus ihr hervor. Insoweit ist auch die Kritik am Kapitalismus Teil seines Erfolgs. ... Schon die Urväter des

---

[11] Ralf Fücks »häutete« sich vom führenden Mitglied im Kommunistischen Bund Westdeutschland (KBW) in den 1970er Jahren zum bürgerlichen Umweltpolitiker. 1982 ging er zu den Grünen und wurde vorübergehend ihr stellvertretender Vorsitzender. Er nahm eine führende Rolle ein bei der Integration der kleinbürgerlichen außerparlamentarischen Umweltbewegung in den bürgerlichen Parlamentarismus. So brachte er es zum Senator in Bremen. Seit 1996 leitet er die Heinrich-Böll-Stiftung, die Denkfabrik der Partei Bündnis 90/Die Grünen.

Sozialismus unterschätzten gründlich die Wandlungsfähigkeit der kapitalistischen Produktionsweise.« (S. 304/305)

Fücks meint, den von Marx aufgedeckten Grundwiderspruch der kapitalistischen Produktionsweise zwischen den sich revolutionär entwickelnden Produktivkräften und den reaktionären Produktionsverhältnissen schon dadurch beiseite wischen zu können, dass der Kapitalismus bisher an seinen Krisen nicht zugrunde gegangen sei.

Von der Warte seiner eigenen, inzwischen privilegierten gesellschaftlichen Situation und Reputation[12] aus meint er, über die verheerende allgemeine Krisenhaftigkeit des Imperialismus hinweggehen zu können.

Wie jeder bourgeoise Nutznießer der kapitalistischen Produktionsweise himmelt er Produktivität, Technik und Wissenschaft an, um seine absurde Theorie zu begründen, der Kapitalismus gehe aus jeder Krise verjüngt hervor. Er vertuscht dabei ausdrücklich, wie der Kapitalismus seine Krisen löst: durch die Steigerung der Ausbeutung der Arbeiterklasse, durch Vernichtungsschlachten im Konkurrenzkampf, durch Kriege, durch verstärkte Niederhaltung der Massen, die sich gegen die Abwälzung der Krisenlasten zur Wehr setzen, und durch fortschreitende Zerstörung der natürlichen Lebensgrundlagen der Menschheit.

»Wodurch überwindet die Bourgeoisie die Krisen?«, fragte Marx im »Manifest der Kommunistischen Partei« und fuhr fort: *»Dadurch, daß sie allseitigere und gewaltigere Krisen vorbereitet und die Mittel, den Krisen vorzubeugen, vermindert.«* (Marx/Engels, Werke, Bd. 4, S. 468)

Nicht umsonst erklärte die Geschäftsführerkonferenz des führenden deutschen Monopolverbands »Bundesverband der

---

[12] (guter) Ruf

Deutschen Industrie (BDI)« am 28. Mai 2013 Ralf Fücks zum gern gesehenen Gast und brachte seinem Buch »*wohlwollendes Interesse*« entgegen. (»Frankfurter Allgemeine Zeitung« vom 27. Mai 2013) Im bürgerlichen deutschen Blätterwald wurde sein antikommunistisches Machwerk hoch gelobt.

Der geläuterte einstmalige Spitzenfunktionär der kleinbürgerlichen marxistisch-leninistischen Bewegung scheint aus Sicht der Herrschenden eine Idealbesetzung zu sein, um die Arbeiter- und Umweltbewegung mit seinem **grün garnierten Gebräu aus modernem Antikommunismus und imperialistischem Ökologismus** zu beglücken.

»*Wer sich für die Revolution begeistert, der findet in der grünen Revolution ein weites, lohnendes Betätigungsfeld: vom Engagement für globale Gemeingüter bis zum ›Urban Farming‹. Die Freisetzung einer neuen Welle von Erfindergeist, Enthusiasmus und Unternehmertum verändert die Welt mehr als alle Kongresse zur Wiederbelebung des Kommunismus.*« (»Intelligent wachsen – Die grüne Revolution«, S. 166)

Wie allerdings die globale Umweltkatastrophe, die Armut, der Hunger von Hunderten Millionen und die Kriege mit »*Urban Farming*« und dem »*Engagement für globale Gemeingüter*« verhindert werden sollen, bleibt das Geheimnis des hoch bezahlten grünen Spitzenphilosophen.

Es ist kein Zufall, dass Fücks exakt in einer historischen Situation, in der sich die Erkenntnis Bahn bricht, dass die Umweltfrage eine Systemfrage ist, gegen diesen Erkenntnisfortschritt wettert.

»*Man tut der ökologischen Frage keinen Gefallen, wenn man sie als trojanisches Pferd des Antikapitalismus benutzt. Wer sich in den alten Schützengräben verschanzt, verschenkt damit Bündnismöglichkeiten bis in die Unternehmen hinein.*« (ebenda, S. 304)

Karl Marx und Friedrich Engels haben genial und visionär die Zusammenhänge zwischen der kapitalistischen Produktionsweise und den natürlichen Lebensgrundlagen der Menschheit untersucht. Sie haben damit der internationalen revolutionären Arbeiterbewegung wertvollste Grundlagen hinterlassen, die sie entschieden gegen alle Verfälschungen und antikommunistischen Verleumdungen verteidigen und auf die heutigen Bedingungen anwenden muss.

2. Die Umweltkrise als Begleiterscheinung des Imperialismus

Der Übergang des Kapitalismus der freien Konkurrenz zum Monopolkapitalismus und die rasche Entwicklung zum Imperialismus am Ende des 19. Jahrhunderts vertieften sprunghaft die Ausbeutung von Mensch und Natur. Die Ausbeutung des Menschen durch den Menschen nahm die **Dimension der Ausbeutung und Unterdrückung ganzer Länder und Völker** an. Der Raubbau an der Natur und die Untergrabung der natürlichen Lebensgrundlagen der Menschheit bekamen weltumspannendes Ausmaß. Die ökonomischen und politischen **Destruktivkräfte** wuchsen gewaltig an und fanden ihren vorläufigen Höhepunkt im I. Weltkrieg 1914 bis 1918. Die Umwandlung der explodierenden revolutionären Produktivkräfte in die Menschheit bedrohende Destruktivkräfte wurde mehr und mehr zu einem **Wesensmerkmal des Imperialismus.**

Der REVOLUTIONÄRE WEG 23 »Krisen und Klassenkampf« fasste die verschiedenen Tendenzen des Imperialismus zur Zerstörung der Einheit von Mensch und Natur zusammen:

»weltweite Plünderung von Rohstoffen, Vergeudung natürlicher Reichtümer durch Vernichtung massenhafter Überpro-

duktion wie zum Beispiel während der Weltwirtschaftskrise von 1929–32, Deformierung der Natur in den Kolonien durch Anlage von Monokulturen, etwa zur Rohrzuckerproduktion auf Kuba, Vergeudung von Millionen Tonnen wertvoller Rohstoffe durch die wachsende imperialistische Rüstungsproduktion und schließlich verheerende Zerstörung von Menschen, Städten und Natur durch moderne Massenvernichtungsmittel im imperialistischen Krieg, im Kampf der Großmächte um die Neuaufteilung der Welt.« (S. 174)

Die Imperialisten raubten den Völkern der kolonialen Länder Afrikas, Asiens und Lateinamerikas ihre über Jahrhunderte gewachsenen natürlichen Lebensgrundlagen. Die Enteignung der kenianischen Völker und die Zerstörung ihrer natürlichen Umwelt durch den britischen Kolonialismus in den 1940er Jahren schilderte die Friedensnobelpreisträgerin Wangari Maathai in ihrem Buch »Afrika, mein Leben – Erinnerungen einer Unbeugsamen«.

»Die Kolonialverwaltung hatte beschlossen, Teile des Urwalds zu roden und kommerzielle Plantagen von nichteinheimischen Bäumen anzulegen. ... Mitte der vierziger Jahre hatten die Briten schon viele exotische Baumarten in Kenia eingeführt ... So verdrängten die neuen Arten die alten Bäume und Tiere, ... zerstörten das natürliche Ökosystem ... im Lauf der Zeit wurden die Bäche und Flüsse sehr viel kleiner oder versiegten gar völlig.« (S. 54/55)

Staatsmonopolistischer Kapitalismus und Neokolonialismus

Während des II. Weltkriegs setzte sich der **staatsmonopolistische Kapitalismus** gegen den Monopolkapitalismus durch, entstand allseitig die **neue ökonomisch-politische Basis des Imperialismus**. Seitdem haben sich die Monopole den Staat vollständig untergeordnet, ihre Organe sind mit den

Organen des Staats verschmolzen und die Monopole haben ihre Alleinherrschaft über die gesamte Gesellschaft errichtet.

In dieser neuen Phase der imperialistischen Entwicklung entstanden und wuchsen rasch multinationale Konzerne, beschleunigte sich die Internationalisierung der Produktion. Waren multinationale Konzerne vor dem II. Weltkrieg nur eine vereinzelte Erscheinung, so wuchs ihre Zahl bis 1969 auf 7 300. Bis 2010 stieg ihre Zahl auf 103 796, sie beherrschten 892 114 ausländische Tochterunternehmen.

Zur Zeit des alten Kolonialismus zielten die direkten Investitionen des Monopolkapitals im Ausland auf die Versorgung mit Rohstoffen und Produkten der tropischen Landwirtschaft. Diese **kostengünstigen Produktionsmittel** sollten vor allem die **Kontinuität der Produktion in den hoch industrialisierten imperialistischen Zentren** sicherstellen.

Doch der alte Kolonialismus war nach dem II. Weltkrieg nicht mehr aufrechtzuerhalten. Das sozialistische Lager erstarkte und in den Kolonien flammten bewaffnete Befreiungskämpfe auf. Der staatsmonopolistische Kapitalismus in den imperialistischen Ländern war die Basis, auf der der **Neokolonialismus** an die Stelle des alten Kolonialismus treten konnte.

Formalpolitisch blieben die neokolonialen Länder unabhängig. Das internationale Finanzkapital unterwarf sie mit der Methode der ökonomischen und politischen Durchdringung. Die Investitionen der Monopole im Ausland zielten ab auf die Kontrolle von Einflussgebieten und zunehmend auf den Aufbau von Tochterunternehmen. Diese dienten der Herstellung von Waren in Auslandsfabriken, der Ausbeutung von Rohstoffen und billigen Arbeitskräften sowie der Kontrolle der nationalen Märkte.

Die **Herausbildung des Systems des Neokolonialismus** beschleunigte ungemein das Wachstum der internationalen

Produktion. Als sich die sozialimperialistische Sowjetunion zu Beginn der 1990er Jahre auflöste und ihre Nachfolgestaaten in den gemeinsamen Weltmarkt integriert wurden, nahm die kapitalistische Produktion erstmals einen **hauptsächlich internationalen Charakter an**. Das wirkte sich auch verschärfend auf die Entwicklung der globalen Umweltkrise aus.

Die globale Umweltkrise

Umfang und globales Ausmaß der Untergrabung der natürlichen Lebensgrundlagen der Menschheit lösten Ende der 1960er/Anfang der 1970er Jahre eine **globale Umweltkrise** aus. In dem Buch »Krisen und Klassenkampf« wurde 1984 die Umweltkrise definiert:

*»Von einer **Umweltkrise** sprechen wir dann, wenn diese Veränderungen der natürlichen Umwelt durch den Menschen in eine beschleunigte, alle grundlegenden Lebensbedingungen des menschlichen Lebens berührende **Phase der Zerstörung** von Boden, Wasser, Luft, Flora und Fauna übergehen.«* (S. 180)

Das Buch schälte die dafür verantwortlichen Faktoren heraus:

- sprunghafter Anstieg des Verbrauchs von Rohstoffen und Energie,
- neue Qualität der Verstrahlung durch Radioaktivität und der Vergiftung durch Stoffe aus der chemischen Massenproduktion,
- Auszehrung und Zerstörung fruchtbarer Böden durch Überdüngung und massenhaften Einsatz von Pflanzenschutzmitteln in der Landwirtschaft,
- Zersiedlung der Landschaft mit Fabriken, Straßen und Häusern,
- extremer Raubbau an der Natur in den neokolonial abhängigen Ländern,

- Senkung der Investitionen in Umweltschutzmaßnahmen durch die Monopole als Folge der verschärften weltweiten imperialistischen Konkurrenz,
- drohende Vernichtung von Mensch und Natur durch imperialistische Kriege sowie durch Militarisierung und steigende Rüstungsproduktion.

Die globale Umweltkrise **stellt die Einheit von Mensch und Natur allgemein infrage**. Sie wurde zu einem neuen Merkmal der Allgemeinen Krise des Kapitalismus.

Es war ein unbestreitbarer Erfolg der **weltweit agierenden Umweltbewegung**, dass die Umweltfrage zu einem zentralen Thema gesellschaftlicher Auseinandersetzungen wurde. Ein **allgemeines Umweltbewusstsein der Massen entstand**. Vor diesem Hintergrund beschlossen die Regierungen in den kapitalistischen Ländern einige rechtliche Regelungen und weitere Maßnahmen zum Schutz der Umwelt.

In der BRD wurden 1974 erstmals ein Umweltbundesamt eingerichtet und verschiedene Umweltinstitute und Forschungseinrichtungen gegründet oder gefördert. Seit den 1970er/1980er Jahren wurden Filter zur Reinigung von Abgasen und Kläranlagen zur Säuberung von Abwässern vorgeschrieben. Das Bundes-Immissionsschutz-Gesetz von 1974 führte zur Verbesserung des Lärmschutzes und der Luftreinhaltung. Diese Maßnahmen waren jedoch nicht umfassend und vorausschauend, sondern in der Regel Reaktionen auf sich zuspitzende Umweltprobleme, auf massiven Widerstand aus der Bevölkerung oder sie stellten neue profitable Märkte in Aussicht.

Es zeigt die Dekadenz des kapitalistischen Systems, dass trotz zunehmender Alarmzeichen keine entscheidende Wende eingeleitet wurde. Stiegen die Investitionen für den Umweltschutz in den USA und der BRD bis 1975 auf nahezu acht Prozent der Gesamtinvestitionen – in Japan sogar auf 20 Prozent –, so sanken sie danach wieder auf unter fünf Prozent.

Bis in die 1980er Jahre blieb die globale Umweltkrise allgemeine **Begleiterscheinung der kapitalistischen Produktionsweise**. Solange sie noch keinen gesetzmäßigen Charakter hatte, hätte das ökologische Gleichgewicht durch den **aktiven Widerstand der Volksmassen gegen die Politik der Monopole und ihrer Regierungen** wiederhergestellt werden können.

3. Die Umweltkrise als gesetzmäßige Erscheinung

In dem 2011 veröffentlichten Buch »Morgenröte der internationalen sozialistischen Revolution« wird die These aufgestellt, dass kapitalistische Produktion und Konsumtion nur noch auf der Grundlage chronisch krisenhafter Zerstörung der natürlichen Lebensgrundlagen der Menschheit funktionieren.

*»**Erstens** wurde mit der Neuorganisation der internationalen Produktion die **Überakkumulation von Kapital chronisch**: Die Möglichkeiten für Maximalprofit versprechende Anlagen blieben hinter der Ausdehnung des Kapitals zurück. Deshalb wurde die rücksichtslose Ausbeutung der Naturressourcen als eine Quelle des Reichtums auf einem Niveau der **systematischen und allseitigen Zerstörung der lebensnotwendigen Einheit von Mensch und Natur** erstmals zu einem **ökonomischen Zwang**; anders konnte das allein herrschende internationale Finanzkapital keine Maximalprofite mehr verwirklichen.*

Zweitens hat der Übergang zur globalen Umweltkatastrophe einen Punkt erreicht, an dem ***irreversible Schäden der globalen Stoffkreisläufe und des globalen ökologischen Gleichgewichts*** *eingetreten sind. In der krisenhaften Umweltzerstörung haben sich Faktoren herausgebildet, die eine verheerende Eigendynamik entfalten und den Umschlag in die globale Umweltkatastrophe zusätzlich beschleunigen.*« (S. 190/191)

Der erste Punkt behandelt eine Modifizierung des Gesetzes zur Akkumulation des Kapitals in der Phase der internationalisierten Produktion im imperialistischen Weltsystem, der zweite Punkt neue gesetzmäßige Naturprozesse, die durch die Entwicklung der Umweltkrise ausgelöst wurden. Die **Umweltkrise** wurde von einer Begleiterscheinung **zu einer gesetzmäßigen Erscheinung der kapitalistischen Produktionsweise**!

Ökonomischer Zwang zur rücksichtslosen Ausbeutung der Naturressourcen

Die drei Maßnahmen Rationalisierung, Konzentration des Kapitals und Kapitalexport machten es seit den 1970er Jahren dauerhaft unmöglich, das akkumulierte Kapital ohne staatliche Regulierung und Subventionierung maximalprofitbringend zu verwerten. Doch seit der Neuorganisation der internationalen kapitalistischen Produktion und Verteilung versagte dieses nationalstaatliche Krisenmanagement.

Das zeigt sich unter anderem darin, dass das Wachstum der real getätigten Umsätze, mit denen der Mehrwert realisiert wird, dauerhaft hinter dem Wachstum des Bilanzkapitals zurückbleibt. So stieg der jährliche Umsatz der 500 größten Übermonopole zwischen 1995 und 2012 von 11,4 auf 30,4 Billionen US-Dollar, also auf knapp das Dreifache, das Gesamtkapital vervierfachte sich jedoch nahezu von 32,1 auf 121,6 Billionen US-Dollar.

Das Wachstum des Kapitals beruht allerdings nur zum Teil auf einer realen Vergrößerung der Masse des Mehrwerts, den die verschärfte Ausbeutung der Lohnarbeit in den 500 größten Übermonopolen hervorbrachte. Dieses Bilanzkapital ist mehr oder weniger fiktiv; es stammt aus der Aufblähung des Geldumlaufs durch die Notenbanken, aus spekulativem Anstieg der Börsenkurse, aus Finanzmanipulationen usw. Diese Maßnahmen schaffen keinen Mehrwert, sondern verteilen nur bereits geschaffene und spekulativ erwartete Werte um. Durch Spekulation erzielte Gewinne sind eine Form des Raubprofits, den das allein herrschende internationale Finanzkapital aus der gesamten übrigen Gesellschaft herauspresst – einschließlich der kleineren Monopole und der nichtmonopolistischen Bourgeoisie in allen Ländern der Welt. Dazu bedient es sich des Staats und überstaatlicher Institutionen wie Weltbank, Internationaler Währungsfonds (IWF), der Welthandelsorganisation WTO oder der EU. Die Spekulation, die inzwischen gesetzmäßig eine dominante Rolle in der Weltwirtschaft eingenommen hat, erhöht den Zwang, die Akkumulation von Kapital durch verschärfte Ausbeutung der natürlichen Ressourcen zu forcieren und immer weiter auszudehnen.

Die Neuorganisation der internationalen Produktion seit Beginn der 1990er Jahre zwang die neokolonial abhängigen Länder, ihren staatlichen Bergbau zu privatisieren, die Unternehmen an internationale Monopole zu verkaufen. Damit sollten sie angeblich ihre Schulden abbauen und so den Wohlstand in ihren Ländern beflügeln können.

Solange die Förderung von Rohstoffen noch in der eigenen Hand dieser Länder lag, drückten die Imperialisten systematisch die Preise an den internationalen Rohstoffbörsen. Aber seit der Reprivatisierung der Rohstoffquellen setzten die internationalen Monopole **stets steigende Monopolpreise für Rohstoffe** durch. So haben sich die Rohstoffpreise von 1998 bis 2008 versechsfacht.

Wesentliche Instrumente der Spekulation sind der Handel mit Warenterminkontrakten[13] an den Rohstoff- und Energiebörsen und die Rohstoffindizes, die die Wertentwicklung von Rohstoffen in Gruppen zusammenfassen. Diese Papiere werden in dem Maß vom tatsächlichen Besitz und Wert von Rohstoffen abgekoppelt, wie der Anteil spekulativen Kapitals steigt.

Preissteigerungen durch spekulatives Horten von Rohstoffen und Ausdehnung der Rohstoffproduktion schaukeln sich solange hoch, bis die Spekulationsblase platzt. Dann wird der Widerspruch zwischen der Profiterwartung und der realen Profitsteigerung offensichtlich.

Die Höchstpreise der Grundnahrungsmittel Reis, Mais, Weizen und Soja stiegen 2007 und 2008 um das Doppelte bis Dreifache gegenüber den Tiefstpreisen 2006. Sie brachen Ende 2008 in Verbindung mit der Weltwirtschafts- und Finanzkrise zwischenzeitlich auf den Stand von 2007 ein, um dann wieder nach oben zu klettern.

Wurden in früheren Jahrzehnten massenhaft Nahrungsmittel vernichtet, um die Verbraucherpreise hochzuhalten, gingen die imperialistischen Länder in den letzten Jahren dazu über, die Produktion von Agrarenergie (Agrarsprit, »Bio«gas) zu subventionieren. In Verbindung mit der Spekulation ließen sich durch diese Verbrennung von Nahrungsmitteln die Preise in bisher ungeahnte Höhen treiben. Da zudem die Konkurrenz der internationalen Agrar- und Handelsmonopole immer mehr

---

[13] Geschäfte zum Kauf oder Verkauf einer bestimmten Menge von Rohstoffen zu einem festgelegten Preis oder Termin in der Zukunft

Betriebe der lokalen bäuerlichen Kleinproduktion ruinierte, führten die steigenden Preise seit 2007 zu ausgedehnten Hungerkatastrophen in vielen Entwicklungsländern. Das löste Hungerrevolten aus, unter anderem in Ägypten, Bangladesch und Guinea.

Die Spekulation treibt die **Verschwendung von Nahrungsmitteln, Rohstoffen** und Energie auf die Spitze, **setzt sich über jegliche Umweltstandards hinweg** und hinterlässt zerstörte Lebensgrundlagen.

Ausdehnung des Kapitals und der Warenmassen auf Kosten der natürlichen Ressourcen

Das internationale Finanzkapital steht vor einem doppelten Problem: Es ist bei Strafe seines Untergangs gezwungen, immer mehr Waren zu produzieren und auf den Märkten abzusetzen, um seine **Profitmasse sprunghaft zu steigern**. Das Maß der progressiven Akkumulation[14] von Mehrwert sind aber weder die Konsumbedürfnisse der Gesellschaft noch die real vorhandene Kaufkraft auf den Märkten und schon gar nicht die Bedürfnisse der Natur. Die Akkumulation wird einzig und allein angetrieben vom Umfang des bereits zusammengerafften Kapitals. Je größer es ist, desto größer muss auch der Zuwachs an Profit sein.

Im Zeitraum von 1995 bis 2000 stieg die durchschnittliche Profitrate[15] der 500 größten Übermonopole um 50 Prozent von 1,0 auf 1,5 Prozent. Gleichzeitig verdoppelte sich die offiziell ausgewiesene Profitmasse von 323 auf 667 Milliarden US-Dol-

---

[14] progressive Akkumulation: sich ständig ausdehnende Anhäufung von Kapital

[15] Die Profitrate ist das Verhältnis des realisierten Mehrwerts (Profit) zum eingesetzten Kapital. Sie wird hier näherungsweise berechnet als Verhältnis des ausgewiesenen Profits zum Gesamtkapital (nach Fortune Global 500).

lar. Im Jahr 2001 sank die Profitmasse gegenüber dem Vorjahr auf 306 und im folgenden Jahr auf 133 Milliarden US-Dollar. Im Jahr 2002, also mitten in der Weltwirtschaftskrise, schrumpfte die Profitrate um 80 Prozent gegenüber dem Jahr 2000: von 1,5 auf 0,3 Prozent.

Selbst bei stagnierender oder gar fallender Profitrate kann die Profitmasse gesteigert werden, wenn durch zusätzliches Kapital mehr lebendige Arbeit in Bewegung gesetzt und unbezahlte Mehrarbeit angeeignet wird.

Die Steigerung der Profitmasse erforderte,

- die **Zahl auszubeutender Arbeiter und Angestellter zu erhöhen**. Sie wuchs bei den 500 größten Übermonopolen zwischen 2000 und 2012 um 38 Prozent von 47,2 auf 65 Millionen.

- die internationalisierte Produktion zu modernisieren und **die Arbeitsproduktivität des internationalen Industrieproletariats erheblich zu steigern**. Im gleichen Zeitraum stieg der durchschnittliche Profit pro Beschäftigtem um 68 Prozent.

- **den Umschlag des Kapitals zu beschleunigen** durch Verlängerung der Maschinenlaufzeiten, Ausweitung der Schichtarbeit, Verkürzung der Taktzeiten, Reduzierung der Lagerhaltung bei gleichzeitiger Vergrößerung der Transportkapazitäten. Die jährlich bewegte Tonnage im Seeschiffsverkehr[16] stieg von 16 440 Milliarden Tonnen-Meilen im Jahr 1990 auf 40 891 Milliarden Tonnen-Meilen 2010, also um das 2,5-Fache. Mehr als 80 Prozent des grenzüberschreitenden Warenhandels erfolgen auf dem Seeweg.

---

[16] Transport einer Tonne Ladung über eine Seemeile, also 1,852 Kilometer. Mit einem Ausstoß von mehr als einer Milliarde Tonnen Kohlendioxid pro Jahr macht der Schiffsverkehr gut drei Prozent der globalen Kohlendioxid-Emissionen aus.

- **verschärften Raubbau an der natürlichen Umwelt.** Der Energie- und Flächenverbrauch explodierte weltweit. Allein in Deutschland stieg der Energieverbrauch pro Kopf von 1 952,53 kg Öleinheiten[17] im Jahr 1960 auf 4 003,26 kg Öleinheiten im Jahr 2010. Die Pflanzen- und Tierproduktion wurde massiv ausgeweitet.

- den **Warenabsatz künstlich zu steigern,**

- **die Märkte** für das internationale Finanzkapital **zu erweitern,** zum Beispiel durch das für 2015 geplante neue Freihandelsabkommen TTIP[18] zwischen den USA und der EU.

- **Gebrauchsgegenstände, Maschinen, Fabrikationsanlagen, Konsumgüter und Verpackungen** im Übermaß und umweltzerstörend zu produzieren und die zu ihrer Herstellung erforderlichen **Rohstoffe zu verschwenden.** Allein die Herstellung eines PC mit 17-Zoll-Bildschirm benötigt 240 Kilogramm fossile Energieträger, 22 Kilogramm Chemikalien und 1 500 Kilogramm Wasser, insgesamt also 1,8 Tonnen Rohstoffe!

- **unnütze Großprojekte, künstlich aufgeblähte Infrastrukturprojekte durchzusetzen** wie die Tunnelbahnhöfe in Stuttgart oder Florenz, die Zubetonierung des Susatals in Italien oder des Var-Tals in Frankreich durch Hochgeschwindigkeitsstrassen. Derzeit sind weltweit mindestens 44 Groß- und Megastaudämme in Planung oder im Bau, die die Umwelt extrem schädigen werden. Das wird jedoch bewusst in Kauf genommen, um spekulatives Kapital profitabel anzulegen und die Staatsfinanzen zu plündern.

---

[17] 1 Öleinheit (ÖE = kg of oil equivalent) = 10 000 kcal = 11,63 kWh

[18] TTIP = Transatlantic Trade and Investment Partnership (Transatlantische Handels- und Investitionspartnerschaft)

Das Profitstreben ist grenzenlos, während die **natürlichen Ressourcen auf unserer Erde begrenzt** sind. Würde in allen Ländern der Erde so produziert und konsumiert wie in den führenden imperialistischen Ländern USA, Deutschland, Japan und anderen, wären in naher Zukunft vier Planeten Erde notwendig.

Plünderung der natürlichen Ressourcen zur Senkung der Kosten der Produktionsmittel

Durch die **verschärfte Ausbeutung der Arbeiterklasse** und **Einsparungen bei dem für Gebäude, Maschinen, Rohstoffe und Transport eingesetzten Kapital** konnte das allein herrschende internationale Finanzkapital im Jahr 2006 seine **Profitrate** von 0,3 Prozent im Jahr 2002 auf das Sechsfache steigern.

Daraus erklärt sich der ökonomische Zwang zur Einführung rohstoff- und energiesparender Methoden im einzelnen Betrieb, während gleichzeitig die globale Plünderung der Rohstoffvorkommen, der fossilen Energieträger und ihres Verbrauchs vorangetrieben wird. Und das internationale Finanzkapital ist gezwungen, »unrentable Kosten« für umweltgerechte Energieversorgung, Wiederverwertung von Abfällen usw. zu vermeiden.

Die betriebswirtschaftliche Rentabilität der Energiegewinnung hängt maßgeblich davon ab, dass die Erträge aus der gewonnenen Energie die Menge des zu ihrer Förderung eingesetzten Kapitals um ein Vielfaches übersteigen. Bei den fossilen Energierohstoffen lässt sich ein solcher Überschuss am leichtesten erzielen. Die internationalen Öl-Monopole, die zu den Mächtigsten des internationalen Finanzkapitals gehören, halten deshalb verbissen an den fossilen Energieträgern fest.

Demzufolge stieg zwischen 1990 und 2010 der Verbrauch von Kohle, Öl und Erdgas beschleunigt an. Lag er im Jahr 1990 noch bei 7,2 Milliarden Tonnen Öleinheiten, so stieg er bis 2000 auf 8,1 Milliarden Tonnen und bis 2010 auf 10,5 Milliarden Tonnen.

Der globale CO_2-Ausstoß schnellte von 21 Milliarden Tonnen 1990 auf 35,4 Milliarden im Jahr 2012 in die Höhe. Einen wachsenden Anteil daran hatten das sich sprunghaft entwickelnde sozialimperialistische China und aufstrebende neuimperialistische Länder wie Brasilien und Indien.

Führten zunächst ökologische Ignoranz, verantwortungslose Bereitschaft zum Risiko und rücksichtsloser Gebrauch ökonomischer und politischer Macht des internationalen Finanzkapitals zu Umweltzerstörungen, wurde nunmehr **diese Art zu produzieren zum internationalen Gesetz des Handelns**.

In dem 2003 erschienenen Buch »Götterdämmerung über der ›neuen Weltordnung‹« wurde die Änderung des **ökonomischen Grundgesetzes des Imperialismus** formuliert, die die Neuorganisation der internationalen kapitalistischen Produktion notwendig gemacht hatte. Die neue Entwicklung der globalen Umweltkrise verlangt nun, diese Definition **weiter zu modifizieren**.

»Eroberung und Verteidigung einer beherrschenden Stellung auf dem Weltmarkt durch die internationalen Monopole; Sicherung des Maximalprofits durch den Aufbau internationaler Produktionsverbünde, durch ständige Steigerung der Ausbeutung der internationalen Arbeiterklasse, ***durch rücksichtslose Ausbeutung aller Naturressourcen bis zur möglichen Ruinierung oder Zerstörung der Lebensgrundlagen der Menschheit***, *durch Ausplünderung ganzer Staaten bis zum Bankrott, durch gigantische Umverteilung des gesellschaftlichen Reichtums zu Gunsten der Monopole und zu Lasten aller übrigen Schichten der Gesellschaft, durch Aufhebung*

der staatlichen Souveränität der neokolonial ausgebeuteten und unterdrückten Länder, durch militärische Aktionen zur Sicherung der Vorherrschaft bis zum möglichen Weltkrieg um die Neuaufteilung der Welt.« (S. 278, Änderungen fett hervorgehoben – der Verf.)

Die Mensch und Natur deformierende Lebensweise im Imperialismus

Nicht nur die gesellschaftlich organisierte Produktion und Reproduktion von Lebens- und Produktionsmitteln geschieht heute in einer die Umwelt zerstörenden Art und Weise. Dies gilt auch dafür, wie die Menschen leben, sich ernähren, sich fortpflanzen, sich gesund erhalten, Kinder erziehen, für die Alten sorgen usw. In der bürgerlichen Familienordnung bleiben Produktion und Reproduktion des Menschen im Gegensatz zur Erzeugung von Lebensmitteln private Angelegenheit und damit hauptsächlich im Rahmen der Einzelfamilie.

Die Mensch und Natur deformierende Lebensweise verschärft auf der ganzen Welt die doppelte Ausbeutung und Unterdrückung der Masse der Frauen. In ihrem Leben konzentriert sich nicht nur die allseitige Entfremdung, die die kapitalistische Produktions- und Lebensweise prägt, sondern heute auch die allseitige materielle Vorbereitung einer gesellschaftlich organisierten Lebensweise in Einheit von Mensch und Natur. Zur Entfremdung des Menschen von der Natur zählte Marx auch die »*Entfremdung des Menschen von dem Menschen*« (Marx/Engels, Werke, Bd. 40, S. 517). Expandierende Spielarten dieser Entfremdung sind heute Frauen- und Mädchenhandel, Prostitution sowie Organhandel.

Der **Warencharakter weiterer elementarer Lebensfunktionen** – Ernährung, Gesundheitsfürsorge, Pflege alter oder behinderter Menschen, Wohnen, Bildung, Kultur- und Freizeitgestaltung und selbst die Zeugung menschlichen Lebens – unterwirft die ganze Gesellschaft unmittelbar den destruktiven, Mensch und Natur deformierenden Gesetzen der kapitalistischen Produktion. Karl Marx brachte diese Entwicklung im Verhältnis von Produktions- und Lebensweise eindrücklich auf den Punkt.

»Mit der **Verwertung** der Sachenwelt nimmt die **Entwertung** der Menschenwelt in direktem Verhältnis zu.« (»Ökonomisch-philosophische Manuskripte aus dem Jahre 1844«, Marx/Engels, Werke, Bd. 40, S. 511)

Damit hält aber ein **Drang nach Vergesellschaftung unaufhaltsam Einzug in die Lebensweise** der Massen. Das ist Bestandteil der revolutionären Produktivkräfte und wird zum Sprengsatz für die Einheit von Ausbeutung der Lohnarbeit und privater Einzelfamilie, ohne die kapitalistische Gesellschaften nicht existieren können.

Wegen der vornehmlich privaten Organisation des Lebens wird die **Krise der bürgerlichen Familienordnung** zum charakteristischen Merkmal des internationalen Kapitalismus. Landflucht, Migration, lokale und regionale Umweltkatastrophen entwurzeln die Massen und treiben sie massenhaft in die Familienlosigkeit. Die UNO geht von 25 Millionen »**ökologischen Flüchtlingen**« allein in Afrika aus. Unter kapitalistischen Verhältnissen werden damit die Grundlagen ihrer Existenzsicherung und die traditionellen Solidargemeinschaften gestört, für immer mehr Menschen sogar zerstört.

Deutlich wird dies an der Veränderung der Lebensbedingungen der breiten Massen im Zuge der Urbanisierung. Nach Berechnungen von UN-HABITAT lebten bis 2012 weltweit 52,7 Prozent der Weltbevölkerung in Städten: 3,7 Milliarden Menschen; 1990 waren es erst 1,4 Milliarden. Die steigende Tendenz ist ungebrochen.

Umgekehrt werden ländliche Regionen entvölkert, traditionelle, nachhaltige Landwirtschaft wird verdrängt durch kapitalistische Monokulturen, die den Artenreichtum der Tier- und Pflanzenwelt zerstören und riesige Landstriche veröden lassen.

In den **Megastädten** mit Zigmillionen Einwohnern herrschen lebensfeindliche Umweltbedingungen vor: dauerhafte Lärmbelästigung, übersteigerte und unfallträchtige Verkehrsdichte, Vermüllung, Abwasserkloaken und hohe Belastungen mit Feinstaub, Kohlendioxid und Stickoxiden.

Etwa eine Milliarde Menschen leben in städtischen **Slums**. So elend die Lebensbedingungen breiter Massen dort sind, so sehr sind die Megastädte auch Schmelztiegel von Revolutionen geworden. Eine Vorahnung dieses Potenzials einer revolutionären Weltkrise gaben die Massendemonstrationen und -aufstände im Jahr 2013 in den Megastädten Kairo/Ägypten, Sao Paulo/Brasilien und Istanbul/Türkei.

In seinem Streben, immer neue Möglichkeiten für den Absatz der stets wachsenden Mengen von Konsumgütern zu schaffen, verbreitet das internationale Finanzkapital weltweit eine **Ressourcen vergeudende kleinbürgerliche Lebensweise**, die auch die kleinbürgerliche Wegwerfmentalität erzeugt. Zugleich müssen Millionen selbst in den imperialistischen Zentren die einfachste Grundversorgung entbehren.

Bereits Friedrich Engels beschrieb eine überlegene sozialistische Lebensweise, die längst materiell vorbereitet ist und die Naturressourcen und Arbeitskraft schont. Sie steht im krassen Widerspruch zur Ressourcenvergeudung der bürgerlichen Familienordnung und der kleinbürgerlichen Lebensweise.

»Gehen wir aber auf das Detail der Hauswirtschaft ein, so werden wir erst recht die Vorteile der Gemeinschaft einsehen. ... die Bereitung der Mahlzeiten – welche Verschwendung von

Raum, Material und Arbeitskraft bei der jetzigen zersplitterten Wirtschaft, wo jede Familie ihr bißchen Essen besonders kocht ... Man kann ruhig annehmen, daß bei einer gemeinschaftlichen Speisebereitung und Aufwartung zwei Drittel der jetzt bei dieser Arbeit beschäftigten Arbeitskräfte erspart und das übrige Drittel dennoch seine Arbeit besser und aufmerksamer wird verrichten können, als dies jetzt geschieht.« (»Zwei Reden in Elberfeld«, Marx/Engels, Werke, Bd. 2, S. 545/546)

Immer mehr **Nahrungsmittel** werden verschwendet durch Überproduktion, durch Überschreitung der Haltbarkeit bei Transport, Lagerung und Verkauf, durch Vernichtung in Supermärkten, aber auch infolge mangelnder Aufklärung und Gedankenlosigkeit unter den Massen. Das ist angesichts über einer Milliarde hungernder Menschen auf der Welt ein ausgemachter Skandal.

Die Machenschaften der großen Agrar- und Lebensmittelkonzerne sowie der Fast-Food-Ketten zwingen den Massen der Welt, vor allem den Kindern und Jugendlichen, Fehlernährung, auch Unterernährung und Hunger auf. Die Massen werden zu einer Gesundheit und Umwelt schädigenden **Steigerung des Fleischkonsums** verleitet. Die Produktion von Schweinefleisch, das allein 40 Prozent des globalen Fleischverbrauchs ausmacht, ist von 1990 bis 2013 um mehr als 60 Prozent gestiegen.

Die internationalen Automobilmonopole beantworten das Bedürfnis der Massen nach Mobilität nicht mit schnellstmöglicher Umstellung auf regenerative Antriebe und Ausbau des öffentlichen Personennahverkehrs, sondern versuchen sie an einen ununterbrochenen **Anstieg des schadstoffreichen Individualverkehrs** zu gewöhnen, der heute meist noch auf der Basis fossiler Verbrennungsmotoren stattfindet. Während 1950 weltweit 70 Millionen Pkw und Lkw auf den Straßen fuhren und standen, waren es 2012 bereits eine Milliarde.

Internationale Tourismuskonzerne missbrauchen das Bedürfnis der Massen nach Erholung, Bildung und Völkerfreundschaft. Rücksichtslos und oft auf Kosten der Lebensräume der Einwohner wird das Verkehrsaufkommen gesteigert, werden Kulturlandschaften und natürliche Lebensräume für Tiere und Pflanzen großflächig zerstört. Die sprunghafte Ausdehnung des **Massentourismus** erfasste 2012 mehr als eine Milliarde Menschen.

Alle diese Faktoren zwingen die Massen weltweit zu einer Mensch und Natur weiter deformierenden Lebensweise. Abgesehen von kleinen individuellen Spielräumen können sie dem nicht entrinnen. Sie werden **Unterdrückte dieser destruktiven Lebensbedingungen**. Damit schafft sich der Imperialismus ein riesiges **Heer neuer Feinde**.

III. Die drohende globale Umweltkatastrophe

A. Hauptmerkmale des Umschlags in die globale Umweltkatastrophe

Bereits 1993 wurde in dem Buch »Der Neokolonialismus und die Veränderungen im nationalen Befreiungskampf« ausgeführt:

> *»Von einer **globalen Umweltkatastrophe** sprechen wir dann, wenn die Zerstörungen im natürlichen Stoffwechsel zwischen Boden, Wasser, Luft, Flora und Fauna ein solches Ausmaß angenommen haben, daß er sein Gleichgewicht verliert und die Grundlagen jeglicher menschlichen Existenz und Produktion vernichtet werden.«* (S. 245)

Die Perspektive einer globalen Umweltkatastrophe hat den Kampf gegen die **existenzielle Gefährdung des Überlebens der Menschheit** auf die Tagesordnung gesetzt. Die drohende, nicht wieder rückgängig zu machende Zerstörung der Einheit von Mensch und Natur ist zu einer zentralen Frage des Klassenkampfs geworden, auch wenn erst künftige Generationen unmittelbar von allen Folgen betroffen sein dürften. Ob dieser Zeitraum Jahrzehnte, Jahrhunderte oder noch länger dauert, ist nicht genau vorhersehbar. Dass wir jedoch mitten in einer solchen qualitativen Veränderung stehen, werden wohl nur Ignoranten, Dummköpfe oder bezahlte Umweltspekulanten ernsthaft bestreiten wollen.

Anfang der 1990er Jahre zeigten sich vier Hauptmerkmale des begonnenen Umschlags der Umweltkrise in eine globale Umweltkatastrophe: die Ausdünnung der Ozonschicht in der Stratosphäre, die unwiderrufliche Vernichtung tropischer Regenwälder, der »unnatürliche«, von Menschen verursachte Treibhauseffekt und die sprunghafte Zunahme regionaler Umweltkatastrophen. Diese vier Hauptmerkmale haben seitdem dramatisch an Bedeutung gewonnen, weil die Herrschenden gar nicht daran denken, wirksame Gegenmaßnahmen zu ergreifen.

A.1. Zerstörung der Ozonschicht

Die Luftschicht mit der höchsten Ozonkonzentration ist Teil der Stratosphäre. In 15 bis 25 Kilometern über dem Boden bildet sie einen für das Leben auf der Erde unverzichtbaren Schutzschild. Eine ungebremste Strahlung des aggressiven ultravioletten Lichts würde alle höheren Organismen auf der Erde zerstören.

Die Ozonschicht fängt die Energie des ultravioletten Anteils des Sonnenlichts zu rund 95 Prozent ein und strahlt sie als Hitze wieder in den Weltraum ab. In dieser Höhe zerfällt das Ozon, aber es wird unter dem Einfluss der Sonnenstrahlen auch neu gebildet, sodass der »Sonnenschutz« der Erde bei stabiler Zusammensetzung der Gase der Atmosphäre perfekt funktioniert. Doch einige schädliche Gase, die von der Erde in die Atmosphäre aufsteigen, können diesen Erneuerungsprozess unterbinden, was zur Ausdünnung der Ozonschicht führt, zum »Ozonloch«.

Das »Ozonloch«

Beträgt die Stärke der Ozonschicht weniger als 220 Dobson-Einheiten[19], spricht man vom »Ozonloch«. Während 1955 über der Antarktis noch 320 Dobson-Einheiten gemessen wurden, waren es 1975 noch 280 und 1995 gerade noch 90 Dobson-Einheiten. Im Jahr 2000 hatte sich das »Ozonloch« über der Südhalbkugel bereits auf 28 Millionen Quadratkilometer ausgedehnt. Das entspricht fast der Fläche des gesamten afrikanischen Kontinents.

Durch das »Ozonloch« kann die aggressive UV-B-Strahlung ungehindert die Erde erreichen. Tim Flannery schreibt in seinem Buch »Wir Wettermacher« über die Auswirkungen:

»Eine dritte wichtige Auswirkung auf die menschliche Gesundheit rührt daher, dass UV-Strahlung das Immunsystem schädigen kann. Dies wird sich als Verschlechterung des generellen Gesundheitszustands in den betroffenen Bevölkerungsteilen manifestieren. ... Nicht nur Menschen werden von der UV-Strahlung geschädigt, die Folgen der steigenden Belastung werden sich im gesamten Ökosystem zeigen. Die mikroskopisch kleinen pflanzlichen Einzeller, die die Basis der ozeanischen Nahrungskette bilden, werden davon genauso in Mitleidenschaft gezogen wie die Brut vieler Fische ... Auch die Landwirtschaft könnte den UV-Folgen nicht entkommen.«
(S. 246/247)

Die UV-Strahlung schädigt lebende Organismen auf dem Land und im Meer. Deshalb nehmen unter anderem Hautkrebserkrankungen bei Mensch und Tier sprunghaft zu. Für Australien wird vorhergesagt, dass ein Drittel aller im Land Geborenen an Hautkrebs erkranken wird.

UV-Wellen schädigen auch die Augen von Mensch und Tier. Nimmt die Ozonschicht um ein Prozent ab, ist damit zu rech-

---

[19] Dobson-Einheiten geben die Stärke der Ozonschicht an.

nen, dass der Graue Star um 0,5 Prozent häufiger auftritt. Ohne Behandlung führt er zur Erblindung.

Es ist erwiesen, dass hauptsächlich der großtechnische Einsatz der Chemikalien-Gruppe der FCKW (Fluor-Chlor-Kohlenwasserstoffe) zur Zerstörung der Ozonschicht führt. Auch das Treibhausgas Distickstoffmonoxid (Lachgas) greift die Ozonschicht an.

FCKW wurden 1928 erfunden und seitdem als Kühlmittel in Kühlschränken und Klimaanlagen eingesetzt sowie als Treibgas in Spraydosen und für die Herstellung von Styropor und anderen Isolierschäumen. 1985 wurden global 1,8 Millionen Tonnen FCKW verbraucht. Einmal freigesetzt, brauchen die leicht verdampfenden FCKW etwa fünf Jahre, um in die Stratosphäre zu gelangen. Dort bricht die UV-Strahlung sie langsam auf und setzt die Chloratome frei. Ein Chloratom kann 100 000 Ozonmoleküle zerstören, indem es von dem aus drei Sauerstoffatomen bestehenden Ozon ein Sauerstoffatom abspaltet. Die vernichtende Wirkung des Chlors erreicht ihr Höchstmaß bei unter minus 43 Grad Celsius.

Erfolge im Kampf zur Rettung der Ozonschicht

Als der dramatische Rückgang der Ozonschicht in den 1980er Jahren bekannt wurde, nahmen die Proteste zu. Weltweit wurden Politiker mit der Forderung eines FCKW-Verbots bombardiert. In Deutschland erkämpfte die Umweltbewegung die Produktion zukunftsweisender Produkte wie des FCKW-freien Kühlschranks.

1987 wurde das Protokoll von Montreal verabschiedet, das erste verbindliche internationale Abkommen zum Schutz der Ozonschicht. Bis heute haben es 197 Staaten ratifiziert. Das vollständige Verbot der Produktion und des Verbrauchs von FCKW gilt in der EU seit 1995 und für andere Industrieländer seit 1996. Für Entwicklungsländer wurde das Abkommen erst 2010 bindend. International aufgestellte Monopole hatten damit die Möglichkeit, die Beschlüsse von Montreal zu unterlaufen. Dazu heißt es in dem Buch »Götterdämmerung über der ›neuen Weltordnung‹«:

»*In abhängigen Ländern legal produzierte Chemikalien wurden nach Nordamerika und Europa exportiert, wo sie zwar nicht hergestellt werden durften, aber immer noch sehr gefragt waren, zum Beispiel für den Einsatz in Klimaanlagen, Kühlschränken und anderen Geräten. Schätzungen gingen davon aus, dass Mitte der 1990er Jahre jährlich 16 000 bis 38 000 Tonnen dieser Substanzen, das waren 15 Prozent der Weltproduktion, illegal in die imperialistischen Staaten importiert wurden.*« (S. 474)

Die Gefahr für die Ozonschicht ist nicht gebannt!

Als Ersatzstoffe für FCKW entwickelten die internationalen Chemiemonopole die H-FKW (teilhalogenierte Fluorkohlenwasserstoffe) und FKW (Fluorkohlenwasserstoffe). Diese Ersatzstoffe sind – wenn auch in geringerem Maß – immer noch ozonschädigend. Millionen Tonnen davon werden produziert. Ihre Freisetzung beschleunigt die Zerstörung der Ozonschicht. Sie beeinträchtigen auch unmittelbar die menschliche Gesundheit und wirken außerdem als starke Treibhausgase.

Vollständig verboten werden sollen sie laut dem Montrealer Protokoll erst 2040 – aus Rücksicht auf die kapitalistische Industrieproduktion. Dieser späte Zeitpunkt ist völlig inakzeptabel und nur den Profitinteressen des internationalen Finanzkapitals geschuldet!

Imperialistische Klimaschutzabkommen fördern sogar die weitere Zerstörung der Ozonschicht: Bei der Produktion des Kältemittels H-FKW-22 entsteht als Abfallprodukt das Treibhausgas H-FKW-23. Die Vernichtung einer Tonne dieses Gases bringt den internationalen Monopolen über den »Zertifikathandel« im Rahmen des Kyoto-Protokolls bis zu 140 000 Euro Profit. Deshalb wurde die Produktion von H-FKW-22 in China und Indien zunächst sogar um 25 Prozent gesteigert, einzig zum Zweck seiner lukrativen Vernichtung. Auch deutsche Konzerne waren an dem Geschäft beteiligt. 66 Prozent aller CDM-Zertifikate[20], die deutschen Unternehmen angerechnet wurden, stammten 2009 aus H-FKW-23-Projekten. Bei RWE lag dieser Wert bei 96 Prozent! 2011 reagierte die EU auf Enthüllungen und Proteste und schloss H-FKW-23-Projekte ab Mai 2013 aus dem eigenen Emissionshandel aus.

Die bürgerliche Meinungsmanipulation hat zweifellos bewirkt, dass die internationale Umweltbewegung die Probleme des »Ozonlochs« und der Massenproduktion der Chlorchemie nach dem Abkommen von Montreal Schritt für Schritt aus dem Blick verloren hat. In Wirklichkeit ist die vom »Ozonloch« ausgehende tödliche Gefahr natürlich nicht gebannt. Im Gegenteil!

Es ist dem wachsenden Widerstand der Menschen in China und weltweit zu verdanken, dass sich die Regierung der VR China bereit erklärt hat, die Produktion bis 2030 schrittweise einzustellen. Das ist völlig inakzeptabel, denn damit würde immerhin der Großteil der heute 4,3 Millionen Tonnen H-FKW in den nächsten 15 Jahren weiter produziert und in den nächsten 20 Jahren die Ozonschicht weiter schädigen.

Bis zum Frühjahr 2011 schrumpfte die Ozonschicht über der Arktis in noch nie da gewesenem Ausmaß. In 20 Kilometern Höhe wurde ein Verlust um 80 Prozent gemessen. Damit nähert sich die Schädigung bedenklich der über der Antarktis. Dazu trug vor allem bei, dass sich die Stratosphäre abkühlte.

---

[20] »Clean Development Mechanism«: Gutschrift bei den eigenen Emissionszertifikaten für angeblich Treibhausgasausstoß senkende Entwicklungsprojekte, Bestandteil des Kyoto-Abkommens

Diese Wechselwirkung zwischen Klimaveränderung und Ozonschicht macht die weitere Entwicklung unberechenbar.

Aus nicht korrekt entsorgten, verrottenden Alt-Geräten droht eine millionenfache Freisetzung von FCKW, die noch auf lange Zeit unabsehbare Folgen für die Ozonschicht befürchten lässt. Vor allem wegen der unersättlichen Profitgier der internationalen Chemiemonopole muss damit gerechnet werden, dass es zu weiteren Verzögerungen und Rückschlägen kommt bei der Einstellung der Produktion und Ersetzung der ozonschädigenden Stoffe. Deshalb ist höchste Wachsamkeit angezeigt!

A.2. Beschleunigte Vernichtung der Wälder

Wälder sind komplexe Ökosysteme. Sie regulieren das Klima, indem sie mit der Fotosynthese in ihrer Biomasse Kohlendioxid aus der Erdatmosphäre binden und Sauerstoff abgeben. In den Bäumen, Büschen und Böden der Wälder ist mehr Kohlenstoff gespeichert als in der Erdatmosphäre. Wälder haben eine zentrale Funktion im globalen Kohlenstoffkreislauf. Sie gehören auch zu den **wichtigsten Sauerstoffproduzenten**.

Wälder schützen den Boden vor Erosion und Dürre, garantieren eine gleichmäßige Verteilung der Feuchtigkeit, sammeln und speichern Wasser. Sie filtern Schad- und Giftstoffe aus Luft und Wasser und regulieren sogar Gesteins- und Erdbewegungen.

Wälder bringen eine große Artenvielfalt hervor, bilden also ein unschätzbares **Arten- und Genreservoir**. Seit der Urgeschichte sind sie eine unverzichtbare vielseitige natürliche Ressource der menschlichen Gesellschaft.

Weltweit fortschreitende Vernichtung der Wälder

Bis zum Jahr 1700 betrugen die Waldflächen der Erde etwa 5400 Millionen Hektar. Mit mindestens 1400 Millionen Hektar ist seither mehr als ein Viertel aller Wälder vernichtet worden. Während zwischen 1700 und 1950 jährlich durchschnittlich vier Millionen Hektar Wald gerodet wurden, verdoppelte sich dieser Wert nach 1950 auf durchschnittlich acht Millionen Hektar pro Jahr.

Verlässliche Statistiken über das wahre Ausmaß der Vernichtung der Wälder sind nicht verfügbar. Die jährlichen Berichte »State of the World's Forests« der Ernährungs- und Landwirtschaftsorganisation der Vereinten Nationen (FAO) geben nur einen relativen Überblick.

Tabelle 1:
Vernichtung der Wälder weltweit seit 1980
(Waldfläche und Abholzung weltweit in Millionen Hektar)

Kontinent	Landfläche	Wald 2000	Jährliche Veränderung		
			1980–1990	1990–2000	2000–2010
Afrika	2978	650	−4,234	−4,067	−3,414
Asien / Pazifik	3934	745	−4,363	−0,631	1,535
Europa	2260	1039	0,242	0,877	0,676
Nord- und Mittelamerika	2137	549	−0,918	−0,289	−0,010
Südamerika	1755	886	−6,448	−4,213	−3,997
Welt	13064	3869	−15,720	−8,323	−5,211

Quellen: FAO, Forest Assessment 1990 – Global Synthesis, Table 4; FAO, State of the World's Forests 2005 und 2011, Table 2; eigene Berechnung

Zwischen 1980 und 1990 wurden jährlich über 15 Millionen Hektar Wald in den Ländern Afrikas, Asiens und Lateinamerikas vernichtet. Die Angaben der FAO in Tabelle 1 (S. 99) legen für den Zeitraum danach eine deutliche Verlangsamung nahe. Eine neue Studie, basierend auf Satellitendaten der NASA, kommt jedoch zu einem anderen Ergebnis: Danach verlor die Erde zwischen 2000 und 2012 jährlich 12,5 Millionen Hektar Wald – mehr als das Doppelte dessen, was die FAO angibt.

In bereits mehr als 50 Ländern der Erde sind die Wälder fast oder völlig verschwunden. In weiteren 86 Ländern wurde die Vernichtung der Wälder trotz alarmierender Berichte fortgeführt. Beteuerungen nach dem 1. UN-Umweltgipfel von Rio de Janeiro 1992, dass die Staaten dem Einhalt gebieten wollten, dienten nur der Beschwichtigung. In dieser Entwicklung wirkt sich vor allem der Neokolonialismus aus: Rücksichtslos eignen sich die imperialistischen Monopole den Boden und die Wälder der abhängigen Länder an, um ihre Profite zu steigern. Das geschieht in enger Zusammenarbeit mit den Großagrariern, Großgrundbesitzern und nationalen Monopolen der neokolonialen Länder. Erst in 67 Ländern, davon 31 in Europa, überwiegt inzwischen die Aufforstung.

Allerdings sind die **Aufforstungs-Programme** und die hierzu von der FAO veröffentlichten Zahlen fragwürdig. Der angebliche relative Rückgang der Entwaldung seit 1990 in Nord- und Mittelamerika ist vor allem auf ein Aufforstungs-Programm in den USA zurückzuführen. Doch in den neuen Wäldern schwindet die Vitalität. Denn in die Statistik der »Aufforstungs-Programme« gehen auch »Biomasse-Wälder« ein, die zwar schnell wachsen und viel Wasser verbrauchen, aber nur wenig mit nachhaltiger »Aufforstung« zu tun haben.

Besonders infolge der Klimaerwärmung nehmen Schneebruch, Trockenheit, Pilzerkrankungen oder Insektenbefall zu

– alles Stressfaktoren für die Wälder. Vermehrt auftretende heftige Unwetter tun ihr Übriges. Die Sterberate der Bäume verdoppelte sich in den USA und Kanada seit 1980.

In der Volksrepublik **China** lassen sich die bürokratisch-kapitalistischen Herrscher gern als Musterknaben der Aufforstung feiern. In der Tat trug ihr Aufforstungs-Programm »Grüne Mauer« maßgeblich dazu bei, dass die Waldvernichtung in Asien in den letzten Jahren statistisch betrachtet zurückgeht. Seit dem Jahr 2000 wurden in China 30 Millionen Hektar Wald angepflanzt. Die gegen die Sandstürme dringend notwendigen Schutzwälder bestanden jedoch zunächst nur aus schnell wachsenden Pappeln. Diese Monokulturen sind anfällig für Krankheiten und Schädlinge. Die Wüstengebiete in China weiten sich nach wie vor aus.

Etwa die Hälfte der Wiederaufforstung in Europa wird in den Mittelmeerländern Griechenland, Spanien, Italien, Frankreich und Portugal betrieben.

Das geschieht vielfach als Reaktion auf **Mega-Waldbrände**, die dort inzwischen regelmäßig und immer heftiger toben. Diese Waldbrände sind eine **neue Erscheinung der Klimaveränderung**. Im Mittelmeerraum hat sich die Fläche jährlicher Waldbrände seit den 1960er Jahren vervierfacht. Vielfach wurden Bodenspekulanten als Brandstifter überführt. Monokulturwälder aus Eukalyptus und Kiefern begünstigen zudem die rasche Ausbreitung der Feuer. Sie wachsen schnell und werden in der Hoffnung auf prompten Profit aus dem Holzschlag bevorzugt angepflanzt.

Ein weiterer Faktor der Vernichtung der Wälder besonders in Afrika, Asien und Lateinamerika ist die wachsende **Massenarmut**. Inzwischen sind mehr als zwei Milliarden Menschen auf Holz und Holzkohle als Primärenergie angewiesen. Es nützt also nichts, den Holzeinschlag in diesen Ländern zu verbieten, wenn nicht das soziale Elend der breiten Massen behoben wird.

Welche ökologisch und sozial schädlichen Wechselwirkungen großflächige Waldverluste hervorbringen, wird im **Karibikstaat Haiti** offenkundig. Dort ging die Waldbedeckung von ursprünglich 90 Prozent auf heute zwei Prozent zurück.

»Das Verschwinden des Waldes hat zu **Wassermangel, Erosion, Überschwemmungskatastrophen** *und zu einem* **Zusammenbruch der Landwirtschaft** *geführt. Die Böden können nur noch 10 % des tropischen Regens aufnehmen, ein Viertel der zur Regeneration der Wasserressourcen benötigten Menge. Der Zugang zu Trinkwasser für die Bevölkerung ist ... der eingeschränkteste weltweit.«* (Fischer Weltalmanach 2011, S. 721) Die ökologischen Schäden untergruben ebenso wie die billigen Importe die Fähigkeit Haitis, sich selbst mit Nahrungsmitteln zu versorgen.

Waldsterben in Europa und der »saure Regen«

Anfang der 1980er Jahre wurde die großflächige Schädigung der Nadel- und Laubwälder in Nord- und Mitteleuropa durch »sauren Regen« zu einem beherrschenden Thema der Umweltbewegung. Ursache des »sauren Regens« war der Ausstoß großer Mengen schädlicher Abgase wie Schwefeldioxid und Stickoxide in die Atmosphäre. Schnell verbreiteten sich alarmierende Warnungen vor dem »Waldsterben«.

Die kämpferische Umweltbewegung erreichte damals, dass die Herrschenden mit dem Bau von Rauchgasentschwefelungs- oder Entstickungsanlagen und der Entschwefelung von Kraftstoffen dem Waldsterben entgegenwirken mussten.

Mittlerweile ist es um das Waldsterben in Deutschland still geworden. Die damalige Bundeslandwirtschaftsministerin Renate Künast von Bündnis 90/Die Grünen erklärte das Waldsterben im Juli 2003 sogar für »gestoppt«: »*Wir haben den Trend umgekehrt ... Der Wald wächst wieder gesünder.*« (www.welt.de vom 14. Juli 2003) Diese Entwarnung war jedoch voreilig und wohl als parteipolitische Propaganda für die Leistungen ihrer Partei gedacht.

Zehn Jahre später musste Johannes Remmel, der grüne Umweltminister Nordrhein-Westfalens, bei der Vorstellung des Waldzustandsberichts 2013 seiner Landesregierung kleinlaut eingestehen:

»*Wir können keine Entwarnung geben ... Die Werte sind besorgniserregend. Wir haben heute fast dreimal so viele Bäume mit starken Schäden wie zu Beginn der Aufzeichnungen vor etwa 30 Jahren.*« (www.nrw.de/landesregierung/waldzustandsbericht-2013-keine-entwarnung-in-sicht-15119/, Download vom 9. Dezember 2013)

Die Ursachen sind vielfältig. Zum »sauren Regen« trägt auch der ständig steigende Ausstoß von CO_2 bei, das mit Wasser Kohlensäure bildet. Vor allem die Schadstoffe von früher sind natürlich nicht einfach aus den Waldböden verschwunden.

Verheerende Vernichtung tropischer Regenwälder

Die **tropischen Regenwälder** sind Lebensraum vieler indigener Bevölkerungsgruppen und haben eine besondere ökologische Funktion. Sie befinden sich zwischen dem nördlichen und dem südlichen Wendekreis in Süd- und Mittelamerika, Afrika und Südostasien. Diese immer feuchten, durchschnittlich 25 Grad Celsius warmen Urwälder wirken als globale Wärmepumpe.

Tropische Regenwälder, dieses **einmalige, vielfältige und höchst produktive Ökosystem der Erde**, entwickeln sich seit etwa 60 Millionen Jahren. In ihrer dichten, zu mehreren »Stockwerken« geschichteten, feuchtwarmen Vegetation gedeihen vom Boden bis in 60 Meter Höhe die unterschiedlichsten Organismen. Obwohl sie nur sieben Prozent der eisfreien Landflächen der Erde bedecken, finden sich in den tropischen Regenwäldern mehr als die Hälfte aller Tier- und Pflanzenarten. Über 80 Prozent aller bekannten Nutz- und Kulturpflanzen wie Banane, Kakao, Kautschuk sind tropischen Ursprungs.

Ursprünglich wuchsen Regenwälder in etwa 70 Tropen-Ländern. Von 1900 bis 1980 verringerte sich ihre Fläche weltweit um mehr als die Hälfte.

Vor allem seit 1950 betreiben die Imperialisten ungehemmten Raubbau an den tropischen Regenwäldern, besonders in **Süd- und Südostasien**. Thailand verlor zwischen 1961 und 1985 45 Prozent, die Philippinen im selben Zeitraum die Hälfte der dortigen Regenwälder.

Mit einem Anteil von 90 Prozent an den zwischen 1980 und 2005 vernichteten Wäldern stehen die tropischen Regenwälder **im Brennpunkt** der Waldvernichtung. Ein Ende ist nicht absehbar. Fast die Hälfte der noch existierenden »grünen Lunge« der Erde befindet sich in den neun lateinamerikanischen Ländern des **Amazonas-Gebiets**. Seit 1990 wurden dort jährlich mindestens 3,65 Millionen Hektar Regenwald zerstört.

1998 rief die brasilianische Regierung auf Initiative der Naturschutzorganisation World Wide Fund For Nature (WWF), der deutschen Regierung und der Weltbank das Programm »Amazon Region Protected Area« (**ARPA**) medienwirksam als *»größtes Tropenwaldschutzvorhaben der Welt«* ins Leben (www.wwf.de/themen-projekte/wwf-erfolge/amazonien-das-groesste-tropenwaldschutzvorhaben-der-welt/, Download vom 31. Januar 2014). Bis 2016 sollten nach dem ARPA-Programm 60 Millionen

Hektar des brasilianischen Regenwalds gesichert werden. Tatsächlich schreitet die Zerstörung noch schneller voran.

Von 2000 bis 2010 wurden nach Zahlen der FAO in Brasilien weitere 26,4 Millionen Hektar Regenwald vernichtet. Gleichzeitig wurde seit 2001 die Agrarfläche um 21 Prozent ausgeweitet. Der Rinderbestand am Amazonas hat sich zwischen 1992 und 2004 mehr als verdoppelt, auf 57 Millionen Tiere. Brasilien ist inzwischen zum weltgrößten Rindfleischexporteur aufgestiegen.

Die **brasilianische Regierung subventioniert die Agrarmonopole** mit 75 Prozent der Investitionssummen. Riesige Plantagen für die Palmöl-, Zuckerrohr- und Sojaproduktion wurden auf Kosten des Regenwalds angelegt. Der Sojaertrag verdoppelte sich allein zwischen 1995 und 2004 von 25 auf 50 Millionen Tonnen. Sojaschrot als eiweißreiches Mastfutter ist die Grundlage der agrarindustriellen Fleischproduktion weltweit. Brasilien stieg in Verbindung mit der Rodung des Regenwalds zum zweitgrößten Sojaproduzenten hinter den USA auf. Hauptabnehmer brasilianischen Sojas sind China und die EU.

Ein neues Waldgesetz der brasilianischen Regierung lockerte inzwischen wieder die Auflagen und versprach unter anderem den illegalen Holz-Kahlschlägern eine Amnestie. Ohnehin werden Regenwälder weltweit zu 90 Prozent illegal abgeholzt, allen Gesetzen zum Trotz. Damit erzielen die internationalen Übermonopole gemeinsam mit der Holzschlag-Mafia schätzungsweise 30 bis 100 Milliarden US-Dollar Extraprofite.

Der immer heftiger werdende Widerstand der Massen stößt auf brutale Unterdrückung. In Brasilien wurden allein in den letzten 25 Jahren mindestens 1 500 Umweltschützer umgebracht, meist von Auftragskillern der internationalen Monopole oder lokaler Großgrundbesitzer.

Die Umweltminister der EU beschlossen im März 2007, den Anteil der sogenannten **»Bio«-Agrartreibstoffe** in Benzin und Diesel bis 2020 auf zehn Prozent zu erhöhen. Das trieb den Ausbau von Zuckerrohr-Plantagen voran. 2008 machte die brasilianische Ethanol[21]-Herstellung aus Zuckerrohr mit 26 Milliarden Litern bereits 38 Prozent der Weltproduktion aus. Von den Regenwäldern der brasilianischen Atlantikküste Mata Atlantica blieben nur einzelne Inseln inmitten von Zuckerrohr-Plantagen übrig.

Palmöl wird seit den 1990er Jahren als »Bio«-Treibstoff und als Speisefett vermarktet. Die Palmöl-Produktion hat sich seit den 1980er Jahren bis 2013 auf etwa 58 Millionen Tonnen mehr als verzehnfacht. Allein Palmöl-Plantagen in **Indonesien** liefern 31 Millionen Tonnen. Die größten internationalen Handels- und Nahrungsmonopole wie Wal-Mart, Carrefour, Metro, Nestlé, Unilever, Kraft und McDonald's sind beteiligt.

Ölpalmen gedeihen am besten in den Tropen. Um sie zu pflanzen, wurden Zigmillionen Hektar Regenwald zerstört. Dennoch beschloss die indonesische Regierung, die Fläche für Palmöl-Plantagen bis 2020 auf 20 Millionen Hektar zu verdreifachen und dafür weitere Teile ihres ohnehin schon stark geschrumpften Regenwalds zu opfern.

Am schnellsten wird der Regenwald in **Afrika** vernichtet. Noch ist das Kongo-Becken mit 170 Millionen Hektar das zweitgrößte Regenwaldgebiet der Erde. Doch der ursprünglich breite Waldgürtel von Senegal an der Westküste bis Uganda im Osten ist heute zerstückelt.

2002 initiierte die Weltbank eine »Waldreform«, die vorgab, den Urwald zu schützen und eine nachhaltige Waldnutzung

---

[21] wissenschaftliche Bezeichnung für Äthylalkohol

zu fördern: ein Versuch, der Weltöffentlichkeit vorzutäuschen, dass die internationalen Organisationen des Finanzkapitals sich um den Schutz der Regenwälder kümmern würden. Kurz darauf erlaubte die **kongolesische Regierung** trotz eines gesetzlichen Moratoriums die Abholzung weiterer 15 Millionen Hektar tropischen Regenwalds. Unter diesen Wäldern liegen gewaltige Reserven an Diamanten, Gold, Kupfer, Kobalt und Coltan.

Wechselwirkung mit der globalen Klimaerwärmung

Die Waldvernichtung verschärft den »unnatürlichen«, vom Menschen verursachten Treibhauseffekt und wird ihrerseits durch die Klimaerwärmung vorangetrieben. Die Stiftung »Wald in Not« schreibt dazu:

»Höhere Temperaturen und weniger Niederschlag in der Vegetationszeit, mehr Hitzewellen, Dürreperioden, Starkregen und Nassschneefälle, häufigere Spät- und Frühfröste, stärkere Stürme und mehr gefräßige Schadinsekten: der Klimawandel wirkt sich direkt auf unsere Wälder aus. ... häufiger vorkommende **Extremereignisse** *... können zu Waldzusammenbrüchen, zum Absterben von Jungpflanzen und anderen plötzlichen Veränderungen führen.«* (»Wald im Klimastress«, S. 12 und 14)

All diese Faktoren untergraben in dramatischem Tempo die Funktion der Wälder als Sauerstoffspender und CO_2-Speicher. Jochen Flasbarth, Präsident des Bundesumweltamts, sagte in einem Interview am 22. Juni 2013:

»Es stimmt ... dass in Deutschland mehr Holz geschlagen wird und der Wald seit 1990 als so genannte CO_2-Senke schwächer wird. Damals nahmen unsere Wälder rund 70 Millionen Tonnen CO_2 pro Jahr auf. 2010 waren es nur noch rund 25 Mil-

lionen. Wenn dieser Trend nicht gestoppt wird, drohen unsere Wälder sogar zu einer Quelle für Treibhausgase zu werden.« (»Frankfurter Rundschau« vom 22. Juni 2013)

Die Wälder verwandeln sich also schleichend von CO_2-Senken in CO_2-Quellen. Die Masse des in den Wäldern der Erde gespeicherten Kohlenstoffs sank von 1990 bis 2010 um sieben auf 278 Milliarden Tonnen, ein Rückgang um 2,4 Prozent.

Die Ökologen Simon Lewis von der britischen University of Leeds und Paulo Brando vom Amazon Environmental Research Institute untersuchten die Auswirkungen der Dürren im Amazonasgebiet von 2005 und 2010.

»Laut den beiden Forschern absorbiert das Amazonasgebiet in den meisten Jahren 1,5 Milliarden Tonnen CO_2 aus der Atmosphäre. Dadurch verschwinden große Mengen des Gases, das weltweit durch die Verbrennung fossiler Brennstoffe entsteht. Jedoch absorbierten die Wälder am Amazonas nach der Dürre von 2005 zwei Jahre lang kein CO_2 mehr, vielmehr setzten sie aufgrund des Verrottungsprozesses der Bäume in den Folgejahren rund fünf Milliarden Tonnen CO_2 frei.« (www.focus.de/wissen, Download vom 19. September 2013)

Verbindliche völkerrechtliche Abkommen über den Schutz der Wälder gibt es bislang nicht, lediglich jede Menge Absichtserklärungen auf den zahlreichen Umweltgipfeln. Nur der international wachsende und erbittert geführte aktive Widerstand der Massen, besonders in Ländern mit tropischem Regenwald, konnte bisher einer noch weitergehenden Vernichtung entgegenwirken.

A.3. Die heraufziehende Weltklimakatastrophe

Was ist Klima?

Bis ins 19. Jahrhundert wurde das Klima als im Wesentlichen unveränderlich angenommen. Tatsächlich unterlag es aber im Lauf der Erdgeschichte einer Entwicklung mit zum Teil extremen Schwankungen. Dabei bildete sich in Wechselwirkung mit der Biosphäre das heutige Weltklima heraus.

Das **Klima ist die konkrete Daseinsweise der Atmosphäre in Einheit mit der Beschaffenheit der Erdoberfläche in einer bestimmten Region oder Zone**. Es entwickelt sich über einen längeren Zeitraum in dialektischer Wechselwirkung mit **Temperatur, Luftdruck, Luftfeuchtigkeit** und den damit einhergehenden **Zirkulationssystemen der Luft und des Wassers**.

Klimaforscher lassen in ihren Untersuchungen der Entstehung und Veränderung des Klimas vielfach die **allseitige Wechselwirkung mit der Biosphäre** unberücksichtigt.

Die Oberflächenbeschaffenheit einer Region hat jedoch großen Einfluss auf das Klima. Verschiedene Oberflächen reagieren unterschiedlich auf die Sonneneinstrahlung. Während zum Beispiel Polareis die Sonnenstrahlen relativ intensiv ins Weltall reflektiert, absorbieren Wasserflächen die Wärme zum größeren Teil. Wie die Sonneneinstrahlung auf der Landfläche wirkt, hängt auch von der Beschaffenheit des Bodens ab und vom Einfallwinkel des Sonnenlichts. In Ebenen mit Pflanzenbewuchs ist ein anderes Klima vorzufinden als in Wüstenlandschaften, in Gebirgen ein anderes als auf den Weltmeeren.

Es gibt **kein homogenes Weltklima**, sondern nur **regional differenzierte Klimazonen**, die einander beeinflussen, sich ineinander verwandeln können und ein für die jeweilige **Klimaregion** typisches, sich ständig veränderndes **Wetter** hervorbringen.

Treibhausgase – ihre Wirkung und ihre entscheidende Rolle bei Klimaveränderungen

Die mittlere Temperatur auf der Erdoberfläche hat sich auf etwa 15 Grad Celsius eingependelt.

Die Lufthülle der Erde kann einen Teil der Wärmestrahlung aufnehmen und die Abstrahlung in den Weltraum verringern. Diese natürliche Regulierung der Temperatur der Erdatmosphäre wird als **Treibhauseffekt** bezeichnet. Ohne diesen Effekt läge die mittlere Temperatur der Erdoberfläche bei etwa minus 18 Grad Celsius. Die Erde wäre ein Eisplanet, ohne die Möglichkeit höheren Lebens.

· **Wasserdampf** hat in der Atmosphäre unterschiedliche Wirkung je nach Sättigungsgrad: einerseits erhöht er als Treibhausgas die Erderwärmung, andererseits dämpft er sie durch Wolkenbildung. Er reagiert rasch auf Temperaturänderungen und ist **kein nachhaltig destabilisierender Treibhausfaktor**. Allerdings verdunstet im Zug der Klimaerwärmung mehr Wasser und die Zunahme des Wasserdampfs verstärkt wiederum den Treibhauseffekt.

Neben Wasserdampf ist eine winzige Menge an **Spurengasen** verantwortlich für den natürlichen Treibhauseffekt. Die **mengenmäßige Zusammensetzung der Treibhausgase** ist ausschlaggebend für den natürlichen Regulierungsprozess des Klimas. Durch das ständige Werden und Vergehen lebendiger Materie, ihre Umwandlung in unbelebte Materie und umgekehrt, gelangen permanent Kohlendioxid und Methan in die Atmosphäre. Mit der Fotosynthese wird CO_2 der Atmosphäre wieder entnommen und durch Umwandlung in Sauerstoff und Kohlenhydrate abgebaut. Im Verlauf der Evolution der Biosphäre wurde der CO_2-Gehalt von 1500 ppm[22] vor 50 Millionen Jahren durch Bildung von Kohle, Erdöl und Erdgas sowie Aufbau von Sedimentgesteinen auf unter 300 ppm reduziert.

Neben den CO_2-Emissionen verstärken weitere **anthropogene** (von Menschen verursachte) **Treibhausgase** den Treibhauseffekt. Dazu gehören Methan und Lachgas, auch die fluorierten Kohlenwasserstoffe (FKW), die als FCKW-Ersatzstoffe eingesetzt werden. Die FKW haben im Vergleich zum CO_2 eine 1000- bis 12000-fach gesteigerte Treibhauswirkung pro Molekül, Lachgas eine etwa 300-fache und Methan eine 21-fache. Relativ neu sind Schwefel- und Kohlenstofffluorverbindungen mit einer extremen Treibhauswirkung zwischen dem 9000- und 24000-Fachen wie Kohlendioxid.

Ein Forscherteam der Universität von Toronto/Kanada entdeckte ein bisher unbekanntes Treibhausgas mit dem Namen Perfluorotributylamin (PFTBA). Es wird seit Mitte des 20. Jahrhunderts beim Bau elektronischer Geräte eingesetzt und trägt »*stärker zur Wärmespeicherung bei als sämtliche bis heute gefundenen Chemikalien.*« (Internetseite der Fachzeitschrift »Geophysical Research Letters«)

Bei der Treibhauswirkung spielt die **Lebensdauer der Treibhausgase** eine große Rolle: Während Methan durch fotochemische Prozesse in CO_2 zersetzt wird und daher nur neun bis 15 Jahre »lebt« und wirkt, hat Lachgas eine Lebensdauer von etwa 120 und einige Treibhausgase wie Tetrafluormethan (CF_4) haben sogar eine Lebensdauer von 50000 Jahren.

Die natürliche Herausnahme von CO_2 aus der Atmosphäre wird durch Fotosynthese und geologische Prozesse (Bildung

---

[22] ppm steht für parts per million; deutsch: Teilchen auf eine Million

von Kalkstein aus Tierskeletten) bewirkt. Diese beiden Prozesse dauern sehr lange, die geologischen Tausende Jahre. Deshalb müssen gerade die Emissionen der langlebigen Treibhausgase so gering wie möglich gehalten werden.

Gefährliche Zunahme von Treibhausgasen

Emissionen von Treibhausgasen können das Weltklima erheblich destabilisieren. Besonders problematisch wird es, wenn die Konzentrationen so rasch ansteigen, dass extreme Ungleichgewichte entstehen und rasche Veränderungen im Weltklima auftreten.

Solch eine schnelle Zunahme ist gegenwärtig beim Kohlendioxid in der Troposphäre festzustellen.

1957 errichtete der US-amerikanische Klimaforscher Charles D. Keeling auf Hawaii die erste ständige Kohlendioxid-Messstation, die seitdem einen stetigen Anstieg des CO_2 anzeigte. Mit der »Keeling-Kurve« wurde erstmals der Zusammenhang zwischen dem Anstieg des CO_2-Gehalts der Atmosphäre und dem Anstieg der Durchschnittstemperatur der Erde festgestellt. Seit Beginn der Industrialisierung stieg der CO_2-Gehalt von etwa 280 ppm auf heute fast 400 ppm; parallel dazu stieg die Durchschnittstemperatur der Erde um 0,9 Grad Celsius. Verglichen mit natürlichen Klimaänderungen ist das eine sprunghafte Entwicklung.

Das CO_2 in der Troposphäre steigt Jahr für Jahr um mehr als zwei ppm an. Die beschleunigte Erderwärmung, die sich daraus ergibt, **stellt** die gesamte herkömmliche, über Hunderte Millionen Jahre gewachsene **Biosphäre mehr und mehr infrage**.

Etwa zwei Drittel der von Menschen verursachten zusätzlichen Treibhausgase bestehen aus **Kohlendioxid**.

Methan trägt bisher etwa zu 15 bis 20 Prozent zum zusätzlichen Treibhauseffekt bei. Es stammt überwiegend aus der agrarindustriellen Landwirtschaft (Massentierproduktion, Herstellung und Verbrauch von Dünger) sowie aus Mülldeponien, Klärwerken, Bergwerken, Erdgasleckagen und zunehmend aus auftauenden Permafrostböden.

Lachgas trägt mit etwa sechs bis acht Prozent zum Gesamteffekt bei. Der Ausstoß von Lachgas hat sich vor allem aufgrund der steigenden Nitratdüngung und der Verdichtung der Böden durch schwere Maschinen seit 1980 deutlich erhöht.

FCKW und HKW machen einen relativ geringen Anteil der Treibhausgase aus, sie haben aber eine besonders lange Lebensdauer und wirken deshalb nachhaltiger als die anderen Gase.

Anfang der 1970er Jahre trat eine alarmierende Klimaveränderung ein, die mit einer extremen Dürre in der Sahelzone erstmals öffentlich wahrgenommen wurde. Der Druck der international aktiven Umweltbewegung bewog die UN, 1979 in Genf die erste Weltklimakonferenz durchzuführen. Eine dabei verabschiedete Erklärung zur Rettung des Klimas betonte die Dringlichkeit einer Wende in der Energiepolitik.

»Die fortdauernde Ausrichtung der Menschheit auf fossile Brennstoffe als wichtigster Energiequelle wird wahrscheinlich zusammen mit der fortgesetzten Waldvernichtung in den kommenden Jahrzehnten und Jahrhunderten zu einem massiven Anstieg der atmosphärischen Kohlendioxid-Konzentration führen.« (Erklärung Weltklimakonferenz Genf 1979, zitiert nach:»Global Warming«. Der Greenpeace-Report, 1990/91, S. 477/478)

Aber die Herrschenden schlugen diese Warnung in den Wind. Der **Kohlendioxid-Ausstoß** durch Verbrennung fossiler Energieträger erhöhte sich allein im ersten Jahrzehnt dieses Jahrtausends um 29 Prozent. 2012 wurde eine Rekordmenge von 35,4 Milliarden Tonnen Kohlendioxid freigesetzt.

Bankrott der imperialistischen Klimapolitik

Die von der UNO einberufenen Umweltkonferenzen seit 1979 sollen den Eindruck erwecken, die Regierungen nähmen sich unermüdlich der Rettung des Klimas an. Gleichzeitig lenken sie von den Monopolen als Hauptverursachern der globalen Klimaveränderung ab. Nach einer Studie des Climate Accountability Institute (USA, 2013) sind 90 Konzerne, davon 83 aus dem Öl-, Kohle- und Gassektor, für fast zwei Drittel der seit der industriellen Revolution bis 2010 von Menschen verursachten Kohlendioxid- und Methan-Emissionen verantwortlich.

Die UN-Klimakonferenz in Kyoto beschloss 1997 völlig unzureichende länderübergreifende Maßnahmen. Während Wissenschaftler forderten, den Ausstoß von Treibhausgasen in den nächsten hundert Jahren auf Null zu bringen, sah das Kyoto-Protokoll nur eine Reduzierung bis 2012 auf 5,2 Prozent unter das Niveau von 1990 vor. Mit windelweichen Auflagen erlaubte es der monopolisierten Großindustrie, ihre gefährlichen Emissionen von Treibhausgasen weiter in die Höhe zu treiben.

Das Kyoto-Protokoll schrieb als Hauptmethode die »marktwirtschaftliche« Regulierung durch den **Handel mit Rechten für CO_2-Emissionen** fest. Das UN-Klimasekretariat vergab weltweit Zertifikate, die zum Ausstoß von 10 Milliarden Tonnen CO_2 »berechtigten«. Die internationalen Monopole nutzten den **Zertifikathandel mit schmutziger Luft** für ein **Milliardengeschäft**. Länder, die, gemessen an der 5,2-Prozent-Vorgabe, zu viele Treibhausgase ausstoßen, müssen Zertifikate kaufen. Wer weniger ausstößt, darf Verschmutzungsrechte verkaufen und damit Gewinn machen.

Zum Emissionshandel wurden in der EU fünf Industrien verpflichtet, die die Hälfte der Treibhausgase ausstoßen: Chemie,

Stahl, Glas, Papier, Zement. Die Branche, die das meiste CO_2 ausstößt, den Verkehr, klammerte das EU-Klimakommissariat aus.

Die Konzerne profitierten in mehrfacher Hinsicht vom Emissionshandel:

- Bereits vorab bekamen die Konzerne in der EU Verschmutzungsrechte im Wert von 200 Milliarden Euro geschenkt – Subventionen zur Förderung ihrer Konkurrenzfähigkeit. Damit sollten sie in CO_2-ärmere Techniken investieren und acht Prozent Treibhausgase einsparen.

- Die Papierindustrie der EU reduzierte in zehn Jahren ihre CO_2-Emission durch Steigerung der Energieeffizienz und Schließung von Fabriken, sie konnte ihre Zertifikate gewinnbringend verkaufen. Die gleichen Konzerne bauten dann jedoch neue Fabriken in Asien – viel billiger, größer und mit sehr niedrigen Umweltstandards. So konnten sie ungehemmt ein Vielfaches der klimaschädlichen Gase ausstoßen, für deren Einsparung sie zuvor in Europa abkassiert hatten.

- Unter dem Vorwand, Nachhaltigkeit und saubere Technologien in Entwicklungsländer zu übertragen, entwickelte die UN ein spezielles Programm: CDM (Clean Development Mechanism). Dies sind Projekte des Kapitalexports, die mit Zertifikaten bedacht werden: 78 Prozent aller Projekte finden in den BRICS[23]-Staaten statt, 54 Prozent allein in China. Dreist wurden Kohlekraftwerke in Indien und China als CDM-Projekte angemeldet, weil sie weniger CO_2 ausstoßen würden als ältere Kraftwerke.

- Das internationale Finanzkapital hat den Emissionshandel zum Spekulationsobjekt gemacht. Eine neue Branche ist entstanden: Beraterfirmen, Gutachter und zur Zeit mehr als

---

[23] Brasilien, Russland, Indien, VR China und Südafrika

10 000 Händler allein auf der Handelsplattform ICE Futures Europe.

- Mit dem Rückgang der Industrieproduktion in der Weltwirtschafts- und Finanzkrise seit 2008 sanken kurzfristig auch die Emissionen. Infolgedessen stürzte der Börsenkurs der »Verschmutzungsrechte« in Europa vom Allzeithoch von über 17 Euro auf das bisherige Tief: Das Recht, die Luft mit einer Tonne Kohlendioxid zu verschmutzen, kostete gerade mal 2,75 Euro!

Der Plan, Treibhausgase durch Handel mit »Verschmutzungsrechten« zu reduzieren, ist vollständig gescheitert. Tatsächlich lagen die CO_2-Emissionen 2013 um 61 Prozent über dem Niveau von 1990. Damit hat auch die bürgerliche Philosophie der Vereinbarkeit von Ökologie und kapitalistischer Ökonomie eine empfindliche Niederlage erlebt.

Im Mai 2013 meldete die US-Behörde für Meteorologie und Ozeanografie den alarmierenden Wert von 400 ppm CO_2 in der Atmosphäre. Solch einen CO_2-Gehalt hatte es dem US-Klimaforscher Michael Mann zufolge zuletzt vor mehr als 10 Millionen Jahren gegeben. Damals lebten noch keine Menschen, der Meeresspiegel lag Dutzende Meter über dem heutigen und weite Flächen des heutigen Festlands waren überflutet.

Trotzdem endete der UN-Klimagipfel in Warschau 2013 ohne jedes konkrete Ergebnis, verharmloste die Klimakrise zum »Klimawandel« und diskutierte lediglich »Anpassungsstrategien«. Damit wurde das Scheitern des imperialistischen Ökologismus für jedermann offensichtlich.

Krisenmanagement des imperialistischen Ökologismus

Um die alten Profitquellen aus der Verbrennung fossiler Energieträger nicht versiegen zu lassen und künftige zu erschließen, wird mit dem **»Geoengineering«** eine völlig neue Branche aufgebaut.

Zu den wichtigsten Arten des »Geoengineering« gehören heute das Carbon Dioxide Removal (CDR) und das Solar Radiation Management (SRM). Eine der bekanntesten Formen des CDR ist das wahnwitzige Carbon Capture and Storage (CCS), eine Technik zur Abscheidung von CO_2 in Kohlekraftwerken und zur unterirdischen Speicherung des Gases.

Der aktive Widerstand von Umweltschützern sorgte dafür, dass CCS-Projekte in mehreren Bundesländern Deutschlands gestoppt werden mussten.

Zum SRM gehören Pläne wie die Einbringung von Aerosolen in die Stratosphäre zur stärkeren Reflexion des Sonnenlichts. Auch bei diesen Techniken haben Wissenschaftler bereits neue Gefahren vorhergesagt. Aus dem Max-Planck-Institut für Meteorologie in Hamburg kommt die kritische Prognose, dass es in Europa und Nordamerika infolge globalen »Geoengineerings« um 15 Prozent trockener würde als vor Beginn der menschengemachten Klimaveränderungen. Im Amazonasgebiet würde es sogar 20 Prozent weniger regnen.

»Geoengineering« ist eine typische Variante des **Krisenmanagements des imperialistischen Ökologismus**: Um eine Krise wenigstens scheinbar einzudämmen, werden neue Krisenherde geschaffen. Das eigentliche Problem wird nicht gelöst.

Die strategische Bedeutung macht das Planungsamt der Bundeswehr deutlich:

»Geoengineering könnte die primär tragende Säule internationaler Klimapolitik werden.« Demnach kann *»zukünftig ein* ***möglicher Einsatz von Streitkräften*** *bei einem Konflikt in Folge des Einsatzes von Geoengineering nicht ausgeschlossen*

werden.« (Planungsamt der Bundeswehr, »Streitkräfte, Fähigkeiten und Technologien im 21. Jahrhundert – Future Topic – Geoengineering«, S. 4/5 – Hervorhebung Verf.)

Wie schnell die **Umstellung auf regenerative Energien** möglich ist, beweist der zügige Ausbau von Windrädern, Sonnenkollektoren, Fotovoltaik- und Biogasanlagen. Innerhalb von zwei Jahren, bis 2012, stieg der Anteil dieser alternativen Energiequellen am Stromverbrauch in Deutschland auf 23 Prozent. Das straft all diejenigen Lügen, die eine strukturelle Energieknappheit infolge eingeschränkter Nutzung der Atomkraft und fossilen Verbrennung heraufbeschworen.

Als infolge der Weltwirtschafts- und Finanzkrise zwischen 2010 und 2013 weniger Strom in die Nachbarländer der BRD exportiert, aber mehr Strom aus Sonnen- und Windenergie in die Netze eingespeist wurde, sank in Deutschland der Großhandelspreis für eine Megawattstunde von 60 auf 37 Euro. An der Strombörse sanken die Beschaffungskosten zeitweise sogar unter die Produktionskosten.

Da schritten die Energiemonopole ein, weil sie eine nachhaltige Schädigung ihrer sprudelnden Profitquellen fürchteten. Allein wegen der Senkung der Erzeugerpreise für Strom büßte das Energiemonopol RWE nach eigenen Angaben rund 4,6 Milliarden Euro Umsatz ein. Die deutsche Bundesregierung reagierte mit einem »Rollback« ihrer sogenannten Energiewende und verabschiedete zum 1. Januar 2012 ein neues Energiegesetz[24]. Angeblich wollte sie die Bürger vor zu hohen Strompreisen schützen, für die die Umstellung auf regenerative Energien verantwortlich sein sollte. Tatsächlich wurde die Solarförderung massiv gekürzt und der Neu- und Ausbau großer Stromleitungen mit einer Länge von 3 000 Kilometern

---

[24] Gesetz für den Vorrang Erneuerbarer Energien (Erneuerbare-Energien-Gesetz – EEG)

quer durch Deutschland gefördert – im Interesse der Energiemonopole und auf Kosten der Verbraucher. Und sie erhöhte den Strompreis für die breiten Massen durch eine besondere Abgabe, die Anfang 2013 schon etwa 20 Prozent des Strompreises ausmachte. Die Großindustrie wurde dagegen mit subventioniertem, besonders billigem Strom versorgt.

Die bezahlten »Klimaskeptiker«

Das internationale Finanzkapital organisiert seit etwa 20 Jahren eine reaktionäre Bewegung der **»Klimaskeptiker«**. Diese propagieren die pseudowissenschaftliche These, der vom Menschen verursachte Kohlendioxid-Ausstoß habe keine wesentliche Bedeutung für das Klima.

Weltmarktbeherrschende Energiemonopole wie ExxonMobil, Shell und Texaco finanzierten zwischen 1997 und 2004 mit rund 420 Millionen US-Dollar eine international organisierte Lügenkampagne. Allein die US-Ölkonzerne und die damalige Regierung George W. Bush stampften mehr als drei Dutzend Organisationen aus dem Boden. In Büchern und Hearings, in Fernsehdokumentationen und Talkshows sowie auf eigens ins Leben gerufenen Gegen-Klimakonferenzen inszenierten sie einen Feldzug gegen die Warnungen der Umweltbewegung.

Da die »Klimaskeptiker« die erdrückenden Fakten, die Beweise für die heraufziehende Klimakatastrophe nicht entkräften können, streuen sie Verunsicherung und diffamieren. Die von George W. Bush 2002 lancierte Kampagne wurde in einem Strategiebericht wie folgt begründet:

»Es komme jetzt darauf an, die Wissenschaftler ›frontal zu attackieren‹, um bei den Wählern Zweifel an deren Glaubwürdigkeit zu säen. Die Debatte sei zwar fast abgeschlossen – ›gegen uns‹ ... Aber es sei immer noch Zeit, um Experten zu finden, die

›*mit unserer Haltung sympathisieren*‹.« (»Die Klimakrieger«, »Öko-Test« 6/2013, S. 19)

In den USA fanden die Energiemonopole diese fragwürdigen »*Experten*« unter anderem in den greisen Physikern Fred Singer und Frederick Seitz. Der »Spiegel« schreibt über Fred Singers offen antikommunistische Beweggründe:

»*Singer ist einer der einflussreichsten Klimaleugner weltweit. Er lebt in einer Welt, in der angesehene Klimaforscher als Lügner gelten;* **sie seien außen grün und innen rot und hätten in Wahrheit nur ein Ziel: den Sozialismus einzuführen.** *Singer will die Welt vor diesem Horror retten.*« (»Der Spiegel« 40/2010, S. 144 – Hervorhebung Verf.)

In Deutschland organisiert das Europäische Institut für Klima und Energie (EIKE) die Skeptiker. Seit 2012 gesellte sich auch Fritz Vahrenholt zu diesem erlauchten Kreis angeblicher »Klimaexperten«. Vahrenholt hatte sich ursprünglich mit kritischen Büchern wie »Seveso ist überall« (1978) in der Umweltbewegung einen Namen gemacht. Er ist SPD-Mitglied, war Umweltsenator in Hamburg, Manager bei Shell und ist heute Aufsichtsratsvorsitzender von RWE Innogy.

2012 veröffentlichte er das Buch »Die kalte Sonne. Warum die Klimakatastrophe nicht stattfindet«. Der Diplomingenieur Peter Vescovi recherchierte den Ablauf der unmittelbar danach beginnenden Kampagne der »Bild«-Zeitung:

»*Schon am 6. Februar 2012 startete die Bild-Zeitung eine Serie zum Buch ... ›Die CO_2-Lüge. Die Klima-Katastrophe ist Panikmache der Politik‹ wurde am 6.2. getitelt. Am 7.2. behauptete die Bild-Zeitung ›Seit 12 Jahren ist die Erderwärmung gestoppt‹, um dann am 8.2. endlich damit heraus zu rücken, worum es eigentlich geht: ›Stoppt den Wahnwitz mit Solar- und Windkraft!‹*« (Peter Vescovi, »Die Erde ist (k)eine Kaffeetasse«, S. 32)

Das ging selbst dem Bundesumweltamt zu weit. In einer Broschüre von Mai 2013 mit dem Titel »Und sie erwärmt sich doch« zerpflückte es die Klimalügen Vahrenholts und seiner Mitautoren.

So hatte Vahrenholt behauptet, dass »*die Erderwärmung seit über zehn Jahren zum Stillstand gekommen*« sei. (»Die kalte Sonne ...«, S. 287) Mit einem plumpen Trick hatte er die aktuelle Temperatur mit der von 1998 verglichen. 1998 aber war aufgrund eines El Niño-Ereignisses[25] das drittwärmste Jahr seit Beginn der Temperaturmessungen auf der Erde.

Klimaerwärmung – direkte Folgen und Rückkopplungen

Die Folgen der heute längst ablaufenden Klimaerwärmung bekommt die Menschheit immer direkter zu spüren.

Millionen Menschen kämpfen mit sintflutartigen Überschwemmungen und Starkniederschlägen, mit Dürren, Hitzewellen und Kälteeinbrüchen. Die UN meldete, dass seit Beginn dieses Jahrzehnts 370 000 Menschen an den Folgen der Klimaveränderung starben. Das sind schon etwa 20 Prozent mehr als in der letzten Dekade.

Inzwischen haben sich als Folge der Klimaerwärmung eine **Reihe verstärkender Wirkungen** (Rückkopplungen) herausgebildet, die den Übergang in die globale Klimakatastrophe und den Umschlag in eine globale Umweltkatastrophe beschleunigen.

---

[25] El Niño-Phänomen: Die Passatwinde rufen vor der Küste Perus in den meisten Jahren einen Auftrieb kühlen Wassers aus den tiefen Schichten des Humboldtstroms hervor. Das wärmere Oberflächenwasser strömt dann über den Pazifik von Südamerika in westlicher Richtung nach Indonesien. Bei einem El Niño schwächt sich der Humboldtstrom ab und kommt eine Zeit lang zum Erliegen. Dann steigen die Temperaturen in ungewöhnliche Höhen.

Der **Meeresspiegel** wird nach vorsichtigen Schätzungen bis 2100 um ein bis zwei Meter ansteigen. Eine Reihe von Inselstaaten wie die Malediven oder große Teile Bangladeschs würden dadurch bereits vom Meer verschlungen. Eine derart katastrophale Entwicklung würde Hunderte Millionen Menschen in die Flucht treiben. Ein weiter ansteigender Meeresspiegel würde viele heutige Küstenregionen einschließlich 22 der 50 größten Küstenstädte der Welt – wie New York, London, Rotterdam, Mumbai, Tokio, Shanghai oder Hamburg – unter Wasser setzen und unbewohnbar machen.

Die Verschiebung der Klimazonen führt zum **Auftauen der Permafrostböden** weiter Flächen Sibiriens, Alaskas, Kanadas und Grönlands. Straßen, Eisenbahnlinien, Pipelines, Stromleitungen, Flughäfen, Siedlungsgebiete verlieren die Stabilität ihres Untergrunds. Der Rückgang des Permafrosts in den Alpen kann massive Felsstürze und Überschwemmungen auslösen. Ganze Gebiete der Alpen könnten unbewohnbar werden. In der Tiefsee könnte infolge des erwärmten Wassers gefrorenes Methanhydrat auftauen und unterirdische Felsstürze bewirken, die verheerende Tsunamis auslösen würden.

Der im Permafrost der Nordhalbkugel in Form von Methan und CO_2 gespeicherte Kohlenstoff, der sukzessive freigesetzt würde, macht etwa tausend Milliarden Tonnen aus. Das übersteigt die gesamte Menge Kohlenstoff, die sich gegenwärtig in der Atmosphäre befindet.

Zum Abschmelzen des Festlandeises trägt auch das Abfackeln des Begleitgases der Ölförderung in Russland bei. Dazu berichtet der Film »Abgefackelt – Wie Ölkonzerne unser Klima killen«:

»Millionen Tonnen Ruß werden in die Atmosphäre geschleudert und landen auf dem Eis der Arktis. Das Sonnenlicht wird nicht mehr vom Eis reflektiert, denn die schwarzen Rußpartikel nehmen die Sonnenwärme auf. Das führt zum Abschmelzen der

Gletscher. Wissenschaftler haben herausgefunden, dass ›gas flaring‹ auch so zum Klimawandel beiträgt. Die Rußschicht ist zu 50 Prozent für die Erwärmung der Arktisregion verantwortlich.« (»Abgefackelt – Wie Ölkonzerne unser Klima killen«, NDR, Erstausstrahlung am 28. Juni 2011 auf arte)

Die **Gletscherschmelze** hat dramatische Ausmaße angenommen. Die kontinentalen Eismassen, Packeis und Schnee nehmen ab. Das birgt die Gefahr, dass in den kommenden zehn Jahren 50 Milliarden Tonnen Methangas aus dem schmelzenden Packeis entweichen könnten. Werden die Folgen einkalkuliert – Zerstörungen durch Überschwemmungen, Dürren, Unwetter und Schwächung der Produktivität –, lässt sich ein potenzieller Schaden von 60 Billionen US-Dollar abschätzen. Das entspräche 85 Prozent der globalen Wirtschaftsleistung des Jahres 2012.

Noch ist die antarktische Region so kalt, dass die tiefen Temperaturen das ganze Jahr über die Eismassen erhalten. Auf diesem hoch gelegenen Kontinent ist es allerdings viel kälter als im arktischen Meer mit seiner nur wenige Meter dicken Eisdecke. Die Antarktis ist daher bis heute von einem durchgehenden, teils fast fünf Kilometer mächtigen Eispanzer bedeckt. Dennoch nehmen auch in der Antarktis die Eismassen dramatisch ab.

Als **Albedo**[26] wird ein Maß für die Rückstrahlung der Sonnenenergie ins Weltall bezeichnet. Die Albedo der Erdoberflächen beträgt für Eisflächen bis zu 90 Prozent und für Wasser etwa zehn Prozent. In der bereits um drei Grad erwärmten Nordmeerregion reduzierte sich im Sommer 2012 die Eisfläche auf ein Rekordminimum von 3,4 Millionen Quadratkilometern. Je kleiner die Eisfläche, desto weniger Sonnenenergie wird in

---

[26] aus lateinisch albus = weiß, Rückstrahlvermögen nicht selbst leuchtender Oberflächen

das Weltall zurückgestrahlt. Die Folge: Es kommt zu zusätzlicher Erderwärmung.

Die Entwicklung verläuft nicht gradlinig. Natürliche Klimaschwankungen können zeitweilig den Prozess der Erwärmung überlagern. Das kann jedoch die lebensgefährliche Gesamtrichtung der beschleunigten Klimaerwärmung nicht verändern. Sie steuert auf »**Kipppunkte**« zu, an denen eine bis dahin allmähliche quantitative Zunahme bestimmter Faktoren in qualitative Sprünge umschlägt. Ein **beschleunigter Umschlag in die Weltklimakatastrophe** ist bereits **in vollem Gang**.

A.4. Deutliche Zunahme regionaler Umweltkatastrophen

Die Versicherung Münchener Rück zählte für die Jahre 1980 bis 2012 **weltweit 21 000 Naturkatastrophen**. Diese forderten **2,3 Millionen Todesopfer**. Die Gesamtschäden beliefen sich auf 3,8 Billionen US-Dollar.

Deutlich angestiegen ist vor allem die Zahl **klimabedingter regionaler Umweltkatastrophen**. Diese sind zwar regional begrenzt, wirken sich aber verschärfend auf die globale Umweltkrise aus. Jede regionale Umweltkatastrophe erinnert von Neuem daran, wie dringlich der weltweite aktive Widerstand gegen die globale Umweltkatastrophe ist.

In den 1980er Jahren kam es im Jahresdurchschnitt zu etwa 365 regionalen klimabedingten Katastrophen: Überflutungen, Unwetter, Hitze- und Kälteeinbrüche. In den 1990er Jahren stieg ihre Zahl auf etwa 560 und seit 2000 auf circa 730 pro Jahr. 2012 dokumentierte die Münchener Rück sogar

905 regionale Naturkatastrophen, davon waren 840 klimabedingt. Diese ansteigende Tendenz ist ein **wesentliches Merkmal der Beschleunigung des Übergangs zur globalen Umweltkatastrophe.**

Vor allem infolge der zunehmenden Klimaveränderung treten immer häufiger und stärker **Überschwemmungen, Fluten, Stürme und Erdrutsche** auf:

- **2008** forderte der tropische Zyklon Nargis in Myanmar 156 000 Todesopfer. 2,4 Millionen Menschen wurden obdachlos. Winterstürme in China beschädigten 485 000 Häuser und zerstörten 21 000 Gewächshäuser. Der Hurrikan Ike in den USA zerstörte Hunderttausende Fahrzeuge und ließ für mehr als zwei Millionen Menschen den Strom ausfallen.

- **2009** wurden in Indien von August bis Oktober 3 000 Dörfer überschwemmt und mehr als eine halbe Million Menschen obdachlos. 400 Bewässerungstanks wurden zerstört, 35 000 Nutztiere verendeten.

- **2010** legten großflächige Überschwemmungen in Australien den Kohleabbau in den Tagebauen lahm. Schlammlawinen in Kolumbien töteten 200 Menschen, 230 000 Häuser wurden beschädigt. Sturzfluten trafen in Pakistan von Juli bis September 10 000 Dörfer und 15 Millionen Menschen. Bei Überschwemmungen und Erdrutschen in China kamen im Juni/Juli über 800 Menschen ums Leben, 40 000 Quadratkilometer Ackerfläche wurden verwüstet, 2,7 Millionen Menschen mussten evakuiert werden. Der Wintersturm Xynthia richtete in Südwest- und Westeuropa Schäden in Höhe von 6,1 Milliarden US-Dollar an.

- **2011** brachten Winterstürme und Blizzards in den USA bei 30 Automobilfabriken die Produktion zum Erliegen. 535 Menschen fanden durch eine Serie von Unwettern und Tornados den Tod. Bei Überschwemmungen und Erdrutschen in Thailand kamen von August bis November 813 Menschen ums Leben. Eine Million Häuser wurden überflutet oder beschädigt und sieben Industrieparks unter Wasser gesetzt.

- **2012** nahmen schwere Stürme auf allen Kontinenten zu. Auf den Philippinen riss der Taifun Bopha 1 100 Menschen in den Tod, 400 000 wurden obdachlos. In Pakistan wurden 600 000 Häuser überflutet und Bewässerungssysteme beschädigt. In China wurden bei Überschwemmungen 50 Brücken und 750 Kilometer Straßen beschädigt, 170 000 Nutztiere getötet. Überschwemmungen in Nigeria erzwangen die Evakuierung von 2,2 Millionen Menschen.
- **2013** forderten in Indien Überschwemmungen, die wegen eines ungewöhnlich früh einsetzenden Monsuns auftraten, im Juni 1 056 Menschenleben. Auch in Indonesien, Kanada, Australien und Europa wüteten Überschwemmungen. In den USA traten außergewöhnlich heftige Unwetter und Tornados auf. Der Taifun Haiyan/Yolanda wurde zum Fanal des Übergangs in die globale Umweltkatastrophe. Er tobte mit Spitzengeschwindigkeiten bis zu 380 km/h vor allem auf den Philippinen, aber auch in Vietnam und China. Seit Beginn der Aufzeichnungen war es der gewaltigste Taifun, der je auf Land traf. Allein auf den Philippinen hinterließ er mindestens 7 788 Tote und Vermisste, vier Millionen Obdachlose und eine Million zerstörte Häuser.

Eine neue Erscheinung in Wechselwirkung mit der Klimaveränderung sind **Hitzewellen**, monatelange **Dürren** sowie **Kältewellen:**

- **2009** fielen im Januar 152 Menschen in Ungarn, Polen und Rumänien einer Kältewelle und Frostschäden an Wasser- und Gasleitungen sowie Stromausfällen zum Opfer. Im selben Monat starben in Australien 347 Menschen bei einer Hitzewelle mit Temperaturen bis zu 48,8 Grad Celsius.

- **2010** kostete in Russland die seit 130 Jahren schwerste Dürre in Verbindung mit extremer Hitze bis zu 45 Grad und Waldbränden 56 000 Menschen das Leben. Bei einer Kältewelle im Juli in Argentinien, Bolivien, Paraguay und Peru starben 175 Menschen. Schneestürme bei Temperaturen bis minus 43 Grad töteten in China 50 Menschen.
- Bei einer Dürre von Oktober **2010** bis September **2011** starben in Somalia, Dschibuti, Kenia und Äthiopien mehr als 50 000 Menschen. Bei Waldbränden in Texas brannte eine Fläche von 11 000 Quadratkilometern ab.
- **2012** kam es zu Hitzeausbrüchen und Dürren in Europa und besonders in den USA mit Schäden von 20 Milliarden US-Dollar. Große Teile Ost-, Süd- und Westeuropas wurden von einer Kältewelle ergriffen.
- **2013** starben in Indien infolge eine Hitzewelle im April/Mai 531 Menschen.

Die zunehmenden **Dürrekatastrophen** gefährden die Ernährung der Menschheit. Mais ist für etwa 900 Millionen Menschen vor allem in Afrika und Lateinamerika das wichtigste Grundnahrungsmittel. Über ein Drittel der weltweiten Mais-Ernte wird von den USA produziert und exportiert. Die Trockenheit im Mittleren Westen der USA im Sommer 2012 beschädigte etwa die Hälfte aller Maispflanzen. Die ein Jahr währende Dürre am Horn von Afrika 2010/2011, wo die breiten Massen ohnehin darben, löste eine **Hungersnot** für 11,5 Millionen Menschen aus.

Der Weltklimarat IPCC prognostiziert in seinem 2012 veröffentlichten Bericht zu Extremereignissen (SREX), dass bis Mitte des 21. Jahrhunderts Dürren, die bisher alle 20 Jahre zu erwarten waren, alle zwei bis drei Jahre auftreten werden. Das bedroht die wachsende Weltbevölkerung mit einer **globalen Ernährungskrise**.

Wie einschneidend sich die regionalen Naturkatastrophen bereits jetzt auf das menschliche Leben auswirken, zeigen auch die **Flutkatastrophen in Europa** seit der Jahrtausendwende.

Eine wesentliche Ursache dieser Extremwetterereignisse liegt in **Veränderungen globaler Strömungssysteme der Luft**. Die überdurchschnittliche und rasche Erwärmung der Arktis um 2 Grad Celsius seit 1980 beginnt den Jetwindgürtel auf der Nordhalbkugel zu destabilisieren. Dadurch verändern sich die Wege polarer Tiefdruck- und subtropischer Hochdrucksysteme. Als Folge werden Regionen für längere Zeit in eine Kältefalle eingeschlossen, während dicht daneben subtropische feuchte und warme Luftmassen nach Norden vorstoßen können. Dieses Phänomen (Rossby-Wellen) tritt häufiger, intensiver und länger auf als früher. Extreme Niederschläge, Hitzeperioden und auch lange Kälteperioden bis in den Mai, weil arktische Luftmassen in den Süden vordringen, sind die Folge in Europa, Nordamerika und Asien.

Die **Hochwasser der Elbe, Donau, Moldau** und ihrer Nebenflüsse im **August 2002** wurden damals als die schwersten Überschwemmungen in Europa seit dem Jahr 1342 eingestuft. Vor allem Deutschland, Österreich, Italien, die Schweiz, Tschechien und Polen traf diese »Jahrhundertflut«. Vielerorts brach die Wasser-, Wärme-, Strom- und Telefonversorgung zusammen. Tausende Häuser wurden überschwemmt, die Familien mussten zusehen, wie ihre Einrichtungen zerstört wurden. Allein in Deutschland waren mehr als hunderttausend Menschen von der Außenwelt abgeschnitten oder mussten aus ihren Stadtteilen und Dörfern evakuiert werden. Verkehr und Transport waren stark beeinträchtigt: Brücken wurden weggerissen, Straßen unterspült, Bahnanlagen beschädigt, allein in Deutschland 200 Bahnhöfe. Die volkswirtschaftlichen Schäden beliefen sich in Deutschland auf etwa 16,8 Milliarden Euro.

Davon wurden den Betroffenen nur etwa 3,5 Milliarden Euro erstattet.

Nur drei Jahre später kam es im Juli/August 2005 erneut zu einer »Jahrhundertflut« im Donau- und Alpenraum, vor allem in Deutschland, Österreich, der Schweiz, Bulgarien und Rumänien.

Die deutsche Bundesregierung und Länderregierungen setzten Milliarden Euro für technische Maßnahmen zur Katastrophenbewältigung und -vorsorge ein, etwa zur Verstärkung oder Rückverlegung von Deichen. Doch die hauptsächlichen Ursachen, die Klimaveränderung und die fortschreitende Versiegelung der Böden, blieben unangetastet. Nach der Flut verschwanden die meisten der von der Bundesregierung vollmundig vorgestellten Pläne in den Schubladen; die versprochene Renaturierung der Flüsse und Auen fand nicht statt.

So konnte es kaum verwundern, dass bereits im Juni 2013 eine weitere, die bisher verheerendste »Jahrhundertflut« über Mitteleuropa hereinbrach. Die Menge und Intensität der Niederschläge übertraf die bisherigen Rekordwerte von 2002. Allein auf Deutschland ergossen sich in vier Tagen fast 23 Billionen Liter Regen. Die infolge des überlangen Winters und verregneten Frühlings gesättigten Böden und gefüllten Überflutungsbecken konnten nur noch wenig Wasser aufnehmen.

Vor allem die weiterhin **schnell zunehmende Versiegelung der Böden** durch übermäßige Bebauung verhindert permanent die Versickerung des Regenwassers ins Grundwasser und die unterirdische Speicherung. So floss das Wasser über die Kanalisation und Vorfluter direkt in die Bäche und Flüsse. Die Pegel stiegen vielerorts schneller und höher als jemals zuvor. Zahlreiche Deiche hielten dem enormen Wasserdruck und den gestiegenen Fließgeschwindigkeiten nicht stand und brachen.

Auch die räumliche Ausdehnung der Flut von 2013 übertraf die von 2002. Außer Deutschland, Österreich, Tschechien und Polen wurden die Schweiz, die Slowakei, Ungarn, Kroatien und Serbien erfasst.

Die Auswirkungen dieser Flutkatastrophe trafen vor allem kleine Hausbesitzer, Bauern und kleine Selbständige: Etwa 350 000 Hektar Grünland und Ackerflächen wurden allein in Deutschland überflutet. 15 000 bis 20 000 bäuerliche Betriebe verloren weitgehend ihre Ernte. Auf die besonders fruchtbaren Böden in den Auen schwemmte das Hochwasser giftige Schwermetalle wie Arsen, Kadmium oder Blei aus Abwässern chemischer Industriebetriebe sowie Öl aus überfluteten Öltanks. In diesen Gebieten musste die Ernte als Sondermüll entsorgt werden.

Zehntausende Familien verloren nach 2002 zum zweiten Mal in kürzester Zeit ihr Hab und Gut. Die Versicherungsmonopole hatten sich nach 2002 geweigert, in diesen hochwassergefährdeten Gebieten Versicherungen abzuschließen – oder sie diktierten solche Bedingungen, dass nur einige wenige Reiche sich eine Versicherung leisten konnten. Zur Beruhigung der empörten Massen sah sich die Bundesregierung im Vorfeld des Bundestagswahlkampfs genötigt, diesmal acht Milliarden Euro »unbürokratische Soforthilfe« zu versprechen. Noch Monate nach der Flut hatten die meisten Betroffenen keinen Cent davon gesehen. Die Lasten dieser immer häufiger und zerstörerischer auftretenden Umweltkatastrophen werden auf die Betroffenen abgewälzt, während die Hauptverursacher unbehelligt bleiben.

Das Hochwasser von 2013 löste den wohl **größten Katastropheneinsatz in der Geschichte der Bundesrepublik** aus. 75 000 Angehörige der Berufsfeuerwehren und der Freiwilligen Feuerwehr, 19 000 Soldaten der Bundeswehr und mehrere Hundert aus Frankreich und den Niederlanden sowie 8 000

Mitglieder des Technischen Hilfswerks waren beteiligt. Doch dieser staatliche Katastropheneinsatz hätte weitere Dammbrüche und Überflutungen in Großstädten mit noch drastischeren Auswirkungen nicht verhindern können. Nur die **überwältigende Kraft, Initiative und der solidarische Zusammenhalt Hunderttausender freiwilliger Helfer** brachte das zustande. Die skeptischen Auffassungen »Der Mensch ist von Grund auf egoistisch« und »bei Katastrophen bricht Chaos aus« wurden gründlich widerlegt. Zehntausende wurden in der Fluthilfe aktiv, verfüllten Millionen Sandsäcke, arbeiteten selbstlos und unentgeltlich über mehrere Tage, oft zehn bis zwölf Stunden hintereinander, meist vor oder nach der Berufsarbeit. Aus ganz Deutschland reisten Jugendgruppen und Sportvereine, aber auch viele einzelne Hilfsbereite aus eigener Initiative und auf eigene Kosten an. Die MLPD und der Jugendverband REBELL beteiligten sich aktiv an den Hilfseinsätzen unter dem Motto »Dem Volke dienen«. In einer Korrespondenz zu den Erfahrungen bei der Fluthilfe in Sachsen-Anhalt hieß es treffend:

»Sehr vielen Menschen ist jetzt klar, nach der Flut ist vor der Flut. Wir können uns doch nicht damit abfinden, alle paar Jahre einen Ausnahmezustand zu haben. Und soll man alles wieder neu aufbauen, um in ein paar Jahren wieder abzusaufen? Es geht um die wirtschaftliche Existenz, um die Erhaltung von Häusern, für die Jahrzehnte lang gearbeitet wurde, um kleine Betriebe, um das Überleben von Sportvereinen.« (Bericht der MLPD Kreis Magdeburg/Schönebeck vom 16. Juni 2013)

Die Aufzählung regionaler Umweltkatastrophen ist keineswegs vollständig. Vor allem sind die gewaltigen Zerstörungen, die Kriege, atomare Katastrophen wie Fukushima oder Ölkatastrophen wie im Golf von Mexiko hervorrufen, gar nicht berücksichtigt. In der Summe ergibt sich eine **neue Qualität** der Zerstörung der natürlichen Umwelt. Die regionalen Umweltkatastrophen sind **Schrittmacher auf dem Weg zu einer globalen Umweltkatastrophe.**

B. Neue Phase im Umschlag der Umweltkrise in die globale Umweltkatastrophe

Als die MLPD Anfang der 1990er Jahre den **beginnenden Umschlag der Umweltkrise in eine globale Umweltkatastrophe** feststellte, machte sie das an **vier Hauptmerkmalen**[27] fest. 20 Jahre später hat sich nicht nur jeder dieser Faktoren quantitativ weiterentwickelt, es bildeten sich auch **weitere Hauptfaktoren** einer **beschleunigten Entwicklung hin zu einer globalen Umweltkatastrophe** heraus. Deshalb ist nüchtern eine **neue Qualität** im Übergang zur globalen Umweltkatastrophe festzustellen. Die Zerstörungsprozesse erfassen immer mehr die gesamte Biosphäre.

B.5. Die drohende Gefahr umkippender Weltmeere

Die **Weltmeere** und ihre Küstenregionen haben **zentrale Bedeutung für das biosphärische System der Erde**, sie sind eine unverzichtbare Lebensgrundlage der Menschheit.

Die Meere bedecken 71 Prozent der Erdoberfläche und sie enthalten 90 Prozent der Biomasse der Erde. Küstennahe Ökosys-

---

[27] Vgl. Kapitel III.A., S. 92/93

teme wie Korallenriffe oder Mangrovenwälder bilden einen natürlichen Küstenschutz. Sie sind hoch spezialisierte Lebensräume mit einer großen Vielfalt an Pflanzen- und Tierarten.

Darüber hinaus sind die Ozeane wichtiger Antriebsmotor und ausgleichender Puffer des Weltklimas. Ihr Wasser verdunstet ständig und sorgt so für Neubildung von Süßwasser. Die Meere speichern gewaltige Mengen Wärme und Nährstoffe und transportieren sie mit ihren Strömungen über den gesamten Globus.

An den Küsten der Ozeane lebt rund die Hälfte der Menschheit. Für 3,5 Milliarden Menschen bilden die Ressourcen der Ozeane die Grundlage ihrer Ernährung. Auch als Rohstoff und Energiequelle, als Transportweg oder als Ort der Freizeit und Erholung kommt den Meeren große Bedeutung zu.

Versauerung der Meere

Die zunehmende Klimaerwärmung gefährdet die Ozeane und ihre Küstengebiete auf alarmierende Weise. So führt die fortschreitende ungebremste Anreicherung der Atmosphäre mit Kohlendioxid zum Absinken des pH-Werts der Ozeane, zu ihrer **tendenziellen Versauerung**. Im weltweiten Kohlenstoffhaushalt spielen die Weltmeere eine wichtige Rolle als CO_2-Senke. Nach Angaben der International Union for Conservation of Nature and Natural Resources (IUCN) nehmen sie derzeit 25 Prozent des von Menschen produzierten Kohlendioxids auf. Doch je mehr atmosphärisches CO_2 sich im Meerwasser löst und zu Kohlensäure wird, desto mehr nimmt der Säuregrad zu. Seit Beginn der Industrialisierung vor 250 Jahren stieg er um 30 Prozent. Seit dem Jahr 1750 ist der pH-Wert im Oberflächenwasser um durchschnittlich 0,11 Einheiten auf 8,05 gesunken. Nach einer Untersuchung der britischen Royal Society über die Versauerung der Ozeane ist zu erwarten, dass der pH-Wert bis zum Jahr 2100 um weitere

0,54 Einheiten absinken wird. Solch einen niedrigen Wert hat es seit mindestens 650 000 Jahren nicht gegeben. Der pH-Wert ist grundlegende Bedingung für den gesamten Chemismus des Meerwassers und beeinflusst den Stoffwechsel aller Lebewesen im Meer. Die Langzeitfolgen dieser Entwicklung für das komplexe ozeanische Ökosystem sind gegenwärtig nur schwer abzuschätzen.

Tendenziell dürften besonders die Kalkbildungsprozesse der Meeresorganismen ab-, Erosionsvorgänge dagegen zunehmen. Eine CO_2-Konzentration in der Atmosphäre von knapp 520 ppm hätte eine Versauerung des Ozeanwassers um etwa 0,2 pH-Einheiten zur Folge. Das würde die Bildung von Korallenriffen vor allem in den tropischen und subtropischen Zonen gefährden. Auch Muscheln, Schnecken, Seeigel, Seesterne, riffbildende Rotalgen und kalkhaltige Kleinstlebewesen des Meeresplanktons wären betroffen. Bei ihnen werden bereits heute Mängel in der Skelettbildung beobachtet. Auch bei Fischen wurden Störungen bei der Entwicklung von Laich und Larven festgestellt. Das könnte weitreichende Auswirkungen auf den natürlichen Küstenschutz und die gesamte ozeanische Nahrungskette haben, zu Instabilität und Absterben der Riffe führen.

In den langen Zeiträumen der Evolution standen die Meereslebewesen noch nie vor einer vergleichbaren Herausforderung. Ein langsamer CO_2-Anstieg über Jahrtausende hat in der Erdgeschichte schon vielfach stattgefunden, daran konnte sich die ozeanische Lebenswelt anpassen. In diesen Zeiträumen hat auch die Auflösung von Kalksedimenten eine sprunghafte Versauerung des Meerwassers abgemildert oder verhindert.

Für die **gegenwärtige Versauerung gibt es keinen ausreichenden gegenwirkenden Naturprozess** mehr. Zudem verstärkt sie sich in einem Tempo, das wenig Spielraum für evolutionäre Anpassungen lässt.

Beschleunigte Erwärmung der Meere

Eine wesentliche zusätzliche Auswirkung der Klimaveränderung ist die **Erwärmung** der Ozeane. Global gemittelt hat sich die Temperatur des Oberflächenwassers seit 1955 um 0,6 Grad Celsius erhöht. Die thermische Ausdehnung des Wassers hat, genau wie das verstärkte Abschmelzen polarer Eismassen, einen Anstieg des Meeresspiegels zur Folge.

Zudem hat die Erwärmung auch Auswirkungen auf Strömungen und Schichtungen der Ozeane sowie auf die ozeanische Lebenswelt, sie führt zu teilweise ausgedehnten Wanderungen von Arten. Populationen wenig temperaturtoleranter Arten können aussterben. Bei dem besonders starken El Niño-Ereignis von 1997/98 sind weltweit 16 Prozent der Korallen abgestorben.

Besonders alarmierend sind die Auswirkungen der Erwärmung des Meeres auf das **Phytoplankton**. Das sind mikroskopisch kleine Algen, die im Wasser schweben. Sie bilden die Basis der gesamten ozeanischen Nahrungspyramide: Sie werden vom Zooplankton gefressen, von dem sich dann die größeren Meeresbewohner ernähren.

Das Phytoplankton ist aufgrund seiner gewaltigen Biomasse und seiner großen Leistung bei der Fotosynthese einer der wichtigsten Sauerstoffproduzenten in der Biosphäre. Nach Schätzungen liegt sein **Anteil an der globalen Sauerstoffproduktion zwischen 70 und 80 Prozent**. Gleichzeitig **absorbiert** es **gewaltige Mengen an Kohlendioxid**.

Untersuchungen eines internationalen Forscherteams um den Biologen Boris Worm von der kanadischen Dalhousie University haben ergeben, dass die Masse des Phytoplanktons seit 1950 dramatisch zurückgegangen ist: um 40 Prozent. Das bedeutet nicht nur eine **existenzielle Bedrohung des Ökosystems der Ozeane**, sondern hat auch erheblichen negativen Einfluss auf wichtige Lebensbedingungen wie Atmosphäre und Klima.

Die Erwärmung des Oberflächenwassers erschwert die regelmäßige Durchmischung mit nährstoffreichen Kaltwasserschichten aus der Tiefe der Ozeane. Diese Nährstoffe braucht aber das Phytoplankton zum Wachsen. Wenn sie fehlen, wird es mehr und mehr ausgedünnt.

Eine weitere Ursache des Rückgangs des Phytoplanktons, über die zunehmende Versauerung und Verschmutzung der Weltmeere hinaus, dürfte in der Ausweitung des »Ozonlochs« liegen. Verstärkte ultraviolette Sonnenstrahlung wirkt wachstumshemmend auf alle Lebewesen, die ihr ausgesetzt sind.

Stefan Rahmstorf und Hans Joachim Schellnhuber vom Potsdam-Institut für Klimafolgenforschung untersuchten 2006 in ihrem Buch »Der Klimawandel« die Folgen der Erwärmung der Ozeane. Die Erwärmung der Meere kann zu **weitreichenden Störungen im globalen System der Meeresströmungen** führen. Sie »*erschwert das Absinken des Wassers im nördlichen Atlantik, die so genannte Tiefenwasserbildung, und könnte sie schlimmstenfalls sogar ganz zum Erliegen bringen.*« (S. 68) Dies wird verstärkt durch den zunehmenden Eintrag von Schmelzwasser, das den Salzgehalt und damit die Wasserdichte sinken lässt. Die zu erwartenden Folgen wären weitreichend:

- »*Der Nordatlantikstrom ... und der größte Teil des atlantischen Wärmetransportes würden versiegen, was eine rasche relative **Abkühlung** um mehrere Grad **im Nordatlantikraum** bedeuten würde. ... Die **Südhalbkugel** würde sich dafür **umso stärker erwärmen**.*«

- »*Der **Meeresspiegel** würde praktisch ohne Verzögerung **im Nordatlantik** um bis zu einem Meter **steigen**, auf der **Südhalbkugel** etwas **fallen**.*«

- Darüber hinaus würden »*sich die tropischen Niederschlagsgürtel verschieben, wenn die Wärmeverteilung zwischen Nord- und Südhalbkugel derart gestört wird*«. (ebenda, S. 69 – Hervorhebungen Verf.)

- Das Versiegen der Tiefenwasserbildung würde die Nährstoffversorgung des Phytoplanktons im Nordatlantik empfindlich einschränken. Wenn immer weniger Nährstoffe aus der Tiefe ins Oberflächenwasser aufsteigen, könnte es im schlimmsten Fall zum **Zusammenbruch vieler Nahrungsketten im Nordatlantik** kommen. Dann gingen einige der bisher ertragreichsten Fischgründe der Erde verloren.

- Der Nordatlantik würde auch in seiner Funktion als **bedeutende CO_2-Senke eingeschränkt**, denn kaltes Wasser kann mehr CO_2 aufnehmen als warmes. Verringerte Tiefenwasserbildung würde also zu geringerer CO_2-Aufnahme führen.

- Eine verlangsamte Durchmischung der Wasserschichten führt auch zu einer **Senkung des Sauerstoffgehalts des Meeres**. Studien wiesen bereits auf sinkende Sauerstoffwerte in nahezu allen Ozeanen hin.

Ein **Versiegen der Meeresströmungen** würde Biomasse im Meer vernichten und die Ozeane als Ernährungsgrundlage zerstören. Die Biomasse würde nicht einfach »absterben«, sondern sich in hochgiftige Schwefelverbindungen und in weitere anorganische und organische Verbindungen zersetzen. Gelangten diese in die Atmosphäre, würden auch die Lebensgrundlagen an Land zerstört.

Die **Verlangsamung der Meeresströmungen bis hin zum Versiegen** stellt – nach heutigen Kenntnissen – **einen bedeutenden Faktor der beschleunigten Herausbildung der globalen Umweltkatastrophe** dar.

Eine neue Stufe der Verschmutzung und Vergiftung der Weltmeere

Die Ansammlung und Verbreitung von unverrottbarem **Plastikmüll** wird zum lebensbedrohlichen Problem für die marinen Ökosysteme. Die Produktion von Plastikmaterial stieg zwischen 1950 und 2008 von 1,5 Millionen Tonnen auf über 250 Millionen Tonnen pro Jahr explosionsartig. Das Umweltprogramm der Vereinten Nationen (UNEP) schätzte bereits 1997, dass jedes Jahr 6,4 Millionen Tonnen davon als Müll in die Meere gelangen. Nach einer 2006 veröffentlichten UNEP-Studie finden sich auf jedem Quadratkilometer der Ozeane durchschnittlich 18 000 Plastikteile.

Die Forscher Gubler und Orbach von der Nicholas School of the Environment, Duke University, North Carolina/USA veröffentlichten 2011 eine Studie über das Ausmaß und die Folgen des Plastikmülls im Meer. Sie schätzen, dass mehr als 70 Prozent davon absinken und sich dann am Meeresgrund ablagern können.

Nach Angaben der US-amerikanischen Bundesbehörde für Meteorologie und Ozeanografie sterben jedes Jahr Hunderttausende Wasserschildkröten, über eine Million Seevögel, über 100 000 Meeressäuger wie Robben und Wale sowie unzählige Fische an dem Plastikmüll. Die Plastikteile verstopfen die Mägen der Tiere, verhindern ausreichende Nahrungsaufnahme und lassen die Tiere einen qualvollen Tod sterben.

Vielleicht noch schwerer wiegt das Problem der **Nanopartikel**, mikroskopisch kleiner Zerfallsprodukte der Kunststoffe. Forscher der Universität Lund in Schweden haben nachgewiesen, dass die Nanoteilchen den Fettstoffwechsel und die Energiereserven der Tiere beeinflussen. Sie können an ihrer Oberfläche wasserunlösliche Schadstoffe binden, sodass diese in die Nahrungskette gelangen. Dann werden sie in Menschen und Tieren gespeichert und angereichert. Die katastrophalen Folgen für die Lebewesen lassen sich bisher nur erahnen!

Eine wichtige Ursache für die Verschmutzung der Meere ist die **chronische Überdüngung** durch eingespülte Chemikalien. Sie stammen aus landwirtschaftlichen Düngemitteln, aus ungeklärten Abwässern der Industrie und Haushalte sowie aus Industrie- und Autoabgasen, die sich in der Atmosphäre verteilt haben. Auch die natürliche Verwehung von Staub aus Wüsten verstärkt die Verschmutzung der Meere.

Unfälle mit Öltankern und Ölplattformen können dramatische Auswirkungen auf die Umwelt haben. Das zeigte die ökologische Katastrophe, die die havarierte Bohrinsel von BP im Golf von Mexiko 2010 auslöste. Der Bund für Umwelt und Naturschutz Deutschland (BUND) schätzt, dass die **Verschmutzung der Weltmeere durch Erdöl** jedes Jahr weltweit um drei Millionen Tonnen ansteigt. Die **Kontamination der Meere ist ein chronischer Prozess**, der das gesamte ozeanische Ökosystem betrifft. Der Australische Monopolverband der Erdölproduzenten gab bekannt, was er für Hauptquellen der Verschmutzung der Meere hält: das Ablassen von Öl in Städten und Industrieanlagen (37 Prozent), illegales Verklappen von Erdöl, meist auf hoher See (33 Prozent). Tankerunglücke und Ölförderung im Meer sind mit 14 Prozent, Kohlenwasserstoffe aus der Atmosphäre mit 9 Prozent, Durchsickerungen aus marinen Erdölfeldern mit 7 Prozent an dieser buchstäblich schmierigen Bilanz beteiligt.

Nach wie vor nimmt die Förderung von Erdöl und Erdgas auf dem Meeresgrund weiter zu und die Tankerflotte wächst. Von den Plattformen der Ölförderung gelangen allein in der Nordsee jedes Jahr 250 000 Tonnen unterschiedlichster Chemikalien ins Meer. Hinzu kamen 2007 fast 400 Milliarden

Liter mit Öl versetzten Produktionswassers[28]. Dazu erklärte der Meeresforscher Dr. Christian Bussau von der Umweltorganisation Greenpeace:

»Wenn heute ein toter Wal an die deutsche Küste geschwemmt wird, ist er so schadstoffhaltig, dass Sie ihn als Sondermüll entsorgen müssen. Ein Gutteil der Schadstoffe stammt aus der Ölindustrie.« («Hamburger Abendblatt« vom 20. Juli 2010)

Bei zahlreichen Meeresorganismen, die Erdöl aufnehmen, werden Störungen der Entwicklung, des Stoffwechsels und der Fruchtbarkeit beobachtet. Viele der rund 10 000 Bestandteile des Erdöls reichern sich in den Lebewesen des Meeres an und erreichen über die Nahrungskette auch die Menschen.

Diese Anreicherung vollzieht sich auch mit radioaktiven Stoffen. Nach der Atomkatastrophe von Fukushima wurden 2011 große Teile des Pazifiks vor Japans Küste radioaktiv verseucht.

Die **Anreicherung von Schadstoffen in den Nahrungsketten** gehört zu den langfristig schwerwiegendsten Verschmutzungsproblemen in den Ozeanen. Zu den schädlichen Schwermetallen wie Blei und Quecksilber kommen in neuerer Zeit vor allem langlebige organische Schadstoffe. Sie werden im Fettgewebe und in den Organen der Lebewesen gespeichert und entfalten dort unweigerlich in der einen oder anderen Form ihre toxischen Wirkungen.

Besonders besorgniserregend ist die wachsende Zahl küstennaher Meeresgebiete mit sogenannten »**Todeszonen**«. Das sind Areale, in denen praktisch alle Lebewesen aufgrund von Sauerstoffmangel gestorben sind. Die eingeschwemmten Düngemittel oder Abwässer haben zu einer Algenblüte mit

---

[28] Ein Liter Produktionswasser darf bis zu 30 Milligramm Öl enthalten.

anschließendem akuten Schwund von Sauerstoff geführt. Die Fäulnisbakterien brauchen Sauerstoff zum Abbau der abgestorbenen Algen und produzieren zudem Schwefelwasserstoff, der weiteren Schaden anrichtet.

Nach Berechnungen des US-amerikanischen Meeresbiologen Robert Diaz gab es 1960 knapp 50 dieser »Todeszonen«. Bis heute hat sich ihre Zahl auf 500 verzehnfacht, sie liegen vor allem vor den Küsten der USA und Europas, neuerdings auch vor Südamerika und Afrika. Die bekannteste »Todeszone« findet sich im Mündungsgebiet des Mississippi im Golf von Mexiko. Die größte Todeszone mit einer Fläche von 70 000 Quadratkilometern breitet sich in der Ostsee aus, die als das schmutzigste Meer der Welt gilt.

Der Zustand der Verschmutzung, Vergiftung, Erwärmung und Versauerung der Weltmeere ist **nach derzeitigem menschlichen Ermessen bereits zu einem beträchtlichen Teil irreversibel.** Es würde mindestens einige Zehntausend Jahre dauern, bis auf natürlichem Weg der vorindustrielle Zustand wieder erreicht werden könnte.

Ein weiteres ungebremstes Umkippen der Weltmeere wäre mit seinen negativen Auswirkungen auf die Einheit von Mensch und Natur den Wirkungen der globalen Klimakatastrophe mindestens gleichzusetzen. Während diese wenigstens noch im Zentrum öffentlicher Diskussionen stehen, wird die **Zerstörung der Ökosysteme in den Weltmeeren gravierend unterschätzt und weitgehend ausgeblendet.**

B.6. Die Zerstörung regionaler Ökosysteme und das Artensterben

Die Entwicklung der Umweltkrise hin zur globalen Umweltkatastrophe findet ihren sichtbarsten Ausdruck in einer **beschleunigten Gefährdung und auch Vernichtung natürlicher Lebensräume und ihrer Lebensformen.** Diese Entwicklung kann ihrem Wesen nach als **dramatischer Verlust an biologischer Vielfalt** (Biodiversität) gekennzeichnet werden, sie hat weitreichende Auswirkungen auf die menschlichen Lebensbedingungen.

Die Bedeutung der Biodiversität

Die **Biodiversität** umfasst die Summe der verschiedenen Tier- und Pflanzenarten auf der Erde und darüber hinaus auch die Vielfalt der Ökosysteme und der Varietäten (Kultursorten, geografische Rassen) aller einzelnen Spezies. In ihrer Gesamtheit bilden sie die **biologische Lebensgrundlage der Menschheit.** Das ist vor allem auf zwei Gründe zurückzuführen:

1. Die Verwertung von Tieren und Pflanzen und die Nutzung ihrer Leistungen ist eine **Grundbedingung der Produktion und Reproduktion des menschlichen Lebens.**

2. Die **relative Stabilität und Plastizität der Ökosysteme**, von deren Funktionsfähigkeit letztlich auch die Lebensbedingungen der Menschen abhängen, ist vielfach auf die **große Mannigfaltigkeit der** Pflanzen- und Tierwelt zurückzuführen.

Besonders empfindlich auf äußere Stressfaktoren reagieren Ökosysteme, die auf extreme Umweltbedingungen spezialisiert sind. Sie sind an Sonderbedingungen angepasst und wenig tolerant gegenüber äußeren Veränderungen. Zu diesen

Ökosystemen gehören die Eismeere, Süßwasserlebensräume wie Flussmündungen und -deltas, Salzwiesen, Muschelbänke oder arktisch-alpine Zwergstrauchheiden. Die Klimaforscher Rahmstorf und Schellnhuber fassten ein mögliches Gefährdungsszenario zusammen:

»Schon bei nur 1 °C globaler Erwärmung werden voraussichtlich besonders sensible Ökosysteme beeinträchtigt: Korallenriffe, die tropischen Hochlandwälder im australischen Queensland und die von Zwergsträuchern geprägten Trockenlandschaften Südafrikas (insbesondere die Sukkulenten-Karoo). Bei 1 bis 2 °C wird ein erheblicher Schaden an diesen Ökosystemen wahrscheinlich, außerdem an arktischen und alpinen Ökosystemen. Im Mittelmeerraum ist mit schweren Bränden und Insektenbefall zu rechnen, in China mit dem Verlust an Wäldern. Bei einer globalen Erwärmung zwischen 2 und 3 °C wäre die Sukkulenten-Karoo mit ihren 2 800 endemischen[29] Pflanzenarten akut vom Verschwinden bedroht. Auch die Existenz der australischen Gebirgsökosysteme wäre in Gefahr. Viele Pflanzen in anderen Gebirgsregionen in Neuseeland, Europa oder dem tibetischen Plateau würden mit dem Aussterben kämpfen. Es bestünde die Gefahr irreversibler Schäden oder gar des Kollapses des Amazonas-Regenwaldes. Über 3 °C würde durch das Schwinden des arktischen Eises das Überleben von Eisbären und anderen Tieren gefährdet.« (Stefan Rahmstorf/Hans Joachim Schellnhuber, »Der Klimawandel«, S. 76)

Wie zutreffend solche Prognosen sind, ist aufgrund der hohen Komplexität der Vorgänge nur schwer einzuschätzen. Meist sind die Szenarien Ergebnis von Computerberechnungen, die nach dem Zweck, nach Umfang und Tiefe der eingespeisten Daten äußerst verschieden ausfallen können. Sie liefern allen-

---

[29] endemisch: in der Biologie Bezeichnung für Arten, die nur in einem bestimmten Gebiet vorkommen

falls Anhaltspunkte, wie empfindlich bestimmte Ökosysteme gegenüber bestimmten Umwelteinflüssen sind und wie diese sich auf bestimmte Regionen oder Lebensgemeinschaften auswirken können.

Immer wieder taucht die Frage auf: Ist der Erhalt jeder Art überhaupt wichtig? Brauchen wir wirklich die australischen Gebirgsökosysteme? Könnten wir nicht notfalls auch ohne Eisbären leben?

Die einzelnen Arten haben wichtige und zuweilen unabdingbare Funktionen im großen Ganzen. Das zeigt sich an den besonders gefährdeten hochspezifischen Ökosystemen der Korallenriffe, der Mangrovenwälder oder des Baikalsees in Sibirien.

Die karibischen **Korallenriffe** sind nach Angaben des Bundesamts für Naturschutz bereits zu 80 Prozent zerstört. Das erhöht wiederum die Anfälligkeit der Küsten bei den häufiger und heftiger werdenden tropischen Stürmen, die wiederum die Korallenriffe schädigen. Ein sich verstärkender Teufelskreis! Korallenriffe haben als Zentren der marinen Artenvielfalt, als Laichgebiet und »Kinderstube« für viele andere Meerestiere keine geringere ökologische Bedeutung denn als wellenbrechender Schutz für die Küsten der Inseln und des Festlands.

Das gilt auch für die **Mangrovenwälder** der Tropen. Sie wachsen im sumpfigen Gezeitenbereich zwischen Meer und Festland. Sie beherbergen eine hoch spezialisierte Flora und Fauna, die nur dort zu finden ist. Mangrovenwälder sind dem stark schwankenden Wasserstand und dem Salzgehalt des Meeres angepasst, etwa durch Stelz- und Atemwurzeln, die den Bäumen die Sauerstoffversorgung sichern.

In den letzten Jahrzehnten wurde die Hälfte des Mangrovenbestands vernichtet. Hauptfaktoren dafür waren großflächige Rodungen zur Gewinnung von Holz oder Bauland, zur

Umwandlung in Ackerland (Reisanbau) und zur Errichtung von Aquakulturen (Fisch- und Garnelenfarmen). Diese regionalen Ökosysteme sind auch neuen Stressfaktoren ausgesetzt. Dazu zählen die extremen Wirbelstürme aufgrund der Klimaerwärmung, die die Mangrovenwälder mechanisch zerstören, und die Verschlammung durch Zuflüsse, die wegen der zunehmenden Erosion immer mehr Material ins Meer befördern.

Der **Baikalsee** in Sibirien gehört zu den einmaligen Süßwasserlebensräumen der Erde – und zu den am stärksten bedrohten. Er existiert seit rund 25 Millionen Jahren und gilt als der älteste und mit durchschnittlich 730 Metern Tiefe auch als der tiefste See der Erde. Sein Wasservolumen ist mit über 23 000 Kubikkilometern das größte aller Süßwasserseen.

Das Wasser des Baikalsees galt lange Zeit als das klarste und sauberste der Erde. Aufgrund des hohen Alters hat sich in diesem See eine Fauna aus dem frühen Tertiär erhalten: Tiere, die woanders längst ausgestorben sind. Von den 1 500 Tier- und Pflanzenarten (darunter 52 Fischarten und die einzigartigen Süßwasserrobben) des Baikalsees kommen zwei Drittel nur dort vor.

Das komplexe Ökosystem des Baikalsees steht unmittelbar vor dem Zusammenbruch. Hauptursache ist der Eintrag von Schadstoffen aus der Luft und aus den Abwässern, die aus den umliegenden Industrieanlagen und Städten seit Jahrzehnten weitgehend ungeklärt in den See geleitet werden. Dort entfalten die Schadstoffe neben ihren unmittelbar toxischen Wirkungen auch einen enormen Düngeeffekt, auf den die endemische Lebenswelt nicht eingestellt ist. Da sich außerdem im Baikalsee nur alle 400 Jahre ein Wasseraustausch vollzieht, akkumulieren sich alle Schadstoffe. Die Selbstreinigungskraft des Wassers, für die vor allem die einheimischen Epischura-

Krebse verantwortlich sind, die den See über Jahrtausende sauber gehalten haben, ist zunehmend überfordert.

Derartige **Übernutzung von Ökosystemen** hat weitreichende Auswirkungen vor allem im Zusammenwirken mit der fortschreitenden Klimaerwärmung.

Trockengebiete, Regionen mit relativ trockenem Klima, machen heute rund 41 Prozent der Landfläche der Erde aus. Inzwischen ist eine Fläche viermal so groß wie China von **Verödung** der Landschaft betroffen, von Wasserarmut, Versalzung, Versandung und Erosion der Böden. Auf einer Tagung des UN-Übereinkommens zur Bekämpfung der Wüstenbildung, die im April 2013 in Bonn stattfand, wurde berichtet, dass sich in 168 Ländern der Erde Trockengebiete und Wüsten ausbreiten.

Das beschleunigt fortschreitende globale Artensterben

Während vor einigen Jahren noch davon ausgegangen wurde, dass es insgesamt etwa eine Million Arten gibt, wurden bis 2010 schon 1,75 Millionen Arten wissenschaftlich beschrieben. Aktuelle wissenschaftliche Schätzungen der Gesamtzahl der Arten von Lebewesen auf der Erde liegen mittlerweile zwischen zehn und 100 Millionen. Das macht deutlich, dass die Erkenntnisse über das Artensterben relativ eingeschränkt sind und meist auf Schätzungen und Prognosen aufgrund bisher bekannter Arten beruhen.

Nach heutigem Erkenntnisstand sind die Insekten die größte Gruppe der Lebewesen mit rund einer Million Spezies. Die Pflanzen folgen mit etwa 320 000 Arten. Jedes Jahr werden etwa 12 000 Arten neu entdeckt.

Die Vielfalt an tierischen und pflanzlichen Lebensformen auf der Erde ist sehr unterschiedlich verteilt. Die Zentren der biologischen Vielfalt liegen »*in Mittelamerika und im westlichen Amazonien, die tropischen Täler der Anden mit eingeschlossen, im atlantischen Küstenregenwald von Brasilien, im Kapland von Südafrika, in den Bergen und (vulkanischen) Ebenen von Ostafrika, in der Küsten- und Inselwelt der mediterranen Region, in den südwest- und südasiatischen Gebirgstälern, in Südwestchina und den angrenzenden Gebieten von Burma bis Vietnam, in der indowestpazifischen Inselwelt, insbesondere in Indonesien und Neuguinea sowie in Bereichen von Nordwest- und Westaustralien.*« (Josef H. Reichholf, »Ende der Artenvielfalt?«, S. 142)

Der **Verlust an Arten und Strukturen beschleunigt sich in geradezu dramatischer Weise**. Nach wissenschaftlichen Schätzungen verschwinden jährlich bis zu 35 000 Arten für immer. Damit ist das Tempo des globalen Artenverlusts 1 000 bis 10 000 Mal höher als die natürliche Aussterberate, die bei circa zehn Arten pro Jahr liegt. Nach Angaben von Greenpeace sind heute achtmal so viele Arten vom Aussterben bedroht, wie in den letzten 500 Jahren insgesamt ausgestorben sind.

Die seit 1963 von der IUCN geführten »Roten Listen« der vom Aussterben bedrohten oder ausgestorbenen Arten können diese Entwicklung nur annähernd darstellen. Etwa 800 darin aufgeführte Arten sind seit dem Beginn der Aufzeichnungen ausgestorben. 32 Tierarten leben nur noch in Zoos oder Tierparks. Etwa ein Viertel aller Pflanzenarten ist akut vom Aussterben bedroht.

Auch innerhalb der einzelnen Spezies schwindet die genetische Vielfalt. Unmittelbare Auswirkungen für die zukünftige Welternährung könnte vor allem der drastische Rückgang der Zahl der Nutztierrassen und Kulturpflanzen haben. 90 Prozent des weltweiten Nutztierbestands bestehen aus nur 15 Rassen. Die in der Pflanzenproduktion nahezu hundertprozentig verwendeten Hochertragssorten umfassen nur ein Tausendstel der insgesamt 30 000 nutzbaren Arten.

Das Risiko dieser einseitigen Fixierung auf wenige Typen rührt vor allem von ihrer oft wesentlich geringeren Anpassungsfähigkeit an sich ändernde Umweltbedingungen her und auch von ihrer geringeren Widerstandsfähigkeit gegenüber schädlichen äußeren Einwirkungen wie Trockenheit, Hagel, Platzregen, Befall mit Krankheitserregern oder Schädlingen.

Internationale Agrar- und Chemiemonopole wie Monsanto, Bayer, BASF, DuPont oder Syngenta treiben diese Entwicklung skrupellos auf die Spitze, indem sie sich bestimmte gezüchtete Lebensformen und Kultursorten patentieren lassen, um damit Maximalprofite zu erzielen. Mit aggressiven und erpresserischen Vertriebsmethoden setzen sie durch, dass nur noch ihr Saatgut verwendet wird, das sich zudem nicht mehr vermehren lässt. Auf der Strecke bleiben die oft wertvolleren, über Jahrtausende entwickelten spezifischen Getreidearten zum Beispiel Afrikas.

Die Agrarmonopole setzen dabei auch auf die von ihnen so genannte »Grüne Gentechnik«. Sie behaupten, dies sei der Schlüssel zur Lösung des Problems der Welternährung. Der profitorientierte Einsatz der Gentechnologie hat auch bei immer mehr Nutzpflanzen Resistenz gegen Pestizide und dann vermehrten Einsatz solcher Gifte zur Folge. Das ist zum Teil gewollt. Denn die genmanipulierten Pflanzen werden von denselben Herstellern produziert, die auch die Mittel zur Schädlingsbekämpfung herstellen.

Die quantitative Dimension des Artensterbens ist nur ein Aspekt des Problems. Die qualitative Dimension – was verloren geht, wenn Arten verschwinden – ist oft viel schwieriger zu erfassen, denn manche Arten haben entscheidende Bedeutung für ein ganzes komplexes System. Das gilt insbesondere für

»ökologische Schlüsselarten«, die einen Lebensraum oder eine Lebensgemeinschaft prägen.

Für die menschliche Zivilisation kann beispielsweise die **Honigbiene** als Schlüsselart gelten. Sie ist nach dem Rind wohl das zweitwichtigste Nutztier der Menschheit. Nach Schätzungen der Welternährungsorganisation werden von den 100 Nutzpflanzen, die 90 Prozent der weltweiten Nahrungsproduktion ausmachen, 71 überwiegend von Bienen bestäubt. Das in den letzten Jahren zu beobachtende weltweite **Bienensterben** muss deshalb als Alarmsignal betrachtet werden. Die globalen Existenzbedingungen der Menschheit sind in Gefahr. Nach einem Bericht des UNEP aus dem Jahr 2011 ging die Zahl der Bienenvölker in den USA um 30 Prozent zurück, in Europa um zehn bis 30 Prozent, im Nahen Osten sogar um 85 Prozent. Wissenschaftler sprechen mittlerweile von einer globalen »Bestäubungskrise«. Nanna Zimmermann von Greenpeace schreibt unter dem Titel »Bienensterben – Was wäre, wenn?« über die Folgen des möglichen Bienensterbens.

»In etwa jeder dritte Bissen, den wir zu uns nehmen, ist von der Bestäubung durch Insekten abhängig. ... Ohne Bienen würden die Erträge von bis zu drei Vierteln der Nutzpflanzen stark schrumpfen.... Vor allem verschiedene Obst- und Gemüsesorten wären von einem starken Ertragsrückgang betroffen, darunter Äpfel, Birnen, Tomaten, Zucchini und Mandeln. Allein in Europa gibt es 4.000 Gemüsesorten nur Dank summender Insekten, deren wirtschaftlicher Nutzen global auf 265 Milliarden Euro geschätzt wird.

Tatsächlich ist die natürliche Bestäubung unersetzbar ... Ohne sie könnten sich Wildgewächse kaum fortpflanzen, was wiederum für verschiedene Tiere den Verlust von Nahrung und Wohnstätte bedeuten würde.« (www.greenpeace.de/themen/ landwirtschaft/nachrichten/artikel/bienen-was-sie-fuer-unsere-ernaehrung-bedeuten vom 30. Juli 2013)

Nach überwiegender wissenschaftlicher Meinung ist für das Bienensterben kein einzelner Faktor verantwortlich zu machen. Vielmehr handelt es sich um komplexe Wirkungen verschiedener Umweltfaktoren: global verschleppte Parasiten (vor allem die Varroa-Milbe), landwirtschaftliche Pestizide, Einsatz von Gen-Soja mit Herbiziden, die die Immunabwehr schwächen können, ein Überhandnehmen landwirtschaftlicher Monokulturen, Verarmung der Landschaft durch Rückgang der Pflanzenvielfalt und nicht zuletzt eine Verschiebung der Blütezeiten von Pflanzen aufgrund der Klimaerwärmung. So wird die Biene zu einem »Bioindikator«, der die Gefährdung der Lebensverhältnisse der Menschheit anzeigt. Das Bienensterben wird zu einem Symbol für das Fortschreiten der globalen Umweltkrise zu einer globalen Umweltkatastrophe.

Es gibt auch die Meinung, Zerstörung und Aussterben habe es in der Erdgeschichte immer wieder gegeben. Warum also sollte es heute anders oder besonders schlimm sein? So schreiben die Journalisten Dirk Maxeiner und Michael Miersch in ihrem Buch »Lexikon der Öko-Irrtümer«:

»Die Evolution schreitet durch Katastrophen voran. Immer wieder gab es auf der Erde Desaster, denen Zehntausende von Arten zum Opfer fielen. Biologen gehen davon aus, dass im Laufe der Erdgeschichte 99 Prozent aller Tier- und Pflanzenarten ausstarben. Nach den großen Katastrophen wurden die Karten neu gemischt.« (S. 275)

Diese Skeptiker »übersehen«, dass solche Vorgänge in der Erdgeschichte in der Regel Jahrtausende oder gar Jahrmillionen während Zeiträume umfassten – von einzelnen außerordentlichen Katastrophenereignissen wie beim Sauriersterben abgesehen. Im Gegensatz zur erdgeschichtlichen Vergangenheit sind es heute keine spontanen Naturgewalten oder Ergebnisse der Evolution, die dieses Artensterben vor allem herbeiführen. Es ist vorrangig verursacht durch die vom Kapitalismus und Imperialismus geprägte Produktions- und Lebensweise.

Trotz aller hochtrabenden Weltgipfel und großtönenden Vereinbarungen zum Artenschutz ist eine Trendwende nicht in Sicht. Das Sekretariat der UN-Biodiversitäts-Konvention musste in seinem dritten Bericht zur globalen Lage der biologischen Vielfalt eingestehen, dass das Ziel, bis 2010 den weltweiten Verlust an biologischer Vielfalt entscheidend zu verlangsamen, nicht erreicht worden ist – eine offene Bankrotterklärung der bürgerlichen Umweltpolitik!

B.7. Der rücksichtslose Raubbau an den Naturstoffen

Die **Ressourcen** der Erde bilden eine elementare Lebensgrundlage der Menschen. Aber sie sind **natürlich begrenzt**. Das gilt für alle Ressourcen mit Ausnahme der Energie, die von der Sonne kommt. Auch dieser Stern wird nicht unendlich lange strahlen, aus der Sicht menschlicher Existenz allerdings ist die Sonne unerschöpflich.

Das kapitalistische Eigentumsrecht ermöglicht es, Rohstoffe beliebig zu verschwenden, ohne für die Nutzung zu haften. Dieses Recht trennt konsequent die Verwertung der natürlichen Ressourcen von ihrer Regenerierung. Angesichts der gigantischen Zeiträume der Entstehung dieser Rohstoffe hat das fatale Folgen. Sogar das deutsche Umweltbundesamt stellte am 26. Juni 2012 fest:

»In den letzten 30 Jahren hat sich die weltweite Rohstoffentnahme auf rund 70 Milliarden Tonnen pro Jahr verdoppelt. Schon heute übersteigt dies die Regenerationsfähigkeit der

Erde deutlich und gefährdet die Entwicklungsmöglichkeiten zukünftiger Generationen.« (www.umweltbundesamt.de/themen/abfall-ressourcen vom 3. Januar 2014)

Eine Produktionsweise, die die natürlichen Ressourcen verbraucht, aber nicht wiederverwertet und erneuert, zerstört längerfristig die natürlichen Lebensgrundlagen der Menschheit.

Raubbau an lebenswichtigen Nährstoffen

Die Entwicklung von **Mineraldünger** am Ende des 19. Jahrhunderts war ein immenser Fortschritt, erhöhte die landwirtschaftliche Produktivität und verhinderte das Auslaugen der Böden. Der weltweite Einsatz von Kunstdünger verfünffachte sich von 1960 bis 2010 auf etwa 160 Millionen Tonnen Stickstoff (N), Phosphat (P_2O_5) und Kali (K_2O).

Würde dieser Düngereinsatz fortgesetzt wie bisher, wären die Vorkommen natürlicher Mineralien, speziell Phosphat, bald erschöpft. Phosphat ist aber unersetzlich in den Zellen aller Lebewesen, unter anderem für die Energieübertragung bei ihrem Auf- und Abbau oder bei der Bildung der Erbsubstanz. Die Angaben, wie lange die Vorräte an Phosphat noch reichen, schwanken zwischen 115 und 350 Jahren.

Die Eutrophierung[30] von Flüssen und Meeren rührt in Regionen mit Massentierhaltung aus der Überdüngung mit Jauche her, in reinen Ackerbauregionen dagegen aus der übermäßigen Anwendung mineralischer Düngemittel.

Während die Nährstoffe aus der Tierhaltung in den Prozess der Pflanzenproduktion zurückgeführt werden, bleiben die Nährstoffe aus der Ernährung der Menschen nach der Verdauung als Abfall, sie werden heute kaum wiederverwertet.

---

[30] Überernährung von Pflanzen und anderen Organismen, schädliches Wachstum mit der Folge einer Störung der Ökosysteme

Sie enden entweder als Klärschlamm oder landen bei fehlender Klärung der Abwässer in den Flüssen und Meeren. Klärschlamm ist in der Regel mit Giften, Schwermetallen oder Rückständen von Antibiotika so belastet, dass er nicht auf die Ackerböden zurückgegeben werden kann.

Ein flächendeckender Einsatz der integrierten **Methanisierung und Kompostierung** (IMK) von Bio-Abfällen aus Landwirtschaft und Haushalten könnte Rohstoffe und Nährstoffe zurückführen und die Freisetzung von Methan reduzieren. Das IMK-Verfahren ist geeignet zum Recycling von Jauche, Mist und allen organischen Abfällen. Entgegen diesem sinnvollen Ansatz wurden in Deutschland Biogas-Anlagen mit hohen Subventionen gefördert, die hauptsächlich mit nur dafür angebautem Mais, also in Konkurrenz zur Nahrungsmittelproduktion, betrieben werden.

Mit dem IMK-Verfahren und dem **Kryorecycling**[31] von Kunststoffen, entsprechend dem Verfahren von Professor Rosin und Mitarbeitern, könnte eine weitgehende Verwertung des Hausmülls erfolgen und sehr viel Energie eingespart werden. Der Einsatz dieser ausgereiften Verfahren scheiterte allerdings in den letzten zwanzig Jahren aus reinen Profitinteressen am Widerstand der Müllverbrennungswirtschaft und der chemischen Industrie sowie der Regierung.

Raubbau an landwirtschaftlich nutzbaren Böden

Die Acker- und Grünlandflächen der Erde stellen neben der Fischerei und der Nutzung von Aquakulturen die hauptsächliche Ernährungsgrundlage der wachsenden Weltbevölkerung dar. 37,7 Prozent der weltweiten Landfläche – das sind 4,9 Milliarden Hektar, davon 1,4 Milliarden Ackerland und 3,4 Mil-

---

[31] Sortenreine Trennung und Rückführung von Kunststoffen durch effektive Tiefstkühlung und Zermahlen

liarden Grünland – gelten als landwirtschaftliche Nutzfläche. Etwa ein Drittel der globalen Ackerflächen – 448 Millionen Hektar – ist bereits degradiert[32]. Nach unterschiedlichen Angaben gehen jedes Jahr weltweit fünf bis zwölf Millionen Hektar Ackerboden verloren.

In diesem Zusammenhang wird oft von »Überweidung« oder »Übernutzung« der Böden gesprochen, etwa in Trockengebieten wie der Sahelzone. Das gibt den Bauern und Nomaden die Schuld an der fortschreitenden Degradierung der Böden. In Wirklichkeit handelt es sich um unterlassene Hilfeleistung! Mit dem Wissen über die effektivere Nutzung von Wasser, die Steigerung der Leistungsfähigkeit der Tiere oder die Erhöhung der Erträge könnten die Probleme der Agrarproduktion gelöst werden. Stattdessen werden Kleinbauern millionenfach ruiniert oder von ihren eigenen Regierungen vertrieben, zum Beispiel damit internationale Agrarkonzerne große Farmen mit Nutztieren oder riesige Plantagen mit Monokulturen errichten können.

Eine weitere Ursache des Rückgangs der Ackerflächen der Welt ist die **Versiegelung und Überbauung** durch Städte, Straßen, Industriegebiete und unnötige Großprojekte. Auch das kleinbürgerliche Lebensidyll vom Einfamilienhaus im Grünen treibt die Versiegelung der Böden voran. Obwohl die Bevölkerung abnimmt, gehen nach Angaben von »Ökosystem Erde« allein in Deutschland täglich etwa 120 Hektar wertvoller Ackerboden durch Bebauung verloren.

Die für den Anbau von Nahrungsmitteln nutzbaren Flächen werden auch durch die subventionierte Produktion von Agrar-

---

[32] Degradierung der Böden: Verschlechterung des natürlichen Zustands bis hin zur Zerstörung, Erosion der fruchtbarsten Bodenschichten durch Wind und Wasser, Versalzung durch unsachgemäße Bewässerung, Auslaugen der Nährstoffe durch fehlende Düngung, Abholzen der Wälder, die natürlichen Schutz vor Erosion bilden, Bodenverdichtung durch schwere Maschinen

sprit erheblich reduziert. Es ist nichts als Manipulation durch den imperialistischen Ökologismus, wenn dieser Missbrauch irreführend auch noch als Erzeugung von »Bio«sprit angepriesen wird.

Der steigende Fleischkonsum und die Massentierhaltung benötigen gewaltige Mengen fruchtbarer Böden zum Anbau von Futtermitteln, besonders von Soja. Allein die Fläche für die Produktion von Soja, das in die EU importiert wird, soll bei circa 15 Millionen Hektar liegen.

Immer mehr des begrenzten Bodens geht inzwischen durch **Landraub** (»Landgrabbing«) verloren. Internationale Monopole, Großagrarier und imperialistische Länder übernahmen zwischen 2001 und 2011 227 Millionen Hektar Land von kleinen und mittleren Bauern in aller Welt. Das ist mehr als die gesamte landwirtschaftliche Nutzfläche in der Europäischen Union mit ihren 28 Mitgliedsstaaten. Oft geht es um Land, das die Familien seit Jahrhunderten bebauen, für das sie aber keine Eigentumspapiere haben. So können sie gewaltsam enteignet werden.

Ausplünderung der Fischbestände

Im Meeren, Flüssen und Aquakulturen wurden 2011 154 Millionen Tonnen Fisch gefangen. Der Anteil der Meeresfischerei stagniert seit etwa 15 Jahren bei etwa 80 Millionen Tonnen. Seit Anfang der 1990er Jahre sind die Fangzahlen sogar leicht rückläufig, obwohl immer neue Bestände erschlossen wurden und der technische Aufwand immer größer wurde. Weltweit gelten 75 bis 80 Prozent der Fischgründe als überfischt, das heißt bis an die Grenzen genutzt oder bereits zusammengebrochen.

Selbst angesichts teilweiser Erholung der Fischbestände muss die **imperialistische Fischereipolitik** als vollständig gescheitert angesehen werden. Ein Beispiel ist die Politik der Europäischen Union. Die europäischen Fischbestände wurden bereits auf 10 bis 20 Prozent ihrer natürlichen Größe reduziert. 88 Prozent aller Bestände an Speisefischen gelten als überfischt, 30 Prozent liegen bereits jenseits der biologischen Grenzen, innerhalb deren eine Erholung möglich ist. Das bedeutet, dass sich diese Bestände vermutlich nicht mehr erholen werden.

Die für die Fischerei zuständigen EU-Gremien sind fest in der Hand von Beratern und Lobbyisten der nationalen Fischereiindustrie:

- **Milliardenschwere Fischerei-Subventionen** machen die Jagd auf die letzten Fische rentabel, obwohl die Fangkosten die Fangerlöse bereits übersteigen.

- Die **wissenschaftlichen Empfehlungen für die maximalen Fangmengen**, bei denen die Bestände nur knapp nicht zusammenbrechen, überschreitet der EU-Ministerrat um durchschnittlich 48 Prozent.

- Die **festgelegten Mindestanlandegrößen**[33] für die einzelnen Arten sind so **klein**, dass Fische gefangen werden, bevor sie sich das erste Mal fortpflanzen können.

- Auch der **Fischfang zur Produktion ausschließlich von Fischmehl** trägt zur Verschwendung und Ausrottung der Fischbestände bei.

- **Beifang und Rückwürfe zu kleiner Fische** werden in den Fangquoten gar nicht erfasst. Das verleitet zu destruktiven und verschwenderischen Methoden wie etwa dem »Highgrading«, bei dem Fischer über ihre Quote hinaus fangen und den minderwertigen Überschuss wieder über Bord werfen.

---

[33] Mindestanlandegröße = Fische bestimmter Sorten (vor allem Seehecht und Meeräsche) dürfen laut EU-Verordnung von den Fischern nicht an Land gebracht werden, wenn sie diese Größe unterschreiten.

- **Kontrollen und Sanktionen** sind völlig **unzureichend**, sodass selbst die wenigen Vorgaben nur auf dem Papier stehen. Industrieschiffe der imperialistischen Länder bleiben als treibende Fischfabriken oft jahrelang auf den Meeren, um Hafenkontrollen zu meiden. Der fertig verarbeitete Fisch wird auf hoher See auf Kühlfrachter verladen. Diese Schiffe aus Europa oder aus der Volksrepublik China fischen die Meere vor den Küsten armer Länder leer, etwa vor Westafrika oder Lateinamerika. Den neokolonial abhängigen Ländern fehlen die Mittel für Küstenwache und Kontrollen, sodass die Netze der einheimischen Fischer leer bleiben.

Destruktive Fischereimethoden haben Auswirkungen auf das ganze Ökosystem. Der Einsatz von Bodenschleppnetzen auf der Jagd nach Fischen und Krebstieren, die am Meeresboden leben, zerstört deren Lebensraum komplett. Bei einer typischen 15-tägigen Fahrt durch den Nordostatlantik pflügt ein Trawler ungefähr 33 Quadratkilometer Meeresboden um.

Ebenso destruktiv ist die Fischerei mit Stell- und Treibnetzen oder mit Langleinen. In solchen Netzen verfangen sich jährlich schätzungsweise 250 000 Meeresschildkröten, in ihnen verenden 300 000 Wale und Delfine.

Die Überfischung dezimiert besonders langlebige Arten, in der Regel größere wie Haie oder Thunfische, aber auch Tiefseefische, die sich erst in hohem Alter fortpflanzen oder nur wenige Nachkommen haben. Viele Bestände dieser Arten sind um mehr als 80 Prozent zurückgegangen. Bei anhaltendem Druck durch schonungslose Fischerei kann die betreffende Art über kurz oder lang aussterben. Ihre **Funktion als Beute und Fressfeind im Ökosystem** ist gefährdet!

Die kapitalistische Fischerei zerstört zentrale Bestandteile der Ökosysteme in den Weltmeeren und trägt so zum Kollaps des Weltökosystems bei.

Raubbau an fossilen Rohstoffen

Die **Vergeudung fossiler Rohstoffe** ist ein **Hauptfaktor beim beschleunigten Übergang in eine globale Klimakatastrophe**. Der Anteil der Verbrennung fossiler Rohstoffe an der weltweiten Primärenergienutzung lag im Jahr 2010 bei 81 Prozent. 34 Prozent davon stammten aus der Verbrennung von Kohle, 40 Prozent von Öl und 26 Prozent von Gas. Aufgrund des gegenüber Öl günstigeren Kohlepreises waren 2012 1 199 neue Kohlekraftwerke geplant. Als gäbe es die bedrohliche Entwicklung zur Klimakatastrophe nicht!

Bei der Gewinnung fossiler Rohstoffe bestimmen Profitmargen den Ausbeutungsgrad der Lagerstätten und nicht möglichst schonende Abbaumethoden und vollständige Nutzung der Abbaustätten. So beträgt der Ausbeutungsgrad bei Erdöl weltweit nur durchschnittlich 35 Prozent, obwohl über 60 Prozent technisch möglich wären. Der Fernsehsender arte berichtete am 28. Juni 2011:

»Bei der Ölförderung kommt auch Erdgas aus dem Boden. Anstatt diesen wertvollen Rohstoff zu nutzen, wird er meistens abgefackelt. ... (Dabei) werden jedes Jahr 400 Millionen Tonnen Treibhausgase freigesetzt. So viel, wie alle Autos in Deutschland, Frankreich und Großbritannien zusammen ausstoßen. ... Aus den Fackeln kommt Stickstoffoxid, Kohlenmonoxid, Benzol und Schwefeldioxid. Allesamt schwer gesundheitsschädlich.«

Hochmoderne Gas- und Dampfkraftwerke haben einen technischen Wirkungsgrad von höchstens 60 Prozent. Der Wirkungsgrad fossiler oder nuklearer Großkraftwerke ist technologisch auf 40 bis 50 Prozent ausgelegt und in der Realität deutlich niedriger. Von der gesamten weltweit umgewandelten Primärenergie enden etwa 60 Prozent als ungenutzte Abwärme.

Schienenverkehr kommt mit 30 Prozent der Energie aus, die Straßenverkehr bei derselben Transportleistung benötigt. Dennoch wird in fast allen Ländern der Individualverkehr bevorzugt. Auch nach über 100 Jahren Entwicklung liegt der Wirkungsgrad der Verbrennungsmotoren nur bei 30 Prozent. Mit Brennstoffzellen und Elektromotoren könnte er auf bis zu 90 Prozent gesteigert werden. In Verbindung mit Stromgewinnung aus regenerativen Quellen wäre das ein bedeutender Fortschritt – den jedoch die Energie- und Automonopole seit Jahrzehnten aus Profitgründen behindern.

Das Gewicht eines Golf Diesel stieg zwischen 1984 bis 2004 von 920 auf über 1 400 Kilogramm an. Der Grund dafür liegt in einem Trend zu immer mehr Mikroelektronik und Automation in den Fahrzeugen, die deshalb mit einer Vielzahl von Elektromotoren ausgestattet werden müssen. Die Folge ist, dass bei der Herstellung und beim Betrieb immer mehr Rohstoffe und Energie verbraucht werden.

In Haushalten und öffentlichen Gebäuden gehen rund 70 Prozent der Wärmeenergie verloren durch mangelhafte Wärmedämmung, ineffiziente Belüftung, veraltete Heizungstechnik oder schlechte Klimatisierung.

Gegen diese **Vergeudung** von **Ressourcen** fordert in Deutschland die organisierte Bergarbeiterbewegung »Kumpel für AUF« den Erhalt des Steinkohlebergbaus in Europa. In ihrem »Aufruf an die Jugend: Programm für eine lebenswerte Zukunft« heißt es:

»Kohle darf nicht in Kraftwerken verfeuert werden. Nicht nur wegen der drohenden Klimakatastrophe. Sie ist auch einer der wertvollsten Rohstoffe einer Zukunftsindustrie, mit dem man verantwortungsvoll umgehen muss.«

Notwendig wäre die Nutzung der Kohle, dieses wertvollen Materials, zur Herstellung biokompatibler Kunststoffe[34] oder auch als Basis für solare Treibstoffe und solare Materialien in Verbindung mit der Erzeugung von Wasserstoff mittels Sonnenenergie.

Es ist heute schon technisch möglich, CO_2 aus der Atmosphäre herauszunehmen und dann mithilfe von Sonnen- und Windenergie Wasserstoff und Methan als Treibstoffe und Energiespeicher herzustellen. Auf die Entwicklung und den großtechnischen Einsatz solcher Technologien wird aber bisher aus Profitgründen verzichtet.

Tatsächlich lässt sich eine weltweite Versorgung mit Energie, vollständig aus erneuerbaren Quellen, nur aufbauen, wenn ein umfassendes Recyclingsystem für Solarzellen, Windräder, Batterien, Leuchtmittel und Katalysatoren eingeführt wird. Die US-Regierung hat schon 2010 ein Dutzend kritischer Materialien identifiziert – Seltene Erden, Lithium, Indium und Tellur –, die für einen entschiedenen Ausbau erneuerbarer Energien unbedingt erforderlich sind, aber kurz- oder mittelfristig nicht mehr ausreichend vorhanden sein werden. (U.S. Department of Energy, »Critical materials strategy«, Dezember 2010)

Anstatt aber umfassendes Recycling dieser strategisch wichtigen Materialien zu organisieren, konzentrieren sich die Imperialisten vor allem auf die Kontrolle und Plünderung der Bodenschätze. Im Brennpunkt stehen rohstoffreiche Länder Afrikas wie Südafrika, Demokratische Republik Kongo, Ghana, Sambia, Nigeria. Außer in Afrika konzentrieren sich vor allem in der VR China bedeutende Vorkommen strategisch wichtiger Mineralien und Metalle wie Vanadium, Uran,

---

[34] Kunststoffe, die für Menschen und Tiere gut verträglich sind

Mangan, Zinn, Eisenerz, Chrom, Diamanten, Gold, Platin, Kupfer, Kobalt, Coltan (Niob/Tantal).

Auf explodierende Preise vieler Rohstoffe und drohende Verknappungen reagieren die imperialistischen Länder mit einer aggressiven Außen- und Militärpolitik zur Sicherung der Rohstoffe, was die Kriegsgefahr verschärft. Das trifft auch auf die angeblich so friedlich und humanitär ausgerichtete Außenpolitik Deutschlands zu. Im »Weißbuch 2006 zur Sicherheitspolitik Deutschlands und zur Zukunft der Bundeswehr«, herausgegeben vom Bundesministerium der Verteidigung, heißt es über Deutschland:

»Wie viele andere Länder ist es in hohem Maße von einer gesicherten Rohstoffzufuhr und sicheren Transportwegen in globalem Maßstab abhängig ... Von strategischer Bedeutung für die Zukunft Deutschlands und Europas ist eine sichere ... Energieversorgung. ... Energiefragen werden künftig für die globale Sicherheit eine immer wichtigere Rolle spielen.« (S. 23)

B.8. Vermüllung, Vergiftung und Verschmutzung

Schwere Belastungen der Umwelt und der Menschen vor allem durch Hausmüll und Fäkalien, aber auch durch Ruß, Schwermetalle und weitere Giftstoffe traten schon seit der Frühphase der kapitalistischen Industrialisierung in industriellen Ballungsgebieten auf.

Mit der internationalen Ausbreitung der kapitalistischen Produktion nach dem II. Weltkrieg und der Chemieindustrie, vor allem der Petrochemie, vervielfachten sich die Probleme. Landwirtschaft und Industrie produzierten immer mehr schädliche Abfälle, Abwässer und Abgase, die sich dann über Städte, Gewässer und in der Luft weltweit ausbreiteten. Das trug erheblich zur Entstehung einer globalen Umweltkrise bei.

Seit der Neuorganisation der internationalen Produktion in den 1990er Jahren setzte im Weltmaßstab eine umfassende Vermüllung und Vergiftung der natürlichen Umwelt ein. Sie beginnt die gesamte Lithosphäre, Hydrosphäre und Atmosphäre, Flora und Fauna sowie die Menschen selbst nachhaltig zu schädigen. Die Vermüllung und Vergiftung der natürlichen Umwelt ist die unvermeidliche Kehrseite des kapitalistischen Raubbaus an den natürlichen Ressourcen.

Schleichende Vergiftung der Umwelt durch Chemikalien

Die wissenschaftlich-technische Revolution brachte neue Produktionsbereiche hervor wie Chemie, Ölverarbeitung (Petrochemie), Nukleartechnik und Elektronik. Im Zug der Massenproduktion verschiedenster Chemikalien und Kunststoffe gelangten seit den 1950er Jahren zunehmend anorganische und organische Schadstoffe in die Umwelt.

Persistent Organic Pollutants (POPs) sind **organische Chemikalien**, die:

1. über einen langen Zeitraum in der Umwelt verbleiben,
2. sich im Wasser und in der Atmosphäre weltweit verbreiten,
3. sich in der Nahrungskette anreichern und
4. für Mensch und Tier giftig sind.

Obwohl die chronische Vergiftung von Wasser, Böden, Luft, Lebensmitteln und Lebewesen durch POPs seit den 1960er Jahren beständig zunahm, wurde erst 2001 ein internationales Abkommen geschlossen, das ihre Produktion verbieten oder wenigstens ihre Verbreitung beschränken sollte. Dennoch werden ständig neue POPs produziert und verbreitet.

Besondere Bedeutung hat das Herbizid[35] Glyphosat, das sich ursprünglich die amerikanische Firma Monsanto patentieren ließ. Seit 1974 unter dem Namen »Roundup« auf dem Markt, erlebte es seinen Boom in den 1990er Jahren, nachdem Monsanto Nutzpflanzen entwickelt hatte, die gegen Glyphosat resistent waren. Fast 100 Prozent des in Argentinien auf 19 Millionen Hektar angebauten Sojas bestanden 2010 aus gentechnisch verändertem Roundup-Ready-Soja.

Glyphosat ist das weltweit am meisten verkaufte Unkrautvernichtungsmittel. Es gilt als krebserregend, fruchtschädigend und kann zu Fehlgeburten und Missbildungen führen. Es schädigt im Wasser lebende Organismen und führt vermehrt zur Entwicklung resistenter Unkräuter. Noch giftiger als das reine Glyphosat sind Hilfsstoffe, die beim Einsatz zugesetzt werden, und sein Abbauprodukt AMPA. Nicht nur in genmanipulierten Monokulturen wird Glyphosat verwendet, die Hersteller haben seit einigen Jahren auch neue profitable Anwendungsgebiete erschlossen:

- das Ausbringen von Glyphosat **vor der Aussaat**, um das Pflügen zu sparen und damit Bodenerosion und Treibstoffverbrauch zu minimieren, und

- das Ausbringen von Glyphosat **kurz vor der Ernte** (sogenannte Sikkation = Austrocknung), um durch Abtöten der grünen Teile der Pflanzen das Ernten zu erleichtern.

Glyphosat ist heute weltweit allgegenwärtig. So lassen sich auch in Deutschland kaum noch Menschen finden, bei denen sich kein Glyphosat im Urin nachweisen ließe. Obwohl die Proteste gegen seinen Einsatz überall zunehmen, hat das Bundes-

---

[35] Herbizid: Unkrautvernichtungsmittel

institut für Risikobewertung noch im Dezember 2013 Glyphosat erneut für unbedenklich erklärt. Das ist ganz offensichtlich eine Dienstleistung für Monsanto, Bayer und andere Multis der Agrarchemie.

Die kapitalistische Wegwerfproduktion

Kapitalisten sind durchaus bereit, auf der Basis von »Abfall«, von nicht verwerteten Rohstoffen, neue Produkte zu entwickeln und industriell herzustellen, doch das Diktat des Profits verhindert eine umfassende und allseitige umweltfreundliche Wiederverwertung von Abfällen. Die Petrochemie produziert aus Rohöl Zehntausende von Kohlenwasserstoffen, die heute in fast allen Konsumgütern enthalten sind: in Kleidung, Medikamenten, Kosmetika, Elektronikprodukten. Diese Produkte werden aber kaum recycelt.

Methoden der Konsumsteigerung und der Verkürzung der Lebensdauer von Waren wurden bereits in den 1920er Jahren entwickelt. Giles Slade schreibt in seinem Buch »Made to Break« über Alfred P. Sloan, den damaligen Chef des Automobilkonzerns General Motors:

»Sloan tat sein Möglichstes, neue Wege für die Senkung der Haltbarkeit und Beschleunigung der Obsoleszenz[36] zu finden.« (S. 43 – eigene Übersetzung)

Diese Ideologie wurde in den 1950er Jahren in den USA zur Belebung der kapitalistischen Wirtschaft in geradezu perverser Weise auf die Spitze getrieben:

»Unsere enorm produktive Wirtschaft fordert, dass wir den Konsum zu unserem Lebensinhalt machen, den Kauf und

---

[36] Obsoleszenz: Verkürzung der Lebenszeit der Produkte durch schnellen Verschleiß

Gebrauch von Waren in Rituale verwandeln, unsere geistige Befriedigung und unser Selbstwertgefühl im Konsum suchen. ... In immer schnellerem Tempo müssen wir Dinge konsumieren, verbrennen, abnutzen, ersetzen und wegwerfen«. (Victor Lebow, »Price Competition in 1955«, in: »Journal of Retailing«, 1955 – eigene Übersetzung)

Die Hersteller bringen in immer kürzeren Abständen »neue Generationen« von Autos und Geräten der Unterhaltungselektronik, von Mode, Musik und Filmen, von Spielzeug und Genussmitteln auf den Markt. Manipulative Werbung erklärt sie zu unverzichtbaren Lebensinhalten, erzeugt die »Sucht, auf der Höhe der Zeit zu sein« und die Bereitschaft zu sinnloser Verschwendung. Über die zerstörerischen Auswirkungen auf Mensch und Natur berichtete die »Frankfurter Rundschau« am 27. Juni 2013:

»Für ein einziges T-Shirt würden etwa 20 000 Liter Wasser verbraucht ... Die Behandlung des Stoffs mit Chemikalien belastet Mensch und Umwelt. Erkrankungen bei Textilarbeiterinnen und Schadstoffe in Gewässern sind die Folge. ... Schwermetalle und Chemie werden mit den Produkten in die reichen Industrieländer transportiert. Unsere Waschmaschinen waschen sie aus den Stoffen heraus. So gelangt das Gift in die Flüsse und letztlich in die Nahrungskette. ... 2011 hätten die deutschen Verbraucher knapp sechs Milliarden Kleidungsstücke gekauft, der Durchschnittseuropäer erwarb 65 bis 70 Teile pro Jahr. Auf dem Müll lande zugleich jährlich eine Million Tonnen Textilien.«

Es ist eine Illusion, dass die Verbraucher diese Ressourcen vergeudende Lebensweise allein durch verantwortliches Konsumverhalten überwinden könnten. Schon Lenin wies darauf hin, »*daß sich die Produktion selber einen Markt schafft, daß sie die Konsumtion bestimmt.*« (»Zur Charakteristik der ökonomischen Romantik«, Lenin, Werke, Bd. 2, S. 140/141)

Vermüllung durch Elektronikschrott

Im Jahr 2012 wurden weltweit circa 1,9 Milliarden Tonnen Müll erzeugt; nur 70 Prozent wurden organisiert gesammelt. Davon kamen etwa 70 Prozent in Mülldeponien, 11 Prozent in Müllverbrennungsanlagen und nur 19 Prozent wurden recycelt!

Besonders rasch wächst der Elektronikmüll, von dem nur der geringste Teil recycelt wird. Hersteller und Vermarkter von elektronischen Produkten des Massenkonsums forcieren besonders die Methode der künstlichen Alterung. Zugleich haben die Chiphersteller in den letzten 20 Jahren dafür gesorgt, dass sich die Leistungsfähigkeit der Computerchips alle zwei Jahre verdoppelt. So ist die durchschnittliche Nutzungsdauer von Mobiltelefonen auf zwei Jahre gesunken.

Zu den Produkten der Mikroelektronik, die allein in den letzten Jahrzehnten eingeführt wurden, gehören Flachbildschirme, Laptops und Laserdrucker, Spielkonsolen und Tablet-Computer, Navigationsgeräte, E-Book-Reader, digitale Kameras, MP3-Spieler und Smartphones mit immer breiteren Funktionsangeboten. Mikroelektronik ist in immer mehr Massenprodukten enthalten, etwa in Autos, Haushaltsgeräten, Kinderspielzeug.

Vieles davon kann als Fortschritt angesehen und sinnvoll für Information, Kommunikation und Sicherheit genutzt werden. Keineswegs sinnvoll ist aber, dass möglichst jeder einzelne die ganze Produktpalette kaufen soll, sie aber nur kurze Zeit nutzt – bis zum Erwerb der nächsten Generation. Wobei freilich die Industrie den Kaufdruck noch erhöht, indem sie Reparaturen und Ersatz von Verschleißteilen teurer als Neugeräte oder sogar ganz unmöglich macht. Die Folge sind Berge von Müll aus Elektronikschrott, der nicht recycelt wird. Wertvolle Rohstoffe werden vergeudet.

Weltweit fallen jedes Jahr knapp 49 Millionen Tonnen Elektronikabfall an. Laut Europäischer Umweltbehörde wächst diese Menge rund dreimal schneller als jede andere Art von Hausmüll. Obwohl die Vorräte vieler Rohstoffe, die in elektronischen Geräten verbaut sind, allmählich zur Neige gehen, bleibt Recycling die Ausnahme.

Ein möglichst vollständiges Recycling aller wiederverwertbaren Materialien erfordert, bereits bei der Produktionsplanung die Rückgewinnung und Wiederverwertung der eingesetzten Rohstoffe zu berücksichtigen. Nur dann ist später ein hoher und zudem kostspieliger Einsatz von Energie beim Recycling zu vermeiden. Elektronische Bauteile, die im Müll landen, enthalten neben Edelmetallen wie Gold, Palladium und Silber auch seltene Elemente wie Indium oder Tantal. Nach Angaben von UN-Experten beträgt die Wiederverwertungsquote bei 34 dieser Elemente weniger als ein Prozent, obwohl Recycling zum Teil um das Zwei- bis Zehnfache kostengünstiger wäre als die Neugewinnung aus Erzen.

Die Journalistin und Filmemacherin Cosima Dannoritzer schildert in einem Interview mit der »Roten Fahne«:

»Müll, der durch die geplante Obsoleszenz entsteht, wird unter anderem nach Ghana verschafft: kaputte Computer, unbrauchbare Fernsehgeräte und defekte Handys aus Deutschland, Spanien, England, Italien usw. Der Versand in die Dritte-Welt-Länder ist illegal, aber der Schrott wird als Gebrauchtware deklariert. ...

In Ghana kämpfen die Menschen gegen die Vergiftung durch die riesigen Mülldeponien, die aus Containern voll mit Elektroschrott aus Europa entstehen. Das Naturschutzgebiet in Agogbloshie in Accra ist zerstört, der Fluss tot. ... Das Wasser fließt wieder in die Meere und das Ganze landet dann irgendwann auf unseren Tellern, z. B. in schadstoffbelasteten Meeresfrüchten.« (»Rote Fahne« 38/2011, S. 18)

Müllberge und Wasserverseuchung in Großstädten

Um das Jahr 2005 hinterließen mehr als drei Milliarden Stadtbewohner jährlich bereits 1,3 Milliarden Tonnen festen Müll, fast das Doppelte wie zehn Jahre zuvor. In Deutschland lagern circa 2,5 Milliarden Tonnen Abfälle aus Haushalten, Industrie und Bau in Deponien. Diese stoßen klimaschädliche Zersetzungsprodukte wie CO_2 und Methan aus. Zusätzlich werden Boden, Luft und Wasser durch Giftstoffe belastet, die aus solchen Deponien austreten, darunter chlorierte Kohlenwasserstoffe, Schwefelwasserstoff und Schwermetalle.

In Deutschland ließ der Bergbaukonzern Ruhrkohle AG (RAG) seit Mitte der 1980er Jahre und bis 2006 hochgiftigen **Sondermüll in ausgekohlte Strecken seiner Zechen** verfüllen. Insgesamt 1,6 Millionen Tonnen »bergbaufremde Abfälle«, teilweise hochtoxische Filterstäube, Asche und Schlacke aus Müllverbrennungs- und Industrieanlagen, wurden in mindestens elf stillgelegte Bergwerke Nordrhein-Westfalens in einer Tiefe von 800 bis 1 000 Metern eingelagert. Das Gemisch enthält unter anderem giftige Schwermetalle wie Quecksilber, Blei und Kadmium sowie das Ultragift Dioxin. Die RAG sparte Kosten für die Verfüllung ausgeraubter Flöze und kassierte stattdessen pro Tonne Giftmüll etwa 200 bis 500 Deutsche Mark. Sie machte Hunderte Millionen Extraprofite, indem sie auf grob fahrlässige Weise die Gesundheit der Bewohner des gesamten Ruhrgebiets einschließlich der beteiligten Kumpel aufs Spiel setzte.

Die RAG und die SPD-Landesregierung unter Ministerpräsident Johannes Rau und Umweltminister Klaus Matthiesen fädelten dieses Geschäft ein, indem sie dafür sorgten, dass das Umweltrecht hinterlistig ausgehebelt wurde. Nach dem Gesetz war damals noch das Vergraben von Sondermüll ohne öffentliche Verfahren und Einspruchsmöglichkeiten der Bevölkerung unzulässig.

Bürgerinitiativen in verschiedenen Großstädten Nordrhein-Westfalens konnten in den 1980er Jahren den Bau von Sondermülldeponien zur Lagerung hochgiftiger Rückstände erfolgreich verhindern. Da forcierte die SPD-Landesregierung entgegen allen Widerständen den flächendeckenden Bau von Müllverbrennungsanlagen – und stand dann vor einem Berg extrem giftiger Rückstände aus den (verbesserten) Filtern. Hoher technischer und finanzieller Aufwand bei korrekter Entsorgung drohte. Da bot die RAG der damaligen SPD-Landesregierung ihre »saubere Lösung« an. Die erklärte den Sondermüll trickreich zum »Wirtschaftsgut«. Die schnelle Genehmigung und jahrelange Verfüllung des Giftmülls erfolgte dann nach Berg- statt nach Abfallrecht – weitgehend unter Ausschluss der Öffentlichkeit und trotz vereinzelter öffentlicher Proteste.

Die SPD-Regierung drückte diesen Deal teilweise gegen den Widerstand ihrer eigenen Basis und besonders grüner Kommunalpolitiker durch. Mit der ersten »rot-grünen« Landesregierung 1995 in Nordrhein-Westfalen brach dann der parlamentarische Widerstand vollständig zusammen. Diese Landesregierung mit dem Grünen Michael Vesper als stellvertretendem Ministerpräsidenten und der Grünen Bärbel Höhn als Umweltministerin setzte trotz gegenteiliger Wahlversprechen die gefährliche Einlagerung fort. Die Tatsachen, die die unabhängige Bergarbeiterzeitung »Vortrieb« schon damals ans Licht brachte, wurden empört geleugnet und die Kritiker wurden diffamiert.

Regierungsamtliche Gutachten versuchten zu beruhigen: Nach dem »*Prinzip des vollständigen Einschlusses*« seien die verfüllten Giftstoffe sicher entsorgt. Doch bald entpuppten sich die Inhalte der Gutachten als Betrug. Ein besorgter Landwirt ließ 2013 auf eigene Kosten Boden- und Wasserproben untersuchen, nachdem Teile seiner Ackerböden keinerlei Bewuchs mehr zeigten. An verschiedenen Stellen wurden Schwermetalle und Dioxin gefunden. Das deutet darauf hin, dass das vom Sondermüll vergiftete Grubenwasser durch Verwerfungen und Risse hochdrückt und das Gift an die Oberfläche spült. Und das, obwohl bisher das hochgiftige Grubenwasser im Großen und Ganzen noch regelmäßig abgepumpt wird!

2013 kündigte die Ruhrkohle AG an, dass sie plant, aus Kostengründen bis 2018 zahlreiche Pumpen abzustellen, wenn der Bergbau stillgelegt wird. Das würde ein Ansteigen des Grubenwassers bis auf 300 Meter Tiefe bewirken. Dann ist zu erwarten, dass die darunter gelegenen, mit Giftmüll verfüllten Strecken geflutet werden und dass sich das kontaminierte Grubenwasser mit dem Grundwasser vermischt. Eine solche Entwicklung wäre nicht mehr kontrollierbar und könnte zeitversetzt eine regionale Umweltkatastrophe von Westfalen bis zu den Niederlanden auslösen.

So kommt die dekadente Denkweise der herrschenden Konzerne zum Ausdruck: Erst kräftig von der hochriskanten Einlagerung des Giftmülls unter Tage profitieren, das noch als »arbeitsplatzsichernde Maßnahme« verkaufen und sich dann nach einigen Jahren zur Vermeidung der »Ewigkeitskosten« völlig der Verantwortung für umweltgerechte Entsorgung entziehen.

Die Einlagerung von Giftmüll unter Tage ist in Deutschland keineswegs auf den Steinkohlebergbau beschränkt. Vier Salzbergwerke gelten offiziell als Untertagedeponien: Bleicherode/Thüringen, Herfa-Neurode/Hessen, Kochendorf/Baden-Württemberg und Zielitz/Sachsen-Anhalt. Dort und in mindestens zwölf Untertageversatzbergwerken wird Giftmüll aus ganz Europa eingelagert.

Herfa-Neurode ist die älteste und mit einer jährlichen Einlagerung von circa 80 000 Tonnen »besonders überwachungsbedürftiger Abfälle« die größte untertägige Giftmülldeponie der Welt. Von 1972 bis 2010 wurden dort über zwei Millionen Tonnen hochgiftigen Abfalls eingelagert.

In vielen neokolonial abhängigen Ländern gibt es **keine organisierte Müllentsorgung**. Vor allem in Millionenstädten, wo nur ein Bruchteil des Mülls eingesammelt wird, vermüllen die Städte und breiten sich Seuchen aus. Landstriche, Flüsse und Seen werden mit Müll zugeschüttet und verpesten die Umwelt. In Entwicklungsländern leben Millionen Müllsammler – vielfach Kinder – an Deponien, unter primitiven Bedingungen und enormen Belastungen ihrer Gesundheit. Sie sammeln für den Eigenbedarf, liefern Sammelgut über eine Kette von Zwischenhändlern an industrielle Verarbeiter oder betreiben einfachste Recyclingbetriebe zum Trennen, Sortieren oder Schreddern von Müll.

In fast allen Megastädten der Erde **fehlen Kläranlagen**. Die marokkanische Metropole Casablanca verfügt für ihre fünf Millionen Einwohner gerade mal über eine Kläranlage. Große Mengen Fäkalien und Müll »verschwinden« einfach in den Atlantik.

Häufig sind Flüsse und Seen in der Nähe von Großstädten sowohl Reservoire der Trinkwasserversorgung als auch Orte zur billigen Entsorgung von Abfall und Abwasser. Dies ist eine wesentliche Ursache der **Unterversorgung mit sauberem Trinkwasser** in vielen städtischen Regionen der Welt.

Chronische Vergiftung der Umwelt durch Müllverbrennung

Als Reaktion auf das gewachsene Umweltbewusstsein in Deutschland wurde 1996 die direkte Deponierung von Müll weitgehend verboten. Die Propaganda der »sauberen Müllverbrennung«, die besonders die rot-grüne Bundesregierung nach 1998 betrieb, begleitete den Bau von 69 Müllverbrennungsanlagen bis 2009 in Deutschland. 2010 gab es bereits Überkapazitäten von circa einer Million Tonnen pro Jahr bei einem Jahresaufkommen von 25 Millionen Tonnen Müll.

Müllverbrennung ist ein **Prozess chaotischer chemischer Reaktionen**, bei dem Material wechselnder und meist unbekannter Zusammensetzung in circa 100 000 verschiedene Substanzen umgewandelt wird. Pro Tonne verbrannten Abfalls entstehen 400 Kilogramm hochgiftige Schlacke und 5 000 Kubikmeter Rauchgas. Müllverbrennung führt zu chronischer Vergiftung des Bodens, der Luft und des Wassers mit Schwermetallen und halogenierten Kohlenwasserstoffen bis hin zum Ultragift Dioxin.

Müllverbrennungsanlagen verschwenden wertvolle Rohstoffe in gigantischem Ausmaß. Einmal in Betrieb, erzeugen sie gleichzeitig einen schädlichen Sog gegen die Vermeidung von Müll: Immer mehr Müll muss verbrannt werden, um die bewusst geplanten Überkapazitäten auszulasten. Müllimporte aus der ganzen Welt nach Deutschland, etwa aus Italien, werden zur Normalität.

Weltweit wurde die Müllverbrennung in den letzten Jahren stark ausgeweitet. 2012 gab es bereits 2 150 Anlagen mit einer Jahreskapazität von 250 Millionen Tonnen Müll. Die bis 2016 geplanten 250 neuen Anlagen werden das profitable Geschäft der Umwandlung von Ressourcen in Giftmüll weiter vorantreiben.

Zur Manipulation der öffentlichen Meinung wird Müllverbrennung als »thermische Verwertung«, »Rohstoff-Rückgewinnungszentren« oder »Abfall-Heizkraftwerke« beschönigt. In Deutschland und einigen anderen imperialistischen Ländern müssen Müllverbrennungsanlagen wegen der Massenproteste mittlerweile mit aufwendigen Filtern und Anlagen zur Rauchgaswäsche ausgestattet werden. Diese sollen die Schadstoffbelastung der Luft reduzieren. Doch selbst bei modernster Filtertechnik und Einhaltung aller Grenzwerte der 17. Bundesimmissionsschutzverordnung werden pro Tonne verbrannten Mülls neben anderen Giften etwa 0,5 Mikrogramm des Ultragifts Dioxin ausgestoßen. In den meisten Müllverbrennungsanlagen anderer Länder sind es deutlich mehr.

Jeder Mensch in Deutschland nimmt nach offiziellen Angaben allein über die Nahrungsmittel schon 60 Pikogramm Dioxine und PCB pro Kilogramm Körpergewicht und Monat auf. Diese Giftstoffe schädigen den Stoffwechsel, erzeugen zum Beispiel Depressionen, Chlorakne und Veränderungen der Erbanlagen und sind extrem krebserregend. Gerade bei bester Filtertechnik sind die Rückstände in den Filtern von so exorbitanter Giftigkeit, dass ein neues, nahezu unlösbares Entsorgungsproblem entsteht.

Es könnte auch anders sein. Die »Frankfurter Rundschau« berichtete in einem Artikel am 30. Dezember 2011 über Europas modernsten Recyclinghof in Espenhain/Sachsen. 650000 Tonnen Müll werden dort jährlich von 275 Beschäftigten der Wiederverwertung zugeführt, über 90 Prozent aller verwertbaren Materialien werden recycelt. Aber das Unternehmen steht in scharfem Konkurrenzkampf mit Betreibern von Müllverbrennungsanlagen.

Vergiftung der Atmosphäre durch Feinstäube

Erfolge der Umweltbewegung wie die Durchsetzung einiger Maßnahmen zur Luftreinhaltung änderten nichts am globalen Trend wachsender Emissionen; immer mehr Schadstoffe belasten die Atmosphäre und werden durch Luftströmungen weiträumig verteilt.

Zu den Belastungsfaktoren, die immer stärker zunehmen, gehören die **Feinststäube**. Rußpartikel verschiedener Größe entstehen durch unvollständige Verbrennung in Motoren und Kraftwerken, aber auch bei vielen industriellen Prozessen und durch Abrieb im Straßenverkehr. Während heute Grobpartikel entweder vermieden oder durch Filter weitgehend aus den Abgasen entfernt werden, hat die Luftbelastung durch Feinstpartikel mit einer Größe unter 10 Mikrometern weiter zugenommen.

Partikel, die weniger als zehn Mikrometer groß sind, werden von den Lungenbläschen aufgenommen. Partikel kleiner als ein Mikrometer können über die Lunge direkt in die Blutbahn, in das Zellgewebe und sogar in das Gehirn von Lebewesen vordringen.

Neben ihrer Wirkung, Zellgewebe direkt zu schädigen, sind Feinststäube besonders heimtückisch, weil sie Vehikel für Giftstoffe werden können, die sie auf ihren Oberflächen mit sich führen. Ihre Wirkung in Menschen ist komplex. Fachleute schätzen, dass 2012 infolge von Feinstäuben weltweit mehr als zwei Millionen Menschen starben.

In den Mittel- und Großstädten der imperialistischen Länder beträgt die typische Konzentration in der Luft zwischen 10 und 40 Mikrogramm pro Kubikmeter. In den Megastädten der neokolonial abhängigen Länder treten dagegen Werte von 80 bis 300 Mikrogramm pro Kubikmeter auf. Anfang 2013 gingen Bilder des dichten Smogs über Peking um die Welt, wo der Feinstaubgehalt sogar auf über 300 Mikrogramm pro Kubikmeter Luft angestiegen war[37].

Außer durch Feinststäube hat die Luftverschmutzung durch **Schwefeldioxid- und Stickoxid-Emissionen** zugenommen. In Europa und Nordamerika konnte die Umweltbewegung zunächst erfolgreich Maßnahmen zur Entschwefelung und

---

[37] In der EU liegt der Grenzwert bei 50 Mikrogramm pro Kubikmeter Luft an maximal 35 Tagen im Jahr.

Entstickung von Rauchgasen aus Kraftwerken und Abgasen aus dem Straßenverkehr durchsetzen. Dennoch sind die Emissionen von Schwefeldioxid von 1980 bis 2000 nur von 150 auf 124 Millionen Tonnen gesunken; weil Verbrennungsprozesse überall rasch zunehmen, steigen sie seitdem wieder an. Der weltweite Ausstoß von Stickoxiden hat von 1980 bis 2005 von 90 auf 113 Millionen Tonnen zugenommen.

Die Verbrennung fossiler Rohstoffe ist heute nicht nur Hauptquelle von Feinstpartikeln, Schwefel- und Stickoxiden sowie Treibhausgasen. Neben dem Erzbergbau, der Metallverhüttung und der Zementproduktion ist sie auch hauptsächlich für die weltweite Ausbreitung von Schwermetallen über die Luft in die Böden verantwortlich.

Besonders in den Groß- und Megastädten ist der Verkehr die Hauptquelle von Feinstaub und Stickoxiden. Wenn die verschiedenen Bestandteile der Luftverschmutzung wechselwirken, können verheerende Folgen eintreten. So bildet sich bei gewissen Wetterlagen **Smog**, eine gefährliche Mischung aus Staub, Stickoxid, Schwefeldioxid und Wasserdampf. Diese reagieren miteinander und es entstehen Säuren, die eine stark lungenschädigende Wirkung haben. Smog und Fotosmog[38] verursachen weltweit über sechs Millionen Todesfälle im Jahr, besonders in Großstädten wie Peking, Mumbai, Los Angeles oder Teheran.

Das kapitalistische System des Raubbaus an der Natur, der Wegwerfproduktion und der Vermüllung der Erde ist zum hauptsächlichen Faktor geworden, der die Einheit von Mensch und Natur immer weiter zerstört und den Umschlag in eine globale Umweltkatastrophe beschleunigt.

---

[38] Fotosmog (Sommersmog) entsteht, wenn bestimmte Mengen von Stickoxiden mit Kohlenstoffmonoxid oder Kohlenwasserstoffen intensiver Sonnenstrahlung ausgesetzt werden.

B.9. Die unverantwortliche Nutzung der Atomenergie

Radioaktivität und Atomenergie

Der französische Physiker Henri Becquerel entdeckte 1896, dass eine in schwarzes Papier eingepackte fotographische Platte durch auf sie gelegte Uransalze belichtet wird. Er entdeckte die Radioaktivität. Bis zum Jahr 1914 waren auch die drei hauptsächlichen Arten radioaktiver Strahlung erforscht: Alpha-, Beta- und Gammastrahlung.

Alphastrahlung besteht aus sehr schnellen Heliumkernen, Betastrahlung aus sehr schnellen Elektronen und Gammastrahlung ist eine energiereiche elektromagnetische Welle mit erheblich höherer Frequenz als Röntgenstrahlung.

Ernest Rutherford und Frederick Soddy konnten 1903 nachweisen, dass Radioaktivität ein Umwandlungsprozess in Atomkernen ist, bei dem radioaktive Strahlung ausgesandt und ein chemisches Element in ein anderes verwandelt wird. Das war nicht nur ein glänzender Fortschritt beim tieferen Verständnis der Radioaktivität, sondern auch ein bedeutender Sieg der dialektisch-materialistischen Weltanschauung in der modernen Naturwissenschaft.

Der radioaktive Zerfall ereignet sich bei einzelnen Atomen spontan zu ganz zufälligen Zeitpunkten. Rutherford und Soddy fanden die grundlegende statistische Gesetzmäßigkeit der Radioaktivität: In von Element zu Element verschiedenen, aber jeweils festen Zeitabschnitten halbiert sich die Zahl der radioaktiven Atome und damit auch die Intensität der Strahlung gegenüber dem Beginn des Zerfallsprozesses. Jedes radioaktive Element hat seine spezifische Halbwertszeit.

Alle bis dahin untersuchte Radioaktivität trat natürlich auf. Erst Irène und Frédéric Joliot-Curie erzeugten 1934 ein Element, das auf der Erde sonst nicht vorkommt, ein radioaktives Isotop.[39]

Otto Hahn und Fritz Straßmann gelang 1938 die erste Kernspaltung. Wenn Uran-235 mit Neutronen beschossen wird, spaltet es sich in Barium-144 und Krypton-89. Dabei werden drei Neutronen frei, die eine Kettenreaktion auslösen können. Die Spaltprodukte sind selbst wieder radioaktiv. Trifft ein Neutron dagegen auf Uran-238, so entsteht das radioaktive und hochgiftige Plutonium-239. Dieses kann dann wieder Ausgangspunkt neuer atomarer Kettenreaktionen sein.

Solche Reaktionen in Atomkernen bilden die **Grundlage der technischen Nutzung der Atomenergie**. In Atomsprengköpfen lösen ungebremste Kettenreaktionen eine Explosion aus. In Atomkraftwerken werden die Kettenreaktionen kontrolliert und die Wärme, die sie erzeugen, wird kontinuierlich zur Energiegewinnung genutzt.

Die Kernreaktionen bei Atomexplosionen und in Atomreaktoren lassen auch viele andere radioaktive Isotope entstehen, zum Beispiel Krypton-85, Strontium-90, Jod-129, Jod-131, Cäsium-134 und Cäsium-137.

Natürliche und künstliche Radioaktivität sind grundsätzlich wesensgleich. Ein qualitativer Unterschied besteht aber hinsichtlich ihrer Strahlung. Die Aktivität eines radioaktiven Isotops wird in Becquerel[40] gemessen. Sie ist umso höher, je kürzer die Halbwertszeit ist, denn bei kürzerer Halbwertszeit zerfallen in derselben Zeit mehr Atome.

---

[39] Isotope: Atome mit gleicher Anzahl von Protonen, aber unterschiedlicher Anzahl von Neutronen im Atomkern, verschiedene Erscheinungsweisen desselben chemischen Elements

[40] Bq = Zerfälle pro Sekunde

In der Natur kommen nur radioaktive Elemente mit sehr langen Halbwertszeiten vor, die von der Entstehung des Sonnensystems übrig geblieben sind: Uran-238 (Halbwertszeit 4,5 Milliarden Jahre), Uran-235 (0,7 Milliarden Jahre), Thorium-232 (14 Milliarden Jahre) und Kalium-40 (1,25 Milliarden Jahre). In Atomkraftwerken und bei Atomexplosionen werden radioaktive Isotope in großer Zahl und in großen Mengen künstlich erzeugt. Die gefährlichsten Isotope haben Halbwertszeiten von wenigen Tagen bis zu einigen Zehntausend Jahren. Das ist lang genug, Menschen und andere Lebewesen zu schädigen, wenn sie mit ihnen in Berührung kommen und die radioaktiven Stoffe in ihre Zellen aufnehmen. Ihre im Vergleich mit den Halbwertszeiten natürlicher radioaktiver Isotope sehr kurzen Halbwertszeiten bewirken, dass die Intensität ihrer Strahlung sehr viel höher ist.

Alpha-, Beta- und Gammastrahlung – die drei Arten radioaktiver Strahlung – ionisieren mit hoher Energie die Materie, die sie durchdringen. Daher rührt ihre für lebende Organismen so schädliche Wirkung. Bei starker Bestrahlung sterben Organismen unmittelbar, bei schwächerer Bestrahlung kommt es unter anderem zur Schädigung des Erbguts der Zellen, zur Schwächung des Immunsystems und zur Entstehung von Krebs. Werden Schwangere verstrahlt, können Fehlgeburten und Missbildungen auftreten.

Die von der bürgerlichen Atompolitik festgesetzten Grenzwerte, bis zu denen ein Mensch radioaktive Strahlung aufnehmen soll, ohne Schäden davonzutragen, sind vielfach willkürlich. Untersuchungen beweisen, dass Kinder, die in der Umgebung von Atomkraftwerken leben, gehäuft an Leukämie erkranken, obwohl die dort gemessene Strahlung fast immer unter den offiziellen Grenzwerten liegt.

Infolge des wachsenden Widerstands in der Bevölkerung gegen radioaktive Verstrahlung musste die deutsche Strahlenschutzverordnung im Jahr 2001 novelliert werden. Die amtliche »zumutbare radioaktive Dosis« für die Bevölkerung wurde von 1,5 auf 1 Milli-Sievert (mSv) pro Jahr verringert. Es gibt aber keine gesundheitlich unbedenkliche Dosis.

Die Folgen eines Atomkriegs

Der heutige Bestand von mehr als 17 000 Atombomben, zu 96 Prozent im Besitz der USA und Russlands, reicht für einen **Overkill**. Die Imperialisten sind fähig, **alles Leben auf der Welt gleich mehrfach auszulöschen**.

Die Gesamtzerstörungskraft der Waffen des II. Weltkriegs betrug rund drei Megatonnen, entsprach also drei Millionen Tonnen des Sprengstoffs TNT[41]. Demgegenüber entspricht die Sprengkraft der heutigen Atomwaffen etwa 7,5 Milliarden Tonnen TNT, also 2 500 II. Weltkriegen auf einmal.

Mehr als 4 400 Atombomben, -raketen und -granaten sind jederzeit sofort einsatzfähig, etwa 2 000 werden in Höchstalarmbereitschaft gehalten, sodass sie ihre Ziele in Minuten erreichen können. Das unterstreicht die tatsächliche Gefährdung der ganzen Welt durch Atomwaffen. Die USA, die NATO und Russland verzichten nicht auf ihr »Recht«, einen atomaren Erstschlag zu führen und auch Staaten ohne Atomwaffen atomar zu bedrohen. Auch Computerfehler in den Überwachungs- und Steuerungssystemen können einen Atomkrieg auslösen; die Abläufe sind weitgehend automatisiert, um kurze Reaktionszeiten abzusichern.

Nach dem Abwurf der beiden US-Atombomben auf Hiroshima und Nagasaki am 6. und 9. August 1945 starben bis zum Jahresende etwa 265 000 Menschen, die meisten einen grausamen Strahlentod noch lange nach den Detonationen.

---

[41] Trinitrotoluol

Die 120 000 überlebenden Opfer wurden in zynischer Weise als Studienobjekte missbraucht. Es wurde begonnen, die Strahlenkrankheit an lebenden Menschen zu erforschen.

Atomwaffen besitzen gewaltige Zerstörungskraft. Die atomare Detonation mit ihrer radioaktiven Strahlung sowie Hitze- und Druckwelle vernichtet sofort alles Leben in einem größeren Umkreis, aber die Langzeitfolgen sind nicht weniger verheerend. Bis heute sterben jedes Jahr Tausende japanische Atombombenopfer an Leukämie oder an verschiedenen Formen von Krebs; unzählige Kinder kamen mit Missbildungen zur Welt – ein Ende ist nicht absehbar.

Verbrecherischer Einsatz von ABC-Waffen

Das Vernichtungspotenzial eines Atomkriegs steigert sich ins Unvorstellbare, wenn der Einsatz mit biologischen und chemischen Waffen kombiniert wird.

In der bürgerlichen Kriegsberichterstattung werden zivile Todesopfer und Umweltschäden zynisch als »Kollateralschäden« bezeichnet. Das suggeriert, sie seien bedauerlich, aber unbeabsichtigt und unvermeidlich – dabei gehören sie zweifellos zur Kriegsplanung und -führung.

Die krassesten Fälle bewusster Vernichtung der Umwelt leisteten sich die USA, die sich gern als »Hort von Demokratie und Freiheit« ausgeben. Sie setzten als bisher einziger Staat der Welt Atombomben gegen Menschen ein. Außerdem führten sie in ihrem Krieg gegen das vietnamesische Volk (1961 bis 1975) mit dem **Ökozid**[42] eine neue Kategorie der Kriegführung ein.

Vor allem mit dem Entlaubungsmittel **Agent Orange** und anderen Pflanzenvernichtungsmitteln wurden in Vietnam tro-

---

[42] Ökozid: Zerstörung von Ökosystemen

pische Wälder und Reisfelder auf einer Fläche von 3,3 Millionen Hektar vernichtet. Zur »freien Sicht« auf die Guerilla in den Wäldern besprühten die US-Streitkräfte allein in Südvietnam 44 Prozent des Walds und 43 Prozent des bebaubaren Bodens. So sollten den Kämpfern und dem Volk Schutz und Nahrungsgrundlagen entzogen werden. Rund 80 Millionen Liter Herbizide wurden eingesetzt; sie setzten circa 360 Kilogramm Dioxin frei, das nun das Erbgut der vietnamesischen Einwohner auf Generationen schädigt. Etwa 100000 Kinder kamen seitdem mit Fehlbildungen auf die Welt. Bis heute weigern sich die USA und die beteiligten Firmen, Konzerne wie Monsanto, Verantwortung zu übernehmen für das Leid, das sie den Menschen zugefügt, und für die Schäden, die sie in der Natur angerichtet haben.

Außer den chemischen Waffen lagern die US-Imperialisten – wie auch andere Länder – tödliche biologische Waffen in ihren Arsenalen. Es gibt zahlreiche Indizien, dass das Aids-Virus Resultat eines missglückten Versuchs der gentechnischen Herstellung einer biologischen Waffe im Auftrag des Pentagon ist. (Jacob Segal, »AIDS ist besiegbar: die künstliche Herstellung, die Frühtherapie und deren Boykott«)

In imperialistischen Kriegen wurden auch mehrere Tausend Tonnen **Uranmunition** eingesetzt: bei der Intervention in Afghanistan von der Sowjetunion, beim Krieg gegen Serbien, im Zweiten Golfkrieg und im Irakkrieg von der NATO. Der Journalist Frieder Wagner klagt die imperialistischen Streitkräfte unter Führung der USA an:

»*im Irak, wo im Krieg 2003 allein etwa 2000 Tonnen Uranwaffen eingesetzt wurden, (werden) in den nächsten 15 bis 20 Jahren ca. 5–7 Millionen Menschen an den Folgen der Anwendung dieser Uranwaffen sterben ... ein wissentlich und willentlich herbeigeführter Genozid.*« (»Kriegsverbrechen Uranmunition«, www.aixpaix.de, Download vom 30. Januar 2014)

Für panzer- und bunkerbrechende Uranmunition wird Atommüll aus Kernkraftwerken verwendet. Das abgereicherte Uran bildet beim Aufprall heißen **Uranstaub**, der im Inneren des Ziels die Sprengladung entzündet. Eingeatmet oder über die Nahrung aufgenommen, wirkt dieser Staub krebserregend, kann weibliche Eizellen und männlichen Samen deformieren. (Frieder Wagner, »Kriegsverbrechen Uranmunition«. Der Grimme-Preisträger Frieder Wagner unterliegt wegen dieser Dokumentation im deutschen Fernsehen einer Art stillem Berufsverbot.)

Auch außerhalb militärischer Einsätze kann die atomare Hochrüstung verheerende Folgen für die Umwelt haben. Am 17. Januar 1966 kollidierte über der Provinz Almería an der spanischen Mittelmeerküste ein aus den USA kommender B-52-Bomber während des Auftankens mit dem Tankflugzeug: Beide Flugzeuge stürzten ab. Der Bomber war mit vier Wasserstoffbomben bestückt. Drei fielen im Gebiet Palomares auf das Land, die vierte fiel ins Meer.

Sicherheitsvorkehrungen verhinderten eine thermonukleare Detonation. Doch die zur Zündung bestimmten konventionellen Sprengladungen in zwei der Bomben explodierten. Sie verstreuten das Material der zur Zündung der Wasserstoffbombe vorgesehenen Plutonium-Atombombe über mehrere Hektar Agrarland. Etwa drei Kilogramm Plutonium-239 versprühten zu feinem, unsichtbarem und nicht spürbarem Pulver, das sich mit dem Staub der Luft und den von der Explosion hochgeschleuderten Erdpartikeln vermischte.

Die US-Regierung und die faschistische Franco-Regierung vertuschten die Katastrophe, sodass sie bis heute weitgehend unbekannt blieb. In einer dreimonatigen Aktion ließen sie 1 600 Tonnen radioaktiv verseuchten Boden von Äckern und

Feldern abtragen. Doch das Gebiet blieb hoch kontaminiert. 2004, also fast 40 Jahre nach dem Unfall, wurden Grundstücke im Eilverfahren enteignet, um weitere landwirtschaftliche Nutzung zu verhindern. Zusätzliche 17 000 Tonnen verseuchtes Erdreich wurden in die USA verschifft. Nach acht Jahren Verhandlung einigten sich im Februar 2012 die USA und die spanische Regierung, dass die USA zusätzliche 50 000 Kubikmeter der durch Plutonium kontaminierten Erde aus Palomares in der Provinz Almería abtragen werden. Dieses Beispiel zeigt, dass allein die Existenz von Atomwaffen ein unkalkulierbares Risiko darstellt.

Atomkraft ist nicht beherrschbar!

Nach den Atomkatastrophen von Kyschtym/Majak 1957, Harrisburg 1979 und Tschernobyl 1986 begann am 11. März 2011 um 14:46 Uhr im japanischen **Fukushima** die **bisher schwerste Katastrophe** in der Geschichte der zivilen Nutzung der Kernenergie – ein sogenannter »**Super-GAU**«[43]. Das AKW ist bis heute nicht unter Kontrolle und die Auswirkungen des Unfalls können noch keineswegs umfassend und abschließend beurteilt werden.

Auslöser war ein allgemeiner Stromausfall in den Kernkraftwerken, hervorgerufen durch das stärkste jemals in Japan gemessene Erdbeben. Dadurch fiel die Kühlung der Reaktoren und der Brennstäbe aus. Der nachfolgende Tsunami überflutete die Anlage.

Für einen solchen Stromausfall ist nicht erst ein Erdbeben oder ein Tsunami notwendig. Er kann aus verschiedensten Gründen auftreten – eine Achillesferse des Systems der Kernenergie.

---

[43] GAU: Größter anzunehmender Unfall

Drei der sechs Siedewasserreaktoren, Fukushima I-1, I-2 und I-3, gerieten unmittelbar beim Erdbeben außer Kontrolle. Fukushima I-4, I-5 und I-6 waren zu dieser Zeit nicht am Netz. Aber in den Kühlbecken lagerten große Mengen von Brennstäben, die schwer beschädigt wurden und für die eine dauernde Kühlung bis heute nicht gewährleistet werden kann.

Vom 12. bis 15. März ereigneten sich schwere Explosionen in den Reaktorblöcken I-1 bis I-4. Die Gebäude wurden zertrümmert, die beschädigten Abkühlbecken liegen seitdem unter freiem Himmel. In den havarierten Reaktorblöcken kam es in den folgenden Tagen zu Bränden.

Planlose Kühlversuche setzten Tausende von Technikern, Arbeiterinnen und Arbeitern schwersten Strahlenbelastungen aus. Das von Hubschraubern und mit Wasserwerfern eingesetzte Kühlwasser wurde radioaktiv verseucht und floss tonnenweise in den Boden und ins Meer, auch noch Jahre später. Auswirkungen sind bereits bis an die Westküste der USA festzustellen.

Nur sehr zögernd und in viel zu geringem Umfang ließ die Regierung Bewohner aus der unmittelbaren Umgebung von Fukushima evakuieren. Die starke radioaktive Verseuchung macht eine große Region nordwestlich von Fukushima auf Tausende Jahre unbewohnbar. Der größte Teil des radioaktiven Niederschlags ging über dem Pazifik nieder. Verseuchte Lebensmittel wurden noch Monate nach Beginn der Katastrophe im ganzen Land unter die Menschen gebracht. Durch Wind und Regen verteilte Radioaktivität führte zu hochgradig belasteten »Hotspots«, selbst in Hunderten Kilometern Entfernung.

In den havarierten Atomreaktoren von Fukushima lagert Plutonium, der giftigste Stoff der Welt. Weitere Erdbeben bedrohen die Ruinen des völlig zerstörten Atomkraftwerks.

Mit einer **verbrecherischen Desinformationspolitik** verharmlosten die Betreibergesellschaft des AKW in Fukushima, TEPCO (Tokyo Electric Power Company), und die japanische Regierung die Katastrophe. Monatelang leugneten sie die Tatsache der unkontrollierten **Kernschmelze**.

Erst im Juni 2013 gab TEPCO zu, dass die Auswirkungen des Reaktorunfalls erheblich größer waren als ursprünglich bekannt gegeben und dass das Grundwasser rund um das Atomkraftwerk Fukushima so stark wie nie mit radioaktivem Cäsium verseucht war.

Im August 2013 räumte ein japanischer Regierungssprecher ein, dass weiterhin täglich 300 Tonnen hoch radioaktiv verseuchtes Wasser ins Meer gelangen.

Die Atomkatastrophe von Fukushima hat endgültig das Märchen von der »sicheren Atomenergie« zunichte gemacht. Japan hatte sich immer gebrüstet, auf höchstem Niveau der Technologie zu produzieren, und auf jahrzehntelange umfangreiche Erfahrungen beim Betreiben von AKW verwiesen.

In die Zeit nach 1956, nachdem die Restauration des Kapitalismus in der Sowjetunion begonnen hatte, fielen zwei Super-GAUs. Dem von Majak 1957[44] folgte am 26. April 1986 die **Reaktorkatastrophe von Tschernobyl**, nahe der ukrainischen Stadt Prypjat. Bei einem Sicherheitstest im dortigen AKW sollte die Funktionsfähigkeit der Kühlkreisläufe bei einem Stromausfall erprobt werden. Dabei kam es zu einem unkontrollierten Leistungsanstieg im Block 4, was zur Explosion des mit Graphit betriebenen Reaktors führte. Eine gewaltige Wolke, die große Mengen radioaktives Caesium-137 und Jod-131 enthielt, zog über viele Länder Europas und verteilte ihre Niederschläge über Menschen und Tiere, Wälder, Gewässer und Felder.

---

[44] siehe Kapitel IV.5, S. 305

Die Bevölkerung der UdSSR wurde von der Regierung Gorbatschow wochenlang im Unklaren gelassen. Die 49 000 Bewohner von Prypjat wurden erst nach eineinhalb Tagen evakuiert, die Einwohner im 18 Kilometer entfernten Tschernobyl sogar erst nach einer Woche. Rund 400 000 Menschen wurden insgesamt umgesiedelt. Etwa 100 000 verstrahlte Menschen starben qualvoll in den folgenden Jahren. Bis heute leiden Hunderttausende an Folgeerkrankungen, insbesondere an Krebs. Es häufen sich Fehlbildungen bei Kindern – noch in den nächsten Generationen.

Nur sieben Jahre zuvor war es in den USA im Kernkraftwerk **Three Mile Island** zu einer schweren Atomkatastrophe gekommen. Dieses Kernkraftwerk liegt in der Nähe der Stadt **Harrisburg** im Bundesstaat Pennsylvania. Dort ereignete sich am 28. März 1979 im erst wenige Monate alten Reaktorblock 2 ein schwerer Unfall mit einer teilweisen Kernschmelze. Große Mengen Radioaktivität wurden freigesetzt. Um eine Explosion zu vermeiden, ließen die Betreiber radioaktiv verstrahltes Gas in die Atmosphäre entweichen. 200 000 Menschen aus der Umgebung flohen vor der Bedrohung durch Radioaktivität. Obwohl in Harrisburg nur ein Reaktor betroffen war, weder ein Erdbeben noch ein Tsunami eine Rolle spielten und eine Explosion in letzter Minute verhindert werden konnte, waren die Folgen gravierend.

Jede von Menschen gehandhabte Technik ist auch ohne äußere Einwirkung, etwa durch Naturkatastrophen, störanfällig. Mängel beim Bau oder Fehler im Betrieb, Materialermüdung oder menschliches Versagen, unerwartete Wechselwirkungen können besonders bei hochkomplexen großtechnischen Anlagen zu Unfällen führen.

Umfassende Erfahrungen mit Atomkraftwerken aus 60 Jahren belegen, dass eine **fehlerfreie Handhabung nicht möglich** ist. Seit den frühen 1950er Jahren kam es weltweit zu

20 Kernschmelzen in militärischen und kommerziellen Reaktoren.

Eine Kernschmelze, die einmal eingesetzt hat, lässt sich nicht stoppen, einmal freigesetzte Radioaktivität lässt sich nicht mehr aus der Umwelt zurückholen. Selbst wenn die Bauweise höherentwickelt, die Überwachungssysteme verbessert, die Bedienmannschaften besser ausgebildet werden – schwere und schwerste Unfälle gab und gibt es in fast allen Kernkraftwerken und Wiederaufbereitungsanlagen seit Beginn der Nutzung der Kernenergie.

Auch im laufenden Betrieb setzen Kernkraftanlagen permanent radioaktive Strahlung frei. Das ist prinzipiell unvermeidlich. Die Kernspaltungen im Inneren des Reaktors lassen sich nicht absolut von der Außenwelt abschotten; es muss immer einen Austausch mit der Umgebung geben.

Radioaktives Tritium, ein Isotop des Wasserstoffs mit einer Halbwertszeit von 12,3 Jahren, dringt selbst durch Stahl- und Betonwände. Bei der Entnahme, beim Transport und bei der Wiederaufbereitung von Brennelementen werden noch weit mehr radioaktive Stoffe frei. Das »Netzwerk Regenbogen« schreibt:

»Die französische Plutoniumfabrik La Hague am Ärmelkanal ›entsorgt‹ ihre Radioaktivität über Kamine und Pipelines. Nach Angaben des ›World Information Service on Energy‹ (WISE) in Paris gibt La Hague 40mal mehr Radioaktivität in die Umwelt ab als alle rund 440 weltweit betriebenen Reaktoren zusammen.« (Info-Serie Atomenergie, Folge 8, www.netzwerk-regenbogen.de, Download vom 19. August 2013)

Seit der Entdeckung der Kernspaltung und ihrer Nutzung für Atomwaffen oder Kernenergie wurden bereits immense Mengen künstlich erzeugter Radioaktivität freigesetzt. Die strahlenden Materialien haben sich über alle Kontinente verteilt und sind in alle Weltmeere geflossen.

Ständiger Gefährdung ihrer Gesundheit sind besonders die **Techniker und Arbeiter in den Atomkraftwerken** ausgesetzt. Die »Frankfurter Rundschau« berichtete:

»Der französische Staatskonzern EDF beschäftigt in den 59 Kernkraftwerken des Landes 20.000 Leiharbeiter und somit so viele wie Festangestellte. ... Dabei sind sie es, die die gefährlichsten Arbeiten ausführen und etwa die Brennelemente austauschen. ... Nähert sich ein ›Nuklear-Nomade‹ der gesetzlich zulässigen Lebens-Strahlung von 20.000 Millisievert, verliert er von einem Tag auf den anderen seine Arbeit. ›Die Energiekonzerne nehmen dann für den nächsten Auftrag einfach den nächsten Arbeiter, bis der seine Dosis voll hat‹.« (www.fr-online.de vom 4. April 2011)

Radioaktiver Abfall – Entsorgung ungeklärt

Zu den schwerwiegendsten gesellschaftlichen Folgen der Nutzung der Atomenergie gehören die riesige und stets wachsende Menge **atomaren Abfalls** und das **völlig ungeklärte Problem seiner Lagerung**. Bis heute gibt es nirgendwo ein auch nur annähernd akzeptables Modell, was mit dem giftigen Abfall passieren soll, der noch Millionen Jahre strahlen wird.

Seit 1950 haben sich weltweit circa 300 000 Tonnen hochstrahlenden Abfalls angesammelt. Jährlich kommen etwa 12 000 Tonnen hinzu und ein Mehrfaches an schwach- und mittelaktivem Abfall. In nächster Zeit wird der Abfall aus dem Rückbau stillgelegter Reaktoren das Problem noch verschärfen. All dieser radioaktive Abfall ist auf der Erdoberfläche, auf dem Meeresboden und in wenigen Fällen unterirdisch in Bergwerken gelagert. Das ist eine Bürde, die das Leben der künftigen Generationen bedroht.

Traurige Berühmtheit hat das deutsche **Atommülllager Asse** erlangt. Dort wurden in einem ehemaligen Salzbergwerk, das mittlerweile einsturzgefährdet ist, radioaktive Abfälle gelagert – gegen massenhafte Einwände und Proteste. Jeden Tag dringen dort elf Kubikmeter Wasser ein und zersetzen die rund 126 000 Atommüll-Behälter. Die Existenz eines sicheren atomaren Endlagers wurde noch nirgendwo nachgewiesen.

Befürworter der Nutzung der Kernenergie greifen die berechtigten Sorgen vieler Menschen wegen des Treibhauseffekts infolge der fossilen Verbrennung auf und schreiben Atomkraftwerken »besondere Umweltverträglichkeit« zu. Die deutsche Bundeskanzlerin Angela Merkel, selbst Doktorin der Physik, lobte Atomkraftwerke als CO_2-freie »*Brückentechnologie*«. Doch selbst wenn ein Kernkraftwerk im laufenden Betrieb weniger klimaschädliche Gase ausstößt als ein Kohlekraftwerk – Bau und Transporte, Urananreicherung und Abfalllagerung verbrauchen enorme Mengen Energie. Der Betrieb eines durchschnittlichen AKW hat, sogar ohne die Entsorgung des Atommülls einzurechnen, etwa den CO_2-Äquivalentwert eines Erdgas-Blockheizkraftwerks. (Studie des Öko-Instituts Darmstadt 2007, www.oeko.de/oekodoc/318/2007-008.de.pdf)

Schon seit Jahrzehnten ist klar, dass die Nutzung der Kernenergie in eine **Sackgasse** geführt hat, die ganze **Menschheit gefährdet**. Dennoch hat die japanische Regierung im Februar 2014 verkündet, 50 zeitweise stillgelegte Atomkraftwerke wieder anzufahren. 2014 sind weltweit 557 **weitere AKW geplant und werden** – wenn es nicht der Widerstand der Massen verhindert – auch **gebaut**. Das sind mehr AKW, als gegenwärtig in Betrieb sind. Die aggressivsten Pläne zum Ausbau der Atomenergie verfolgt das sozialimperialistische China. 18 Staaten wollen neu in die Nutzung der Atomenergie einsteigen.

Die **Atomindustrie** ist besonders eng **international verflochten**, die Produktion ist stark monopolisiert. Das Geschäft mit dem Bau und Betrieb von Atomkraftwerken konzentriert sich bisher auf die USA, Japan, Russland, Südkorea, Deutschland und Frankreich.

Schaubild 1:
Die größten Reaktorbauer und AKW-Betreiber

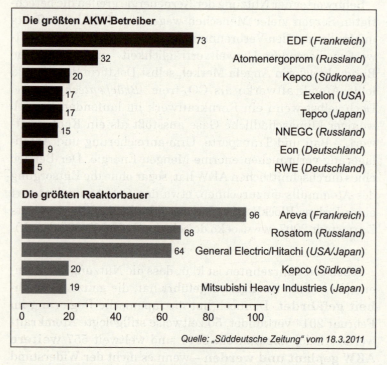

Quelle: „Süddeutsche Zeitung" vom 18.3.2011

Die Atomindustrie ist in den Händen einiger weniger internationaler Übermonopole konzentriert, die allein über das dazu notwendige riesige Kapital verfügen. Sie geben das technische Know-how nicht aus der Hand, auch wenn sie Anlagen in kleinere Staaten verkaufen. Das widerlegt die Illusion, der Betrieb von Atomkraftwerken könne einen Beitrag leisten zur nationalen Souveränität abhängiger Länder, zur Unabhängigkeit von imperialistischen Großmächten. Die deutsche Regierung redet scheinheilig vom »Atomausstieg« und sichert gleichzeitig durch Bürgschaften die Auslandsgeschäfte deutscher Konzerne ab, die Atomkraftwerke bauen und betreiben. Zynisch erklärte der damalige Wirtschaftsminister Philipp Rösler Anfang 2013, die Bundesregierung *»halte an der bisherigen Förderpraxis fest, weil die Energiewende nur die ›nukleare Stromerzeugung im Inland‹ betreffe«*. (»Tagesspiegel« vom 20. Januar 2013)

Die Erbauer von Kernkraftwerken machen, so wird geschätzt, Geschäfte im Umfang von mehr als zwei Billionen Euro – allein mit den geplanten Neubauten. »Billig« war Atomenergie nie! Im Gegenteil, Atomstrom ist schon heute die teuerste Form von Energie, wenn die staatlichen Subventionen an die deutsche Atomindustrie eingerechnet werden. Sie machten in den letzten 60 Jahren 204 Milliarden Euro aus. Dabei sind die nicht kalkulierbaren, aber unvorstellbar hohen Folgekosten für die »Entsorgung« des Atommülls noch gar nicht berücksichtigt.

Neben den Profitinteressen der Atomkonzerne sind es die **machtpolitischen und militärischen Interessen**, die den Bau und Weiterbetrieb der Atomkraftwerke beflügeln. Das erklärt auch die Skrupellosigkeit, mit der Risiken in Kauf genommen und tatsächliche Gefahren verheimlicht werden.

Unkontrollierbare Gefahren im Uranbergbau

Nahezu völlig unkontrolliert entfalten sich die Gefahren der Radioaktivität für Menschen und Natur im **Uranbergbau**. 2012 wurden weltweit 58 394 Tonnen Uran gefördert, um die 432 Kernkraftwerke mit »sauberer Energie« zu versorgen.

Der Anteil des Metalls Uran im Uranerz liegt in der Regel nur bei 0,1 bis höchstens einem Prozent. Gewaltige Mengen

Gestein müssen bewegt werden, um Uran zu gewinnen. 99 bis 99,9 Prozent des abgebauten Gesteins verseuchen Menschen, Tiere und Pflanzen auf unabsehbare Dauer: Aus den Abraumhalden sickert radioaktives Wasser und wird radioaktiver Staub verweht, Uranerzschlämme werden in nahe Flüsse und Seen gepumpt und gelangen ins Grundwasser. Über eine Milliarde Tonnen Uranerzschlamm vergiften bereits die Erde, jährlich kommen 20 Millionen Tonnen hinzu.

Kasachstan, Kanada und Australien, Niger und Namibia waren 2012 die größten Uran-Produzenten. Die unter erbärmlichen Bedingungen schuftenden Bergleute tragen immense Risiken.

Zwischen 1946 und 1990 förderte die Sowjetische bzw. Sowjetisch-Deutsche Aktiengesellschaft (SAG/SDAG) in Sachsen und Thüringen insgesamt rund 231 000 Tonnen Uran.

Die DDR war mit der SDAG Wismut zeitweise viertgrößter Uranproduzent der Welt. Die Uranproduktion wurde seit der Restauration des Kapitalismus nach 1956 mit enormer Rücksichtslosigkeit gegen Mensch und Natur betrieben. Nach dem Ende der DDR wurde der Uranbergbau stillgelegt. Bis 2013 flossen 6,1 Milliarden Euro Bundesmittel in die Sanierung. Ein Ende ist nicht in Sicht. Boden, Luft und Wasser bleiben großräumig mit Uran, Radium und Radon belastet. Tausende Wismut-Arbeiter sind aufgrund der Kontamination durch radioaktive Substanzen verstorben. Bis heute treten unter den Überlebenden jährlich noch 150 bis 250 neue Fälle von tödlichem Lungenkrebs auf.

Förderung von Uran sowie Bau und Betrieb von Kernkraftwerken hinterlassen – neben den Gefahren der atomaren Rüstung und neuerlicher katastrophaler Unfälle – mit dem ungelösten Problem des Atommülls den nachfolgenden Generationen ungeheure Lasten. In der Biosphäre reichert sich tendenziell immer mehr Radioaktivität an. Was auf natürlichem Weg abgebaut wird, ist erheblich geringer, als was aufgrund fortgesetzter Nutzung der Atomkraft neu hinzukommt. Der meiste Atommüll wird wohl länger strahlen, als die Menschheit existiert.

C. Weitere Faktoren, die den Umschlag zur globalen Umweltkatastrophe beschleunigen

Jeder einzelne der Hauptfaktoren, die den Übergang zu einer globalen Umweltkatastrophe beschleunigen, hätte bereits existenzielle Folgen für die Menschheit, wenn er auf die dargestellte Weise und ungebremst weiterwirken kann. Doch zwischen den verschiedenen Hauptfaktoren besteht zusätzlich eine **destruktive Wechselwirkung**, die zu ihrer **Verstärkung, ja teilweise Potenzierung** führen muss.

Berücksichtigt werden muss ferner eine Reihe von **Rückkopplungen** in der Natur, die bereits wirksam sind und die als Vorboten einer irreversiblen weltweiten Umweltkatastrophe betrachtet werden müssen. Sie sind Produkte der globalen Umweltkrise und tragen andererseits zu ihrer Vertiefung bei.

Hinzu kommen weitere Faktoren, die für sich genommen das menschliche Leben noch **nicht unmittelbar** bedrohen. Sie verstärken jedoch die Wirkung der Hauptfaktoren und tragen so zur Beschleunigung des Umschlags in eine globale Umweltkatastrophe bei. An dieser Stelle können nur einige dieser Faktoren behandelt werden, aber es muss klar sein, dass es noch eine Vielzahl weiterer gibt.

C.10. Zerstörerische Abbaumethoden bei der Förderung fossiler Rohstoffe

Verschiedene Entwicklungsstufen des Bergbaus

Die Entwicklung rücksichtsloser Abbaumethoden im Bergbau seit dem II. Weltkrieg vollzog sich in drei qualitativen Sprüngen.

Erstens: Jahrhundertelang herrschte der **Untertagebau** vor. Im Lauf der Zeit gelang es aufgrund der Erfahrungen der Bergleute und der Proteste der Bevölkerung, die Gefahren für die Bergleute und die negativen Auswirkungen auf die Umwelt einzudämmen. Bis Ende der 1960er Jahre wurden die beim Abbau entstandenen Hohlräume noch weitgehend verfüllt. So konnten großflächige Bergschäden und gesundheitliche Gefährdungen in Grenzen gehalten werden.

Seit den 1970er Jahren wurde der Untertagebau in Deutschland mit der Einführung des Schildausbaus[45] auf hochtechnologischer Grundlage durchrationalisiert. Wandten 1969 erst 29,5 Prozent der Zechen die Technik des Schildausbaus an, so waren es 1983 bereits 98,3 Prozent.

Als Teil dieser staatlich subventionierten Rationalisierungsoffensive gingen internationale Monopole wie die Ruhrkohle AG in Deutschland wieder zum Bruchbau über; sie stellten die Verfüllung nach dem Kohleabbau ein. Wenn dann die Hohlräume unter der Erde einbrachen, kam es über Tage zu Bodenabsenkungen bis zu 20 Metern. Das brachte Bauten und Menschen in Gefahr und schürte Konflikte zwischen Bergleuten und Anwohnern. Das Grundwasser muss dauerhaft abgepumpt werden, um ein Versumpfen an der Erdoberfläche zu

---

[45] Hydraulische Stempel sichern die Hohlräume des Strebs.

verhindern. Die Folgekosten der Bergschäden werden über den Staat auf die gesamte Gesellschaft abgewälzt.

Zweitens: Die internationalen Bergbaumonopole weiteten den **Tagebau** erheblich aus, sodass er den Untertagebau immer mehr verdrängte. Die Liberalisierung der Energiemärkte in den 1990er Jahren leitete einen weltweiten Vernichtungskampf um die Beherrschung des Weltmarkts für Energie ein. Ein internationaler Rationalisierungsprozess setzte ein, eine Konzentration des Abbaus auf wenige am meisten profitable Länder, Bergbauzentren und -methoden.

Die Konstruktion riesiger Schaufelradbagger und Fräser auf der Grundlage von Mikroelektronik und Automation machte es möglich, gewaltige Erdmassen und Gesteinsschichten zu bewegen. So ließen sich manchmal auch noch bis 500 Meter unter der Erdoberfläche liegende Rohstoffe im Tagebau fördern. Mit den vom deutschen Energiekonzern RWE betriebenen Schaufelradbaggern können täglich bis zu 240 000 Tonnen Abraum und Kohle bewegt werden. Tagebau bringt den Monopolen Vorteile insbesondere durch die enorme **Steigerung der Schichtleistung der Bergarbeiter**.

Aber auch unter Tage wurde die Schichtleistung in die Höhe getrieben. Während 1990 ein Untertage-Bergarbeiter im deutschen Steinkohlebergbau 1 003 Tonnen jährlich fördern musste, waren es 2011 schon 1 340 Tonnen. Zusätzlich wurde die Ausbeutung der Untertage-Arbeiter in vielen Ländern durch die Verweigerung notwendiger Sicherheitsmaßnahmen verschärft, was zu schweren Grubenunglücken vor allem in Russland und China führte.

Mit der Förderleistung im Tagebau konnte der Untertagebau dennoch nicht mithalten. So fördert ein Kumpel im Tagebau in Südafrika jährlich 5 000 Tonnen Kohle, in den USA 9 683 und in Australien 13 503 Tonnen.

Vor diesem Hintergrund beschloss die EU im Einvernehmen mit den nationalen Kohlemonopolen, dass der seit Jahren als nationale Energiereserve subventionierte Steinkohlebergbau in Europa bis spätestens 2018 einzustellen ist. Das führte schon bisher zur Vernichtung Hunderttausender Arbeitsplätze im europäischen Kohlebergbau sowie in den Zuliefererindustrien und wird sich fortsetzen.

Vertreter des Indischen Gewerkschaftsbunds IFTU berichteten, dass zwischen 2002 und 2008 100 von 500 Untertageminen in Indien stillgelegt und gleichzeitig die Tagebauminen ausgebaut wurden. Während die Zahl der fest angestellten Kumpel sich seit den 1990er Jahren etwa halbierte, vervielfachte sich die Zahl der Leiharbeiter.

Die weltweite Förderung von Kohle stieg von 1990 bis 2012 von 4 850 Millionen Tonnen auf 7 700 Millionen Tonnen, also um fast 60 Prozent. Die Umstellung auf Tagebau war eine wesentliche Voraussetzung dafür.

Drittens: Angesichts des Scheitelpunkts in der Rohstoffförderung gehen die internationalen Monopole seit einigen Jahren zu bisher unerforschten, immer riskanteren, unbeherrschbaren Abbaumethoden über. Sie investieren vermehrt in **Tiefseebohrungen**, in die Förderung von **Ölsanden** und in **Fracking**.

Extraktiver[46] Tagebau

Deutschland ist das Land mit der größten Braunkohleförderung der Welt. 2012 waren es rund 185 Millionen Tonnen, wovon 98,9 Prozent in den drei großen Braunkohlerevieren (Rheinisches, Mitteldeutsches und Lausitzer Revier) abgebaut wurden.

---

[46] extraktiv = auslaugend, verzehrend

Der **Braunkohleabbau Hambach** in der niederrheinischen Bucht ist der tiefste Tagebau in Deutschland mit Tiefen bis zu 450 Metern. RWE betreibt ihn für Höchstprofite und »untergräbt« so buchstäblich die Region um die Großstädte Aachen, Köln und Mönchengladbach. Tausende Menschen wurden bereits aus ihren Dörfern vertrieben und zwangsumgesiedelt. Mit den 460 Millionen Tonnen Abraum werden jedes Jahr auch 368 Tonnen Uran freigesetzt. Abbau, Lagerung und Transport des Abraums und der Kohle verbreiten lebensbedrohliche Feinstäube. Es gibt Straßen, etwa in der Gemeinde Hochneukirch, wo fast in jedem Haus ein Bewohner krebs- oder herzkrank wurde. Damit die Tagebau-Grube nicht vollläuft, musste in der gesamten Region das Grundwasser abgesenkt werden. Die Menge des jährlich durch Abpumpen verschwendeten Wassers übertrifft bei Weitem den gesamten Wasserbedarf der drei Großstädte.

RWE verspricht paradiesische Zustände, wenn nach dem Ende des Abbaus Seen angelegt werden und Naturschutzgebiete entstehen. Das ist jedoch reine Zweckpropaganda.

»Durch das Wegbaggern der Braunkohle-Deckschichten kommen versauerungsempfindliche, d. h. sulfidreiche Sedimente an die Oberfläche. Durch den Zutritt von Luftsauerstoff, durch Niederschläge und – nach Tagebauende – durch das langwierige Wiederansteigen des Grundwassers bilden sich Säuren, die zu ökologischen Zeitbomben werden können. ... Von dieser Versauerung wäre nicht nur die Trinkwasserversorgung zukünftiger Generationen betroffen, auch der geplante Restsee droht zu einem Säurebecken zu werden.« (www.bund-nrw.de/ themen_und_projekte/braunkohle/tagebaue_im_rheinland, Download vom 30. Januar 2014)

In der Gebirgskette der Appalachen an der Ostküste der USA werden mit der Methode des **Mountaintop Mining**

Bergspitzen gesprengt, um anschließend im »Tagebau« Rohstoffe abzubauen. Die US-Monopole Alpha Natural Resources, Arch Coal, Consol Energy und Patriot Coal ließen in den letzten Jahrzehnten mehr als 500 Bergkuppen mit einer Mächtigkeit von bis zu 120 Metern wegsprengen und 2 000 Meilen Flüsse zuschütten. In diesen Flüssen befanden sich zehn Prozent aller weltweit bekannten Arten von Süßwassermuscheln. Der Feinstaub, den die Sprengungen mit täglich 2 000 Tonnen Dynamit freisetzen, vermehrte die Krebserkrankungen unter der Bevölkerung. Im Schnitt sterben dort täglich elf Menschen an den Folgen des Kohleabbaus. Unter den Verantwortlichen sind auch deutsche Energiekonzerne wie E.on, EnBW und RWE sowie der schwedische Konzern Vattenfall; sie beziehen große Teile ihrer Kohle aus den USA.

Seit Anfang der 1990er Jahre fielen internationale Bergbau- und Energiemonopole verstärkt in neokoloniale Länder ein, um gigantische Tagebauprojekte durchzusetzen. In **Lateinamerika** verdreifachte sich der Anteil solcher Projekte an den globalen Investitionen im Bergbau von 12 Prozent Anfang der 1990er Jahre auf 35 Prozent 2008.

Die neuen Tagebau-Technologien werden ohne jegliche Rücksicht auf Mensch und natürliche Umwelt eingesetzt. Seit 1994 steigerte das Schweizer Übermonopol Glencore/Xstrata die Produktion von Kupferkonzentrat im Tagebau Tintaya in Espinar/Peru von 50 000 Tonnen auf 120 000 Tonnen im Jahr. 2010 wurden in Tintaya täglich 35 102 Kilogramm Sprengmittel, 1 035 Liter chemische Lösungsmittel, 728 593 Kilowattstunden Strom und 13 097 663 Liter Süßwasser verbraucht.

Im Jahr 2008 bedrohte die Umweltverseuchung durch Tagebaue 3 126 indigene Dorfgemeinschaften in Lateinamerika existenziell, etwa drei Millionen Menschen. Viele wurden auch gewaltsam vertrieben.

Gold-Tagebau mit lebensgefährlichen Abbaumethoden wird heute in vielen Ländern der Welt betrieben. 1994 nahm das US-Bergbaumonopol Newmont Mining in der Region Cajamarca/Peru federführend Yanacocha in Betrieb, die größte Goldmine Lateinamerikas; sie liegt in einer Höhe von etwa 4000 Metern. Rund um den See Yanacocha ließ Newmont Mining die Berge Schicht für Schicht abtragen. Für sechs Tagebau-Stätten wurde auch eine Seenlandschaft vollkommen zerstört. Die Gold-Produktion in Peru wuchs zwischen 2000 und 2005 von 133 Tonnen um fast 60 Prozent auf 208 Tonnen, während sie weltweit bei 2500 Tonnen stagnierte.

Kleine Mengen Gold werden mit Hilfe hochgiftigen Zyanids, das bereits in der Menge eines Reiskorns tödlich ist, aus Erz herausgelöst. 167 Kilogramm Zyanid sind bei dieser Methode nötig, um ein Kilogramm Gold zu gewinnen. Dabei löst das Zyanid neben dem Gold auch hochtoxisches Arsen und Quecksilber aus dem Gestein. Die Monopole verzichten bei der Goldförderung auf den Einsatz umweltschonender Mittel, weil das ihren Profit um 30 bis 50 Prozent mindern würde. So bleiben Grundwasser und Luft in diesen Regionen auf Jahrhunderte kontaminiert.

Von der Verheißung, den Lebensstandard der breiten Massen zu heben, blieb nichts übrig. Newmont Mining beanspruchte das Wasser des Rio Grande, das vorher der Stadt Cajamarca zur Verfügung stand, für die Goldproduktion. Die Bewohner sind nun von Wasser abhängig, das in der Yanacocha-Mine benutzt und dann aufbereitet wurde. Die Gefährdung ihrer Gesundheit bezahlen sie noch mit erhöhten Wasserrechnungen. Obwohl sich das Bruttosozialprodukt der Region Cajamarca seit 1994 verdreifachte, sank die Region in sieben Jahren vom siebtärmsten zum zweitärmsten Departement Perus ab.

2010 startete Newmont Mining gemeinsam mit der peruanischen Zentralregierung das Projekt »Minas Conga«, den Ausbau weiterer sieben Tagebauminen in der Region Cajamarca. Die neu erschlossenen Gold- und Kupfer-Vorkommen liegen unter vier Lagunen und in Feuchtgebieten mit 22 Bergseen. Deren Filtersysteme sorgen ständig für frisches Wasser, sie sind lebensnotwendig nicht nur für die kleinen Bauern, sondern für alle Bewohner der Region. Diese Lagunen sollen ausgetrocknet und als Depots für den giftigen Abraum verwendet werden. Die gesamte Wasserversorgung der nördlichen Sierra ist dadurch infrage gestellt. Täglich wurden sechs Millionen US-Dollar für die Erschließung des Projekts »Minas Conga« verschleudert.

Kolumbien ist noch das Land mit der zweitgrößten Artenvielfalt und eins der wasserreichsten Länder der Erde. Doch 40 Prozent der Fläche des Landes wurden bis heute internationalen Bergbau- und Energiemonopolen zur Verfügung gestellt. Kolumbien wurde in zwei große Gebiete aufgeteilt, in denen die Ressourcen des Landes ausgebeutet werden sollen: die Anden-Region zum Abbau von Erzen und Kohle und die Orinoco- und Amazonas-Region für die Förderung von Erdöl und den Anbau von »Biokraftstoffen«. Schon zwischen 1999 und 2006 erzwang die ultrareaktionäre Uribe-Regierung Umsiedlungen in diesen Gebieten. US-Konzerne wie Drummond stützten sich dabei auf den blutigen Terror der Paramilitärs. Diese Paramilitärs haben einen faschistischen Charakter und sind von der Coca-Mafia und den mit ihnen verbundenen Großgrundbesitzern angeheuert. Während der Uribe-Regierungszeit gab es etwa 30 000 dieser nichtstaatlichen Terroristen, die Hunderte kämpferischer Gewerkschafter ermordeten, bis das Gebiet für die internationalen Monopole »gesäubert« war.

In der Region des Kohletagebaus leben 400 000 Angehörige des indigenen Volks der Wayuu. Ihre Lebensgrundlagen werden nun systematisch zerstört. Besonders die Bergarbeiter haben wenig von den neuen Industrien. Zudem sind sie chronischen Erkrankungen ausgesetzt, die oft nicht einmal als Berufskrankheiten anerkannt werden.

Im rumänischen **Rosia Montana** finden sich die vermutlich größten Goldvorkommen Europas. Dort will der kanadische Konzern Gabriel Resources von 2016 an 300 Tonnen Gold und 1 600 Tonnen Silber gewinnen – mit der Methode der Zyanidauslaugung. Gegen diese Umweltzerstörung entwickelte sich ein breiter Widerstand, der im Herbst 2013 mit landesweiten Massenprotesten und Blockaden einen Höhepunkt erreichte. Das rumänische Parlament sah sich gezwungen, eine geplante Änderung des Bergbaugesetzes zurückzuziehen. Grundlage der Proteste war die Verarbeitung einer verheerenden Umweltkatastrophe, die sich im Januar 2000 bei der Goldgewinnung in Baia Mare ereignet hatte. Dort waren nach tagelangen Regengüssen Dämme eines Staubeckens gebrochen. 100 000 Tonnen zyanid- und schwermetallhaltige Schlämme flossen bis in die Theiß und die Donau.

In **Indien** hatte die Neuorganisation der internationalen Produktion Beschlagnahme von Grund und Boden sowie Zerstörung von Ackerland und Regenwald durch die internationalen Monopole zur Folge. Hunderten Millionen Menschen der Landbevölkerung drohte die Vertreibung. Darüber informiert der indische Journalist Bharat Dogra:

»Bergbau-, Infrastruktur- und andere Großprojekte (werden) so schnell und gigantisch vorangetrieben, dass ›Leben und Lebensraum von Menschen‹ definitiv gefährdet sind. Nirgendwo wird dies deutlicher als in den Unionsstaaten Orissa, Jharkhand und Chhattisgarh im Osten des Landes. Dort gibt es besonders viele Bodenschätze, deren Ausbeutung von einer gleichsam massiven Vertreibung der einheimischen Bevölkerung begleitet wird.

Mit seinen gigantischen Vorkommen an Bauxit, Eisenerz und Kohle gilt Orissa als Schrittmacher für andere Staaten. Allein mit nationalen und internationalen Stahlkonzernen unterzeichneten die zuständigen Behörden 42 Vereinbarungen ... Zudem verständigte man sich mit mehreren Energieriesen darauf, 13 neue Kohle-Kraftwerke zu errichten. Weitere Abkommen sind geplant. Das für all diese Projekte beanspruchte Land übersteigt bereits eine Fläche von rund 40.500 Hektar, darunter fruchtbares Ackerland sowie Waldgebiete, (in) denen (die) Adivasi – Indiens Ursprungsbevölkerung – im Einklang mit der Natur leben.« (www.bpb.de vom 24. Januar 2007)

Tiefseebohrungen und Ausbeutung von Ölsanden

Die Mineralölmonopole gehen angesichts der absehbaren Ölverknappung verstärkt zu Tiefseebohrungen und zur Ausbeutung von Ölsanden über. Seit 2006 liegt ungefähr die Hälfte aller neuen Erdölfunde in der Tiefsee. Diese Bohrungen sind mit einem **unbeherrschbaren Risiko** verbunden. Darauf macht der Umweltjournalist Jörg Schindler in seinem Buch »Öldämmerung. Deepwater Horizon und das Ende des Ölzeitalters« aufmerksam:

»Druck und Temperaturen in den Lagerstätten der Tiefsee sind sehr hoch ... Die geologischen Verhältnisse in der Lagerstätte sind im Detail jeweils wenig bekannt und bergen unliebsame Überraschungen. Dies betrifft insbesondere den Anteil von Gasen ... die Sicherung des Bohrlochs während der Arbeiten (ist) *sehr schwierig und aufwendig ... Arbeiten am Bohrloch müssen von Robotern ausgeführt werden, weil sich in diesen Tiefen keine Taucher mehr einsetzen lassen. ... Hinzu kommt das Risiko von schweren Stürmen auf dem Meer«.* (S. 60/61)

Deshalb war die **Katastrophe im April 2010 im Golf von Mexiko**, als unter der Bohrplattform Deepwater Horizon unfassbare 780 000 000 Liter Öl ins Meer flossen, alles andere als Zufall. Die internationalen Monopole BP, Anadarko, Mitsui, Transocean oder Halliburton, die alle solche Ölbohrplattformen in tiefen Meeren betreiben, setzten sich bewusst über die unkalkulierbaren Risiken hinweg. Sie trafen keine Vorkehrungen für den Notfall, sondern missachteten alle Sicherheitsanforderungen und sogar die wenigen Auflagen. Die staatlichen Instanzen verzichteten auf unabhängige Kontrollen und stützten sich stattdessen auf die vagen Angaben in schriftlichen Berichten der Betreibermonopole. Nach der Katastrophe halfen Regierungen und Massenmedien dem BP-Konzern, die ökologischen Folgen des Unfalls zu vertuschen. Berichte, dass 75 Prozent des ausgetretenen Öls »verschwunden« wären, sollten die besorgte Öffentlichkeit beruhigen. Tatsächlich aber verseucht der größte Teil des Öls weiterhin das Meer – nur in gelöster Form und damit nicht offen sichtbar.

Der technische und energetische Aufwand, **Ölsande** zu fördern, ist enorm. In Ölsanden ist festes oder zähflüssiges Öl (Bitumen) in einem Gemenge mit Sand, Lehm und Wasser gebunden. An vielen Stellen kommen Ölsande nahe der Oberfläche vor, sodass sie bis etwa 70 Meter Tiefe im Tagebau gefördert werden können. Doch etwa 80 Prozent der Reserven liegen tiefer und müssen mit größerem Aufwand gewonnen werden. Die Bitumen führenden Schichten werden zuerst angebohrt und dann wird unter hohem Druck heißer Dampf hineingepresst, der das Öl verflüssigt, sodass es an die Oberfläche gepumpt werden kann. Nach Angaben der US-Umweltbehörde EPA verursacht die Verwertung von Ölsanden 82 Prozent mehr Emissionen als normales Rohöl.

Die Vorkommen von Ölsand im Norden der kanadischen Provinz Alberta liegen inmitten ausgedehnter Wälder und Sümpfe, zwischen zahlreichen Flüssen und Seen. Diese Wildnis galt bis vor Kurzem als eins der letzten von Menschen kaum berührten

Gebiete der Erde. Die etwa 27 500 Milliarden Liter Erdöl, die sich in diesem Ökosystem befinden, galten früher als unantastbar. Doch inzwischen gilt dieses Gebiet den internationalen Mineralölmonopolen als zweitgrößtes Vorkommen der Welt. In wenigen Jahren investierten sie dort mehr als 100 Milliarden US-Dollar, nachdem die kanadische Regierung 91 Projekte zur Ausbeutung der Ölsande genehmigt hatte.

Mit der Ölsand-Industrie zerstören die Mineralölkonzerne das einmalige Ökosystem im Norden Kanadas. Zur Zeit werden dort täglich mehr als 200 Millionen Liter Rohöl verarbeitet. Jeden Tag strömen aus dieser Produktion schätzungsweise 5,7 Millionen Liter verseuchtes Abwasser in den Athabasca River. Krebserkrankungen nehmen zu, immer mehr missgebildete Fische werden beobachtet.

Das Zerstörungspotenzial der globalen Fracking-Pläne

Fracking[47] wurde schon in den 1940er Jahren in den USA entwickelt, aber erst in den 1990er Jahren auf neuer technologischer Grundlage wieder aufgenommen und vermehrt eingesetzt. Beim Fracking werden Gesteinsschichten zertrümmert, um Öl oder Gas zugänglich zu machen, das in feinsten Klüften des Gesteins eingeschlossen ist.

Hauptsächliches Ziel ist die Gewinnung des in Kohle- und Schieferformationen in bis zu 6 000 Metern Tiefe gebundenen Methans. Um dieses Gas freizusetzen, werden über der Lagerstätte ganze Felder senkrechter Tiefbohrungen angelegt. Anschließend wird computergesteuert ein Netz horizontaler Bohrungen in die gasführenden Schichten eingebracht. Ein mit Drücken bis zu 700 bar dort eingepresstes Gemisch aus

---

[47] kurz für: Hydraulic Fracturing = Aufbrechen mit Flüssigkeit

Wasser und Sand sprengt dann das Gestein auf. Das Frackwasser enthält **giftige Chemikalien**, die Mikroorganismen abtöten, damit diese nicht die aufgesprengten Klüfte wieder schließen. Trotzdem lassen sich beim Fracking nicht mehr als 25 Prozent des in einer Lagerstätte gebundenen Gases auffangen. Verglichen mit dem stofflichen Gehalt eines Kohleflözes liegt der Ertrag beim Fracking bei gerade fünf Prozent. Trotzdem scheinen beim Fracking Milliarden Dollar Gewinne zu winken, sonst würden dafür nicht die Ökosysteme in der tiefen Lithosphäre unwiderruflich zerstört.

Fracking bedeutet eine **Zerstörung der teilweise nur zehn Kilometer dicken Erdkruste** in Tiefen bis zu sechs Kilometern, wie sie die Geschichte der Menschheit bisher nicht kannte. Zusammenhängende Gesteinsschichten werden großflächig ihrer Stabilität beraubt. Deshalb treten in Fracking-Gebieten gehäuft Erdbeben auf. Ein internationales Team von Geophysikern stellte fest:

»Die Bewegung von Hochdruck-Flüssigkeiten im Untergrund – entweder in natürlichen Prozessen oder injiziert bei industriellen Aktivitäten – hat das Potenzial, starke Erdbeben auszulösen.« (www.wissenschaft-aktuell.de vom 27. Juli 2012)

Fracking funktioniert nur, wenn dabei riesige Mengen mit Giften belastete Flüssigkeiten in den Boden gedrückt werden. Ein Team von Wissenschaftlern der Leibniz-Universität Hannover unter Professor Dr. Rosenwinkel untersuchte drei als repräsentativ bezeichnete Bohrfelder. Er fand heraus, dass bei jedem Frack rund 1,6 Millionen Liter Flüssigkeit aus etwa 80 Prozent Trinkwasser, 15 Prozent Sand und 5 Prozent Chemikalien eingesetzt wurden. Knapp ein Viertel der Gesamtmenge kam vermischt mit Wasser aus den Lagerstätten als »Flowback« (Rückfluss) wieder nach oben. Nach zehn Fracks fielen 3,7 Millionen Liter »Flowback« an, die entsorgt werden mussten. 12,3 Millionen Liter der Giftbrühe verblieben unter Tage oder wurden in Versenkbohrungen verpresst.

Die Tatsache, dass die **Untersuchung im Auftrag von ExxonMobil** stattfand, weist darauf hin, dass sich künftig niemand mit Unwissenheit über die eklatanten Folgen herausreden kann!

Jahrzehntelang und zum Teil bis heute versuchten die beteiligten Konzerne, die im Frackwasser verwendeten Gifte geheim zu halten. Ein Gutachten des Helmholtz Zentrums für Umweltforschung (Leipzig/Halle) vom Februar 2012 enthüllte, welche Gifte – unter vielen anderen – verwendet wurden: Tetramethylammoniumchlorid, das bereits in kleinsten Dosen große Mengen Wasser vergiftet, die Nervengifte Diethylenglykol oder Methanol, Butoxyethanol, eine Leben vernichtende Substanz, Nonylphenol, das krebserregend ist und die Fruchtbarkeit schädigt.

Im Lagerstättenwasser nachgewiesen wurden auch gesundheitsschädliche Schwermetalle wie Blei, Kadmium und Quecksilber, radioaktive Stoffe wie Strontium sowie große Mengen der aromatischen Kohlenwasserstoffe Benzol, Toluol, Ethylbenzol und Xylol (BTEX), die alle Wasser gefährden und als krebserregend gelten. Eine umweltverträgliche Entsorgung des »Flowback« ist nach heutigem Stand der Technik nicht möglich. Menschenverachtend ist die verbreitete Methode, diese Giftbrühe in Lagerbecken verdunsten zu lassen oder sie sogar in die Luft zu versprühen.

Das alles stellt ein enormes Gefahrenpotenzial nicht nur für die Lithosphäre, sondern auch für die Hydrosphäre dar.

»Eine neue Untersuchung von Jahrzehnte alten Quellen im Osten Montanas (angrenzend an North Dakota) *durch die Geologische Vermessungsbehörde der USA zeigt, dass Salzwasserfahnen in die Grundwasserleiter und in private Wasserbrun-*

nen wandern und diese für Trinkwasserzwecke unbrauchbar machen.« (National Geographic, »The New Oil Landscape«, März 2013 – eigene Übersetzung)

Auch über die angeblich abgedichteten Bohrlöcher gelangen Gifte in die natürlichen Kreisläufe. Schlumberger, eines der weltweit führenden Unternehmen für Bohrungen, gab zu, dass 43 Prozent seiner 6 692 Bohrlöcher im Golf von Mexiko undicht sind.

Fracking gefährdet in hohem Maß die menschliche Gesundheit:

- Stark überhöhte Konzentrationen von Siliziumstaub aus dem Quarzsand erhöhen die Lungenkrebsrate unter den Arbeitern und der Bevölkerung in der Nähe der Bohrstellen.

- Radioaktive Stoffe, die aus der Tiefe gehoben wurden, wirken über lange Zeit krebserregend.

- Stoffe, die Fruchtbarkeit und Erbgut schädigen, geraten in natürliche Kreisläufe und bedrohen die Fortpflanzungsfähigkeit von Menschen und Tieren.

- Wenn Nervengifte in die Umwelt gelangen, können sie zu Lähmungen führen und Hirnschäden hervorrufen.

- Millionen Menschen und Tieren wird der Zugang zu sauberem Trinkwasser abgeschnitten.

2013 räumte auch der damalige deutsche Bundesumweltminister Altmaier indirekt Gefahren des Frackings ein. Er musste der öffentlichen Meinung Rechnung tragen und bis auf Weiteres Fracking in Trinkwasserschutzgebieten verbieten. Das durch Fracking vergiftete Wasser hält sich jedoch nicht an irgendwelche Schutzzonen. Außerdem wird Trinkwasser aus Zigtausend Flüssen, Quellen und Brunnen gewonnen, die außerhalb solcher Schutzgebiete liegen, aber übers Grundwasser mit den Fracking-Gebieten verbunden sind.

Die **Hauptakteure des Frackings zählen zum internationalen Finanzkapital**. Unter den 500 größten Monopolen der Welt sind 89 bei der Gewinnung und Verarbeitung fossiler Rohstoffe oder bei der Produktion der dazu eingesetzten Technologie tätig. Für den Börsenwert internationaler Übermonopole wie ExxonMobil oder BP sind die Förderreserven, die sie ausweisen können, von ausschlaggebender Bedeutung. 2010 änderte die US-Börsenaufsicht ihre Regeln und erlaubte den Öl- und Gaskonzernen, auch *»unkonventionelle«* Lagerstätten als Reserven zu bilanzieren, was deren Aktienkurse stabilisierte oder steigerte.

Schon zuvor war in den USA ein Fracking-Boom ausgebrochen, eingeleitet durch ein Gesetz des US-Kongresses von 2005, »Energy Policy Act«, das Fracking ausdrücklich von der Überwachung nach dem Trinkwasserschutzgesetz ausnahm.

Von 2000 bis 2012 stieg der Anteil der *»unkonventionellen«* Förderung an der Gasproduktion der USA von zwei auf 40 Prozent. 2012 gab es dort mindestens 40 000 Fracking-Bohrungen. Der US-Imperialismus nutzt Fracking auch, um seine machtpolitischen Ziele abzusichern. »Energieunabhängigkeit«, also Minderung der Importe von Erdöl und Erdgas, soll seine globale Vormachtstellung stärken.

Auch Deutschland bleibt nicht verschont. Schon 1995 führte das internationale US-Übermonopol ConocoPhilips Fracking-Versuchsbohrungen am Nordrand des Ruhrgebiets durch. Die Ruhrkohle AG war von Anfang an maßgeblich beteiligt. Nachdem es ihr nicht gelungen war, eine weltmarktbeherrschende Stellung bei der Kohleförderung zu erringen, wollte sie nun als mögliche Alternative nach *»Erdgas in Kohleflözen«* suchen. (»Hellweger Anzeiger« vom 12. April 2011)

Nicht ohne Zusammenhang mit diesen Plänen strebte die RAG eine beschleunigte Stilllegung des Steinkohlebergbaus an, denn Schachtbergbau und Fracking schließen sich aus technischen Gründen gegenseitig aus.

1997 streikten Zehntausende Bergleute sieben Tage lang selbständig gegen die Stilllegung des Steinkohlebergbaus in Deutschland und gegen die geplante Entlassung von 60 000 Bergleuten. Das machte den Fracking-Plänen der RAG vorerst einen Strich durch die Rechnung, obwohl sie damals noch kaum bekannt waren.

In den Gremien der EU wurden die Fracking-Pläne weiter verfolgt. Das EU-Rahmenprogramm HORIZON soll von 2014 bis 2020 Subventionen von 80 Milliarden Euro bereitstellen, mit denen unter der Parole »*sichere, saubere und effiziente Energie*« die Energiemonopole und ihre Fracking-Vorhaben gefördert werden.

Unter Federführung des deutschen EU-Kommissars für Energie, Günther Oettinger, beschloss die EU-Kommission 2010, den subventionierten Steinkohle-Bergbau in Europa bis 2014 weitgehend stillzulegen. Das hätte den Fracking-Vorhaben auf breiter Front Raum gegeben. Um die brodelnde Unruhe unter den Bergleuten in Deutschland zu dämpfen und die gefürchteten Bergarbeiterkämpfe zu vermeiden, wurde in Deutschland der Stilllegungstermin auf 2018 verschoben. Mit umfassenden Sozialplänen und der Propaganda vom »*sozial verträglichen Auslauf-Bergbau*« wird der Zusammenhang mit den Fracking-Plänen in der Öffentlichkeit vertuscht, um zu verhindern, dass Bergleute und Umweltbewegung gemeinsam gegen die Stilllegung der Kohlezechen und gegen die Fracking-Pläne kämpfen.

Die EU drohte Frankreich und Bulgarien ein Verfahren an, als dort Fracking gesetzlich verboten wurde. Das internationale Finanzkapital nimmt auf nationale Beschlüsse keine Rücksicht. Die Fracking-Pläne haben inzwischen alle fünf Kontinente erfasst.

Von den Energiemonopolen wird mit Fracking gefördertes Gas als »*der sauberste fossile Energieträger*« angepriesen. (»Westdeutsche Allgemeine Zeitung« vom 3. Mai 2013) Das Gegenteil beweist eine Studie der National Academy of Science aus den USA. Danach ist »*die Verstromung von Schiefergas bereits dann klimaschädlicher als die von Kohle, wenn die Methanleckagen 3,2 Prozent der Gasförderung übersteigen.*« (»Die Zeit« vom 7. Februar 2013)

Dass diese Werte vielfach sogar deutlich überschritten werden, zeigen Messungen aus Colorado, wo unkontrollierte Methangas-Emissionen von durchschnittlich neun Prozent ermittelt wurden. Die US-amerikanischen Forscher bezeichnen Schiefergas und Kohleflözgas daher als »*schmutzige*« Gase, denn ihre Verbrennung schädigt das Klima mehr als die Verbrennung konventionellen Erdgases. Fracking wird damit zu einem zusätzlichen **Faktor der beschleunigten Erderwärmung und der drohenden Klimakatastrophe**.

C.11. Der Mangel an sauberem Süßwasser

Der menschliche Körper besteht zu über 60 Prozent aus Wasser. Wasser hilft beim Transport von Nährstoffen und beim Abtransport unerwünschter Stoffe im Blut, es wirkt mit bei der Kommunikation in und zwischen Zellen sowie beim Stoffwechsel und wird zum Regulieren der Körpertemperatur benötigt. Sauberes Wasser ist eine **existenzielle natürliche Lebensgrundlage** der Menschheit.

Lediglich etwa 0,7 Prozent des auf der Erde vorhandenen Wassers, ungefähr 10,7 Millionen Kubikkilometer, steht derzeit als Süßwasser zur Verfügung.

Trotz aller Fortschritte der Wissenschaft und Technik haben im 21. Jahrhundert mehr als 1,2 Milliarden Menschen keinen Zugang zu sauberem Wasser. Täglich sterben etwa 10 800 Kinder durch fehlendes oder verunreinigtes Trinkwasser. 80 Prozent aller Krankheiten in den Entwicklungsländern sind auf **Mangel an sauberem Trinkwasser** zurückzuführen. Dafür sind heutzutage vor allem **vier Faktoren** verantwortlich:

Verschwendung von Wasser für die internationalisierte kapitalistische Produktion

Der weltweite Verbrauch von Süßwasser verteilte sich 2001 grob geschätzt so: 70 Prozent für die Landwirtschaft, 20 Prozent für die Industrie und nur 10 Prozent für die privaten Haushalte. In der öffentlichen Diskussion stehen aber meist Landwirtschaft und privater Verbrauch im Fokus der Kritik. Bei genauerer Betrachtung ist es jedoch vor allem der industrielle Verbrauch von Süßwasser, der von Jahr zu Jahr wächst. Er hat sich zwischen 1950 und 2000 von 204 auf 776 Kubikkilometer fast vervierfacht. Die UN-Organisation für industrielle Entwicklung (United Nations Industrial Development Organization – UNIDO) schätzt, dass die Industrie bis zum Jahr 2025 doppelt so viel Wasser verbrauchen wird wie heute.

In vielen imperialistischen Ländern, insbesondere nördlich des Äquators (USA, Kanada, Mittel- und Nordeuropa, Russland) überwiegt der **Verbrauch der Industrie**, dort beansprucht sie mehr als 60 Prozent des Wassers.

Für Anbau und Verarbeitung von Getreide wird massenhaft Wasser verschwendet: Für einen Liter »Bio«-Diesel waren es im Jahr 2008 schon 20 000 Liter. Die Produktion eines Autos benötigt bis zu 380 000 Liter Wasser und für ein Kilogramm Rindfleisch werden 15 500 Liter Wasser verbraucht.

Getrieben vom Konkurrenzkampf, missbrauchen die internationalen Monopole verstärkt die für sie kostengünstigen Wasserressourcen. Sie greifen gravierend in den natürlichen Kreislauf des Wassers ein. In der kanadischen Provinz Alberta werden jährlich an die 204 Milliarden Liter Wasser in Erdölquellen gepumpt, um den Druck in den Lagerstätten zu erhöhen und damit die Fördermenge zu steigern. Diese Menge würde ausreichen, um 100 000 Menschen 30 Jahre lang mit Trinkwasser zu versorgen!

Weltweite Verschmutzung und Verseuchung des Wassers

Nach Angaben des UN-Programms Habitat haben in einigen städtischen Regionen Afrikas bis zu 50 Prozent der Bevölkerung keinen Zugang zu sauberem Wasser und bis zu 60 Prozent keine ausreichenden sanitären Anlagen. Mangelnde Wasserversorgung und ungeklärte Abwässer sind aber nicht nur in neokolonial abhängigen Ländern ein Problem.

Die jahrzehntelange Belastung durch Pestizide, Biozide, Schwermetalle, Nitrate, Hormone, Medikamentenrückstände überfordert auch in industrialisierten Ländern die natürlichen Selbstreinigungskräfte des Wassers. **Chronische Schadstoffbelastung der Gewässer und des Trinkwassers** ist die Folge.

In Deutschland gab das Umweltbundesamt im Juli 2010 bekannt, dass inzwischen nur noch zehn Prozent der Oberflächengewässer und 63 Prozent des Grundwassers in gutem ökologischen Zustand wären.

Sehr viel schlechter sieht es in vielen Entwicklungsländern aus, wo über 70 Prozent der Industrieabwässer unbehandelt in die Flüsse geleitet werden. Das gilt bei den internationalen Monopolen sogar als Standortvorteil!

In Indien und Bangladesch wurde Mitte der 1990er Jahre in Millionen Hausbrunnen Arsen freigesetzt. Für die Weltgesundheitsorganisation WHO war das ein Verbrechen, die »größte Massenvergiftung einer Bevölkerungsgruppe in der Geschichte«. Inzwischen schädigt die Vergiftung des Trinkwassers durch Arsen schon 140 Millionen Menschen in 70 Ländern auf allen Kontinenten.

Handel und Spekulation mit Wasser

Im März 2000 fand in Den Haag das zweite Weltwasserforum statt. Es sollte nach offiziellen Erklärungen eine Konferenz der Vereinten Nationen zum Schutz der Wasserreserven sein. Hauptveranstalter waren jedoch die Weltbank, die weltweit größten Wasserkonzerne und ihre Organisation Global Water Partnership. Auch Vertreter führender Lebensmittelmonopole gehörten zu den bestimmenden Akteuren unter den 5 700 Teilnehmern. So verwundert es nicht, dass die Konferenz Wasser vor allem als »**Handelsware**« definierte.

Wasser ist eine natürliche Grundlage allen Lebens, aber das internationale Finanzkapital sieht nur die **lukrativen Anlagemöglichkeiten** und die Chancen, mit ihrem überschüssigen Kapital zu spekulieren. Wasser- und Lebensmittelmonopole eignen sich rücksichtslos die Süßwasser-Ressourcen der Welt an, um sie entweder im Handel oder an den Börsen Maximalprofit bringend zu verwerten.

Sie lockt ein Markt, auf dem »erst« zehn Prozent der weltweiten Wasserversorgung privatisiert sind. Besonders die Krise der Staatsfinanzen wird als Argument angeführt, um Modelle sogenannter Public-Private-Partnership anzupreisen oder vollständige Übernahmen der öffentlichen Wasserversorgung durch internationale Konzerne durchzusetzen. Die Deutsche Bank Research schätzt den jährlichen Investitionsbedarf der weltweiten Wasserwirtschaft auf 400 bis 500 Milliarden Euro. In ihrem »Scoring-Modell« vom 23. Februar 2010 beschreibt sie offen die menschenverachtende kapitalistische Logik.

»Für Unternehmen aus der Wasserbranche stellt sich natürlich die Frage, welche Märkte für ein Engagement besonders attraktiv sein könnten. Es geht also eher darum, wo Märkte für private Lösungen existieren und weniger um jene Länder, in denen die humanitären Probleme aufgrund von Wassermangel zwar gravierend sind, wo marktwirtschaftliche Lösungen aber derzeit noch unwahrscheinlich sind.«

Als ein Ergebnis des Weltwasserforums 2009 in Istanbul plant die türkische Regierung inzwischen, privaten Unternehmen ganze Seen und Flüsse für 49 Jahre zu überlassen.

Am 20. Dezember 2011 legte die EU-Kommission einen »Vorschlag für Richtlinien des Europäischen Parlaments und des Rates über die öffentliche Auftragsvergabe« vor, der auch die Zukunft der Wasserversorgung regeln sollte. Anlagen der bisher überwiegend kommunalen Wasserversorgung hätten nun europaweit ausgeschrieben werden müssen. Privatisierung unter beherrschendem Einfluss der internationalen Monopole wäre durchgesetzt worden. Gegen dieses Vorhaben entwickelte sich aber rasch ein europaweiter Massenprotest, der die EU-Kommission zur Rücknahme der Richtlinien zwang.

2003 war mehr als die Hälfte des privatisierten Wassermarkts im Wesentlichen auf drei Monopole aufgeteilt: Suez mit seiner Tochterfirma ONDEO (120 Millionen Kunden), Veolia (100 Millionen Kunden) und RWE nach dem Kauf von Thames Water und American Water Groups (70 Millionen Kunden). Politische Rückendeckung und direkte Hilfe bei der Einverleibung der nationalen Wasserversorgungen leisten die Weltbank, der IWF und die Welthandelsorganisation WTO. 2008 gründeten Nestlé, Coca Cola und andere Unternehmen unter Federführung der Weltbank die »2030 Water Resources Group«.

Die GATS-Bestimmungen[48] öffnen internationalen Wassermonopolen den Zugang zur öffentlichen Wasserversorgung in den WTO-Ländern, den Handel und die Spekulation mit Wasser. Demagogisch wird dies oft mit ökologischem Anstrich versehen und als »*Verbesserung der Versorgung mit sauberem Trinkwasser*« und »*Anreiz zum Wassersparen*« verkauft. Tatsächlich aber kann die breite Masse der Bevölkerung in manchen Ländern die von den Monopolen diktierten Preise für Wasser gar nicht mehr bezahlen. Dadurch verschärft sich der weltweite Mangel an Trinkwasser.

1998 gewährte die Weltbank der bolivianischen Regierung einen Kredit von 25 Millionen US-Dollar für die Refinanzierung der Wasserwerke nur unter der Bedingung, dass sie an ein privates Unternehmen verkauft. Die Kosten einschließlich der geplanten Gewinne sollten auf die Privathaushalte umgelegt werden. Das Unternehmen Bechtel erhöhte die Wasserpreise sofort um bis zu 200 Prozent. In dem berühmten Wasseraufstand von Cochabamba setzte sich die Bevölkerung 2001 gegen Privatisierung und Preiserhöhungen durch. Sie zwang das Parlament, die Verträge mit den internationalen Wassermonopolen zu annullieren.

Seit der Neuorganisation der internationalen Produktion und der zunehmenden Privatisierung der öffentlichen Wasserversorgung stieg der weltweite Handel mit Trinkwasser sprunghaft an. Wurden 1990 noch 7,5 Milliarden Liter Trinkwasser in Flaschen verkauft, so explodierte dieser Handel regelrecht auf 22,3 Milliarden Liter im Jahr 2000.

Mit ihrer extensiven Vermarktung von Wasser haben die internationalen Monopole – zusätzlich zur massiven Entnahme von Wasser für Produktion und Energieerzeugung oder

---

[48] GATS = Allgemeines Abkommen über den Handel mit Dienstleistungen (General Agreement on Trade in Services) der Welthandelsorganisation (WTO)

zur Kühlung von Kraftwerken – eine neue Stufe der Ausplünderung der Wasserressourcen eingeleitet. In manchen Ländern kam es bereits zum allgemeinen Absinken des Grundwasserspiegels und zum Austrocknen natürlicher Wasserspeicher.

Die Verfügung über Wasserressourcen wird auch zum **Faktor der Machtpolitik**. Sie kann als Mittel der Unterdrückung eingesetzt werden und gefährliche Auswirkungen auf die Entwicklung zwischenimperialistischer Widersprüche haben.

Auswirkungen der globalen Umweltkrise

Die Erwärmung des Weltklimas hat weitreichende Folgen für die natürlichen Wasserkreisläufe, für die Wasserressourcen und -speicher: Anstieg des Gehalts von Wasserdampf in der Atmosphäre, Änderung der Häufigkeit und der Extreme regionaler Niederschläge, Rückgang natürlicher Wasserspeicher wie Schneeflächen und Gletscher, Änderungen der Bodenfeuchte sowie der Fähigkeit zur Aufnahme und Speicherung von Wasser, Austrocknung von Oberflächengewässern oder auch gigantische Überschwemmungen usw.

Die Abholzung tropischer Regenwälder, das Austrocknen natürlicher Feuchtgebiete, die Kanalisierung von Flussläufen und die wachsende Versiegelung von Böden verhindern zunehmend, dass die natürlichen Wasserspeicher regelmäßig wieder aufgefüllt werden.

Eine Untersuchung des Potsdam-Instituts für Klimafolgenforschung kam 2013 zu dem Schluss, dass die Wasserversorgung für etwa 500 bis 700 Millionen Menschen allein infolge der zu erwartenden Erderwärmung bedroht ist.

C.12. Überausbeutung der Arbeitskraft und Zerstörung der natürlichen Lebensgrundlagen

Wie alle lebenden Organismen hat auch der Mensch die Fähigkeit der Selbstregulierung. Er kann sich besser als Tiere äußeren Bedingungen anpassen, besitzt aber vor allem die Fähigkeit, durch seine Arbeit seine natürliche Umwelt aktiv zu verändern. Friedrich Engels charakterisierte die Arbeit als »*die erste Grundbedingung alles menschlichen Lebens, und zwar in einem solchen Grade, daß wir in gewissem Sinn sagen müssen: Sie hat den Menschen selbst geschaffen.*« (Marx/Engels, Werke, Bd. 20, S. 444)

Die kapitalistische Ausbeutung führt jedoch zur Entfremdung des Menschen von seiner Arbeit und von der Natur.

Die allgemeine Krisenhaftigkeit des imperialistischen Weltsystems belastet immer mehr den Stoffwechsel zwischen Mensch und Natur und **überfordert** zunehmend **die physische und psychische Selbstregulierung** des Menschen.

Die Überschreitung der physischen Grenzen der Arbeitskraft

Die Anspannung der menschlichen Kräfte bei der Arbeit kann nicht beliebig ausgedehnt werden, sie muss in der Regel binnen 24 Stunden zum Ausgangs- oder Ruhepunkt zurückkehren können. Bereits 1984 forderten die Wissenschaftler Winfried Hacker und Peter Richter, dass der Abbau der Erregung nicht nur über einen Tag hinweg möglich sein muss, sondern auch über das gesamte Leben der Arbeiter. Dennoch steigern die internationalen Monopole ständig die Intensität der Arbeit und dehnen die Arbeitszeit aus.

In Deutschland stiegen die durchschnittlichen wöchentlichen Arbeitszeiten der Arbeiter zwischen 2003 und 2008 von 39,6 auf 41,2 Stunden. Zwischen 2001 und 2011 wuchs die Zahl der Beschäftigten mit einer Arbeitswoche von über 48 Stunden um 23 Prozent: von 1,56 Millionen auf 1,92 Millionen. In den 28 Ländern der EU lag die durchschnittliche Wochenarbeitszeit 2012 bei 39,6 Stunden, während tariflich 38,1 Stunden vereinbart waren.

Die Fachzeitschrift »SLEEP« berichtete 2010, dass bei Arbeitern mit langen Schichten und kurzen Schlafzeiten Herz- und Hirninfarkte sowie Diabetes zunehmen. Erkrankungen psychischer und vegetativer Art, des Muskel- und Knochenapparats, der Verdauungsorgane, Schlafstörungen und Immunschwäche steigen vor allem bei mehr als 40 Wochenstunden sprunghaft an.

Wie zerstörerisch sich das Diktat der internationalen Übermonopole auf die Arbeiter und ihre Familien auswirkt, zeigten schlaglichtartig die Produktionsstätten des taiwanesischen Konzerns Foxconn in der Volksrepublik China. 1,2 Millionen Arbeiterinnen und Arbeiter stellen dort jährlich 40 Prozent der weltweit verkauften Unterhaltungselektronik her. Die englische Zeitung »Mail on Sunday« berichtete im Jahr 2006: Täglich werden 12 bis 15 Stunden gearbeitet. Die Zeiten für einen Gang zur Toilette sind festgelegt, am Arbeitsplatz herrscht Sprechverbot. Das Verlassen des Fabrik- und Wohngeländes ist nur mit Sondergenehmigung erlaubt. Als sich 2010 Selbsttötungen unter den Beschäftigten häuften, fand Foxconn eine zynische Lösung: Das Unternehmen verpflichtete die Arbeiter, sich nicht umzubringen.

Der Deutsche Bundestag verabschiedete 1994 ein neues Arbeitszeitgesetz. Gleich eingangs ist dort zu lesen:
»Zweck des Gesetzes ist es, ... die Sicherheit und den Gesundheitsschutz der Arbeitnehmer ... bei der Arbeitszeitgestaltung

zu gewährleisten und die **Rahmenbedingungen für flexible Arbeitszeiten zu verbessern**«. (Hervorhebung Verf.)

Die Flexibilität hatte vor allem die optimale Auslastung der kapitalintensiven internationalisierten Industrieproduktion zum Ziel. Zudem schaffte dieses Gesetz das seit über 100 Jahren bestehende Verbot der Nachtarbeit für Frauen ab und erweiterte allgemein die Möglichkeiten von Nacht- und Schichtarbeit. Zusätzliche Pausenansprüche der Frauen wurden gekürzt, ihr Renteneintrittsalter wurde dem der Männer angeglichen. Eine derartige »Gleichstellung« bringt den Frauen keine neuen Rechte, sondern verschärft in Wirklichkeit die doppelte Ausbeutung und Unterdrückung der Masse der Frauen.

Die Anzahl der Werktätigen mit Schichtarbeit wuchs infolge vermehrter Flexibilität von 2001 bis 2011 von 4,8 Millionen auf rund sechs Millionen und die Zahl der am Wochenende Beschäftigten von 6,7 Millionen auf fast 9 Millionen.

Die Ausdehnung und extreme **Flexibilisierung** der Arbeitszeit stellt die Familien und insbesondere die **Frauen** vor **undurchführbare Aufgaben**.

Gravierende Probleme treten auf, wenn Arbeit in die Nacht verlegt und so der natürliche Schlaf-Wach-Rhythmus des Menschen missachtet wird. Erholung durch ausreichend Nachtschlaf ist für die Erhaltung der Gesundheit unerlässlich. Verkürzung des Schlafs oder Verlegung in den Tag schwächen den menschlichen Organismus. Vor allem in Verbindung mit verschärfter Ausbeutung, Mobbing und politischen Repressalien in den Betrieben können sich **psychische und physische Erkrankungen** entwickeln. Ungeachtet dessen mussten 2011 in Deutschland 3,3 Millionen Arbeiter und Angestellte regelmäßig oder gelegentlich nachts arbeiten.

Zahlreiche Wissenschaftler haben auf die krebsfördernde Wirkung der **Nachtarbeit** verwiesen. Vermehrte Aufnahme krebserzeugender Giftstoffe und Schwächung des Immunsystems durch Stresshormone wurden als Gründe genannt. Eine Untersuchung von 14 000 Nachtschichtarbeitern in Japan ergab ein dreifach erhöhtes Risiko für Prostatakrebs. Bei Frauen steigt das Brustkrebsrisiko bei regelmäßiger Nacht- und Wechselschicht um bis zu 70 Prozent. Aufgrund derartiger Erkenntnisse stufte die Internationale Agentur für Krebsforschung der Weltgesundheitsorganisation WHO wechselnde Schichten mit Nachtarbeit als »*wahrscheinlich krebserregend*« ein – nicht anders als Bleifarbe, UV-Strahlung oder PCB.

Übermäßige Ausdehnung der Arbeitszeit und regelmäßige Schicht- und Nachtarbeit widersprechen den biologischen Gesetzmäßigkeiten der menschlichen Natur und den gesellschaftlichen Erfordernissen. Schwere gesundheitliche und soziale Störungen bei arbeitenden Menschen sind die Folge – eine chronische Erscheinung im Kapitalismus.

Gegenstück der Überausbeutung ist das **wachsende Heer der Arbeitslosen und Unterbeschäftigten**. Arbeitslose sind noch häufiger von psychischen Erkrankungen betroffen als Arbeitende.

Die Schädigung physischer und psychischer Gesundheit

Die **Lebenserwartung** ist in den meisten entwickelten Ländern während der letzten 20 Jahre weiter angestiegen – bedingt durch verbesserte Ernährung, Hygiene und medizinischen Fortschritt. Sie liegt in Deutschland inzwischen für Männer bei 78 und für Frauen bei 83 Jahren. Gleichzeitig sind jedoch aktuelle Trends in den Gesundheitsdaten alarmierend.

In neokolonial abhängigen Ländern, vor allem Afrikas und Asiens, haben imperialistische Ausplünderung, Kriege und Umweltzerstörung zum Absinken der Lebenserwartung geführt. Hunger und Unterernährung breiten sich weiter aus. **Massenkrankheiten** wie Aids, Malaria und Tuberkulose sowie die Preispolitik der Pharma-Weltkonzerne fordern Jahr für Jahr Millionen Todesopfer. Fehlende oder zunehmend eingeschränkte öffentliche Gesundheitsversorgung trägt entscheidend dazu bei. Zahlen der WHO zeigen, dass 2011 die durchschnittliche Lebenserwartung in vielen afrikanischen Ländern unter 60 Jahren lag.

Auch in den imperialistischen Ländern verschlechtert sich die gesundheitliche Situation. Das geht besonders auf Verarmung, Arbeitslosigkeit, Abbau sozialer Reformen oder auf Dauerstress im Beruf zurück. Arbeiter in Deutschland haben eine geringere Lebenserwartung als Angehörige des Bürger- oder Kleinbürgertums. Der Datenreport 2013 des Statistischen Bundesamts stellt fest: Arme sterben auch deshalb früher, weil ihr Gesundheitszustand häufig schlechter ist als der von Gutverdienenden. So beträgt der Unterschied in der Lebenserwartung bei Männern mit hohem und niedrigem Verdienst fast elf, bei Frauen acht Jahre.

Nach Berichten der WHO sterben jährlich zwei Millionen Menschen durch giftige **Feinststäube**, die sie aus der Luft aufnehmen. Der von der WHO empfohlene Grenzwert des Feinststaubs von 20 Mikrogramm pro Kubikmeter Luft wurde im Jahr 2008 im Weltdurchschnitt mit 71 Mikrogramm um das Dreieinhalbfache überschritten. Jeder Zuwachs an Feinststaubbelastung um 10 Mikrogramm je Kubikmeter Luft erhöht das Risiko eines Herz-Kreislauf-Tods um 1,6 Prozent.

Elektromagnetische Felder sind auf der Erde von Natur aus vorhanden. Sie gehören zu den natürlichen Einflüssen auf die Tätigkeit aller Zellen, des Herzens und Gehirns der Menschen und Tiere. Doch die seit Anfang der 1990er Jahre sprunghaft anwachsende **elektromagnetische Strahlung des Mobilfunks** stört diese natürlichen Felder massiv.

Das lässt befürchten, dass nicht nur einzelne Zellen, sondern auch der Gehirnstoffwechsel und die Gehirnfunktionen beeinträchtigt werden. Grenzwerte der Belastung durch Funkstrahlung wurden unter dem Druck der Mobilfunk-Weltkonzerne festgelegt; sie berücksichtigen keineswegs vollständig die schädlichen Wirkungen, die besonders Kinder und Jugendliche treffen.

Zerstörerische Wirkung auf Blutkreislauf und Gehirnstoffwechsel haben auch die elektrischen Felder in der Nähe von **Hochspannungstrassen**. Mindestens 14 wissenschaftliche Studien stellten eine erhöhte Zahl von Alzheimer-Erkrankungen bei Menschen fest, die in der Nähe von Hochspannungsleitungen gearbeitet hatten. Ebenso ist belegt, dass Kinder, die näher als 200 Meter an solchen Stromtrassen wohnen, vermehrt an Leukämie erkranken. Dessen ungeachtet und gegen massiven Widerstand vieler Bürgerinitiativen plant die Bundesregierung den Bau von 3 800 Kilometern neuer Stromtrassen quer durch Deutschland und zum Teil durch dicht besiedelte Gebiete.

Krebserkrankungen nehmen weltweit bedenklich zu. Nach Angaben der WHO starben 2012 acht Prozent mehr Menschen an Krebs als 2008, weltweit 8,2 Millionen. In Deutschland erhöhte sich die Zahl der Neuerkrankungen von 1980 bis 2006 um 35 Prozent, die der Sterbefälle um 80 Prozent – trotz verbesserter Vorsorge und Therapie.

21 international renommierte Krebsforscher des Globalen Netzwerks des World Cancer Research Fund bestätigten die umweltbedingten Ursachen von Krebserkrankungen in ihrem zweiten Report vom Januar 2007: Die genetisch bedingten Krebsfälle liegen bei etwa fünf Prozent, **90 Prozent aller Krebserkrankungen werden durch Umwelteinflüsse verursacht**.

In den letzten Jahren haben die krank machenden Veränderungen der Umwelt und der Gesellschaft in zahlreichen Ländern zu einer **epidemieartigen Zunahme psychischer Krankheiten** geführt. Vor allem **Depressionen** und Erschöpfungszustände, aber auch Angstzustände, Persönlichkeitsstörungen und Suchtkrankheiten belasten immer mehr Menschen. Die Krisenhaftigkeit des kapitalistischen Systems bildet die materielle Grundlage, auf der Umweltvergiftung, Dauerstress, Überausbeutung und soziale Unsicherheit Ängste auslösen. Das **System der kleinbürgerlichen Denkweise** verstärkt mit seinem Negativismus, Skeptizismus und modernen Antikommunismus die Perspektivlosigkeit vieler Menschen. Sie werden unfähig, sich gegen depressive Gefühle allgemeiner Ohnmacht oder Wertlosigkeit zu wehren.

Verhaltensstörungen **bei Kindern und Jugendlichen** nehmen stark zu. Bei mehr als jedem fünften Kind oder Jugendlichen in Deutschland finden sich Hinweise auf eine **psychische Auffälligkeit**. Zu den komplexen Ursachen gehören Umweltgifte, Stress und Mobbing, Bewegungsarmut, elende Lebensverhältnisse und Fehlernährung, übermäßiger Medienkonsum. Die vereinfachende Summierung all dieser Probleme unter der Diagnose »Aufmerksamkeits-Defizit- und Hyperaktivitäts-Syndrom« (ADHS) ist allerdings höchst fragwürdig – und noch mehr die zunehmende Behandlung mit dem Medikament Ritalin.

Eine wichtige Rolle bei der Zunahme psychischer und physischer Krankheiten spielen **neurotoxische Umweltgifte**, etwa Dioxine, PCB oder Schwermetalle. Sie schädigen das Nervengewebe, stören den Stoffwechsel im Gehirn, die Funktionen der Botenstoffe. Psychische Erkrankungen sind dann oft die Folge.

Die Fülle von Chemikalien in der Umwelt, von Medikamenten und krank machendem Stress überreizt zunehmend das menschliche Immunsystem. Das führt zu einer allgemeinen **Schwächung der Immunfunktionen**. In Deutschland ist schon fast jeder Zweite von **Allergien** betroffen. Die chronische Volksvergiftung ist eine Konsequenz der globalen Umweltkrise. Sie ist mitverantwortlich für die Entstehung neuer Krankheiten. Am Fibromyalgiesyndrom, am Chronischen Müdigkeitssyndrom (CFS) oder an Multipler Chemikalienunverträglichkeit (MCS) leiden weltweit Millionen Menschen.

Die internationalen Chemie- und Agrarmonopole setzen mehr und mehr **Gentechnologie in der Landwirtschaft** ein – allein aus ihrem kurzfristigen Interesse an Maximalprofiten. Weltanschaulich liegt diesem Vorgehen die metaphysische Vorstellung von der Unveränderbarkeit des genetischen Codes zugrunde. Die Genforscher im Auftrag der Monopole nehmen an, sie könnten einzelne Gene manipulieren, ohne störend in das Gesamtsystem der Wechselbeziehungen zwischen den Genen einzugreifen. Langfristige Auswirkungen nicht nur auf die Gesundheit von Menschen und Tieren, sondern auf das gesamte Ökosystem vernachlässigen sie. Das ist unverantwortlich, denn die willkürlichen Veränderungen der Gene können, wenn die genmanipulierten Pflanzen und Tiere einmal in die Natur entlassen sind, unvorhersehbare Folgen haben.

Alle Prozesse in lebenden Organismen der Biosphäre sind mit Funktionen der unzähligen Eiweißmoleküle verbunden: Vererbung und Anpassung, Information und Regulation, Neubildung, Alterung und Tod. Neue wissenschaftliche Erkenntnisse bestätigen: Eiweiße können sich nicht nur umstrukturieren, vermehren oder krankhaft verändern, sie können auch die Gene regulieren. Bei der Alzheimer- und Parkinson-Krankheit sammeln sich krankhafte Eiweiße im Gehirn, lassen Nervenzellen absterben oder beschädigen deren gegenseitige Vernetzung.

Mit der BSE-Seuche trat 1987 die **Degenerierung von Eiweißen** erstmals im Massenumfang auf. Durch Verfüttern verseuchten Tiermehls gelangten deformierte Eiweiße (Prionen) in Rinder, breiteten sich in deren Nervengewebe aus und verursachten eine tödliche Erkrankung. Eine Übertragung der deformierten Eiweiße und der Nervenkrankheit auf andere Tiere und auf Menschen ist grundsätzlich möglich.

Vor allem in industrialisierten Ländern wird die zunehmende **Unfruchtbarkeit** der Menschen zum Problem. Bereits 1992 wurde nachgewiesen, dass die durchschnittliche Menge der Spermien innerhalb von 50 Jahren von 113 auf 66 Millionen pro Milliliter Sperma abgesunken ist; Hoden-Tumore haben um das Zwei- bis Vierfache zugenommen.

Neben Schwermetallen, Funkstrahlen, Feinstaub, ungesunden Lebensmitteln und Stress können **endokrine Substanzen** in Nahrungsmitteln die Unfruchtbarkeit auslösen. Diese Umweltgifte wirken ähnlich wie Hormone, sie werden als »Weichmacher« für Kunststoffe vor allem in Verpackungen verwendet, zuweilen sogar direkt den Lebensmitteln beigemischt. Schon Säuglinge nehmen sie über Muttermilch und Plastikspielzeuge auf, dann schädigen sie die psychomotorische Entwicklung der Kinder. Endokrin wirkende Umweltgifte gelten auch als eine Ursache des beschleunigten Artensterbens.

Tendenzielle Zerstörung der Ernährungsgrundlagen der Menschheit

Die auf Maximalprofit ausgerichtete kapitalistische Produktion bedroht zunehmend die Ernährungsgrundlagen der Menschheit. Jedes Jahr sterben 6,2 Millionen Kinder an Unterernährung – das sind zwölf verhungerte Kinder jede Minute! Dagegen leiden 1,4 Milliarden Menschen vor allem in den imperialistischen Ländern an krank machendem Übergewicht. »Hungerhilfskampagnen« für die einen, Diät- und Fitnessprogramme für die anderen machen daraus ein Riesengeschäft und orientieren auf den individuellen Ausweg.

Die Agrar- und Lebensmittelkonzerne verführen die Massen, immer mehr industriell gefertigte, minderwertige und chemisch belastete Lebensmittel zu verbrauchen. Sie nötigen ihnen eine zunehmend **denaturierte Ernährungsweise** auf, die Gesundheit und Umwelt schädigt.

2011 litt mehr als eine Milliarde Menschen an **Unterversorgung mit Eiweiß, Kohlehydraten, Fett, Vitaminen oder Mineralstoffen**. Die Energie, die die heutigen industrialisierten Nahrungsmittel liefern, stammt zu fast 56 Prozent aus raffiniertem Zucker, Weißmehl und Pflanzenölen. Solche Waren sind länger haltbar und für den internationalen Handel besonders lukrativ. Aber sie enthalten kaum Proteine, Vitamine und Mineralien. Bedenkenlose Beigabe fragwürdiger Zusatzstoffe fördert zunehmend Unverträglichkeiten und Allergien.

Auf der Basis der Ernährungsgewohnheiten im Kapitalismus und der kapitalistisch organisierten Landwirtschaft weitet sich der **übermäßige Fleischkonsum** immer mehr aus. Er ist zu einem wichtigen Faktor der Deformation der Ökosysteme geworden und belastet zunehmend die Gesundheit der Menschen. Zur Produktion eines Kilogramms Fleisch muss etwa das Zehnfache an Kraftfutter aus pflanzlicher Produktion aufgewendet werden.

Nahrungsmittel aus der Massentierhaltung in Ställen oder Aquakulturen tragen zu chronischen Entzündungen, Rheuma und Krebs bei, denn sie enthalten nur wenig Omega-3-Fettsäuren. Fleisch aus der Massentierhaltung ist zudem mit **Antibiotika** belastet. Das förderte wesentlich die Herausbildung gefährlicher Krankheitskeime, die gegen nahezu alle Antibiotika resistent sind.

Allein in Deutschland infizieren sich jedes Jahr bis zu eine Million Patienten in Krankenhäusern mit multiresistenten Keimen; etwa 30 000 Männer, Frauen und Kinder sterben aufgrund solcher Infektionen.

Für ihren Maximalprofit setzt die Tabakindustrie bewusst **Kanzerogene**[49] ein, um Raucher süchtig zu machen, sie als Kunden zu behalten. Aber auch Pharma-, Agrar- und Lebensmittelmonopole kennen keine Rücksicht. So wird in den USA das synthetische Wachstumshormon rBGH zur Steigerung der Milchleistung von Kühen verwendet, obwohl bekannt ist, dass beim Verzehr der belasteten Milchprodukte menschliche Krebszellen stimuliert werden können.

Die modernen Wissenschaften haben der Menschheit zweifellos enorme Errungenschaften gebracht. In den Erfahrungen der Massen mit Gesundheit und Krankheit und in der wissenschaftlichen Medizin ist viel Wissen über Vorsorge sowie über Diagnostik und Therapie zusammengefasst. Ein persönlich verantwortlicher Umgang mit Ernährung und Gesundheit ist unbedingt notwendig. Es ist erfreulich, dass das Bewusstsein darüber unter den Massen wächst. Doch unter der Herrschaft des internationalen Finanzkapitals bleiben diese Fortschritte weitgehend machtlos gegen die Wirkungen der Überausbeutung der menschlichen Arbeitskraft, gegen die chronische Krise der bürgerlichen Familienordnung und gegen die umweltbedingte Überbelastung der Menschen.

Ein neuer hauptsächlicher Widerspruch im imperialistischen Weltsystem

Die beschleunigte Entwicklung sämtlicher Hauptmerkmale und weiterer Faktoren der Umweltkrise stellt schleichend **alle Lebensprozesse und das Leben aller Menschen infrage**.

---

[49] Kanzerogene: Krebs erzeugende Stoffe

Der Prozess des Umschlagens der globalen **Umweltkrise in eine globale Umweltkatastrophe** ist in eine **neue Phase** getreten. Die Menschheit befindet sich längst nicht mehr am Beginn eines qualitativen Sprungs, sondern bereits **mitten in dem selbstzerstörerischen Prozess der allseitigen Auflösung der Einheit von Mensch und Natur.** Die Welt treibt beschleunigt auf eine globale Umweltkatastrophe zu. Nach aktuellem Kenntnisstand irreversible Schäden setzen die Menschheit bereits heute dauerhaften, zum Teil existenziellen Gefährdungen aus und bürden künftigen Generationen schwere Hypotheken auf.

*»Mit der Bedrohung der Menschheit durch eine globale Umweltkatastrophe entstand ein neuer hauptsächlicher Widerspruch im imperialistischen Weltsystem: der **Widerspruch zwischen der kapitalistischen Produktionsweise und den natürlichen Lebensgrundlagen der Menschheit.**«* (»Morgenröte der internationalen sozialistischen Revolution«, S. 206)

Das allein herrschende internationale Finanzkapital ist weder willens noch in der Lage, die tatsächliche Bedrohung allen menschlichen Lebens allseitig zu erfassen und die katastrophale Entwicklung umzukehren.

Doch die Massen wollen nicht in einer globalen Umweltkatastrophe untergehen. Sie werden sich dagegen zur Wehr setzen und früher oder später ihren aktiven Kampf aufnehmen.

IV. Klassenkampf und Kampf zur Rettung der natürlichen Umwelt

1. Imperialistischer Ökologismus und imperialistische Umweltpolitik

Mit der Entfaltung der globalen Umweltkrise Ende der 1960er/Anfang der 1970er Jahre mussten auch die herrschenden Monopole erkennen, dass die Umweltzerstörung zunahm und begann, negativ nicht nur auf ihre kapitalistische Produktion zurückzuwirken, sondern die gesamte gesellschaftliche Entwicklung zu beeinträchtigen. Die Imperialisten erkannten die Gefahr, sich angesichts der aufkommenden Umweltbewegung politisch zu isolieren, sie sahen sich zum Reagieren gezwungen.

Imperialistischer Ökologismus als neue Ideologie und Politik

1968 gründete sich der »Club of Rome«, initiiert von Aurelio Peccei, Vorstandsmitglied der beiden italienischen Welt-Konzerne Fiat und Olivetti, von Alexander King, Generaldirektor der OECD, sowie einigen namhaften Wissenschaftlern. Die Vereinigung beschrieb sich selbst als eine »*Denkfabrik und ein Zentrum für Forschung und Handeln, für Innovation und Initiativen*«. Als Ziel gab sie an, »*sich für eine lebenswerte und nachhaltige Zukunft der Menschheit einzusetzen.*«

Auf Initiative des »Club of Rome« und finanziert von der Stiftung Volkswagenwerk erschien 1972 die viel beachtete Studie »Limits to Growth« (»Die Grenzen des Wachstums«). Darin kam eine Gruppe 17 engagierter Wissenschaftler um Dr. Donella H. Meadows und ihren Mann, Dr. Dennis L. Meadows, zu dem Ergebnis: Es droht ein katastrophaler Rückgang der Weltbevölkerung und ihres Lebensstandards in den nächsten 50 bis 100 Jahren. Mit seiner alarmierenden Studie wandte sich der »Club of Rome« an die Weltöffentlichkeit, um die Illusion zu verbreiten, eine Rettung der Umwelt sei allein durch ein Umdenken in der Gesellschaft möglich.

»Wir sind überzeugt, dass eine klare Vorstellung über die quantitativen Grenzen unseres Lebensraums und die tragischen Konsequenzen unseres Überschießens seiner Belastbarkeit dafür wesentlich ist, neue Denkgewohnheiten zu entwickeln, die zu einer grundsätzlichen Änderung menschlichen Verhaltens und damit auch der Gesamtstruktur der gegenwärtigen Gesellschaft führen«. (www.nachhaltigkeit.info/artikel/meadows_u_a_die_grenzen_des_wachstums_1972_1373.htm vom 31. Januar 2014)

Entsprechend verzichtete der »Club of Rome« darauf, die gesellschaftlichen Ursachen des schonungslosen Raubbaus an der Natur auch nur anzudeuten: die unermessliche Profitgier der internationalen Monopole. Viele Jahre lang prägte diese Studie die umweltpolitische Diskussion auf der ganzen Welt.

In der Folge entwickelte sich der **imperialistische Ökologismus als neue Ideologie und Politik der Imperialisten**. Imperialistischer Ökologismus ist die ökonomische, politische und weltanschauliche Antwort auf den weltweiten Widerstand der Umweltbewegung gegen die globale Umweltkrise, die sich damals entwickelte, und auf die sich verschärfende imperialistische Konkurrenz um die Ressourcen der Welt.

Unter dem positiven Begriff »Umweltschutz« fand der imperialistische Ökologismus nach und nach Eingang in die Programmatik aller bürgerlichen Parteien und Regierungen. Japan beschloss 1967 ein »Umweltbasisgesetz« als Rahmen nachfolgender Umweltschutzgesetze und richtete 1971 ein staatliches Umweltamt ein. Die USA verabschiedeten 1969 ein umfassendes Naturschutzgesetz (»National Environmental Policy Act«) und richteten 1970 eine Umweltbehörde ein. In der BRD wurde 1970 ein »Sofortprogramm« zum Umweltschutz und 1971 ein »Umweltprogramm« beschlossen, 1974 das Umweltbundesamt gegründet.

Die weltweite Umweltbewegung verunsicherte die Monopole und ihre Politiker. Sie hatten mit ihrer Umweltpolitik unter der Bevölkerung stark an Glaubwürdigkeit verloren und suchten nun, diese mit einer umfassenden Institutionalisierung der Umweltpolitik national und international zurückzugewinnen. Sie propagierten die Linie der **Vereinbarkeit von kapitalistischer Ökonomie und Ökologie** und werteten diese Illusion mit dem Gütesiegel der »Nachhaltigkeit« noch auf. Realisiert wurde aber nur eine zynische Reglementierung der Umweltschutzpolitik nach dem Motto: Umweltschutz nur dann, wenn die Profite des Monopolkapitals nicht darunter leiden, also weiter gesteigert werden können.

Veränderungen des imperialistischen Ökologismus

Die kapitalistische Profitwirtschaft geriet immer mehr in Widerspruch zur Einheit von Mensch und Natur. **Die Herrschenden konnten umweltpolitisch nicht mehr in der alten Weise weiterregieren**, ohne auf Dauer eine Destabilisierung ihres Herrschaftssystems zu riskieren.

Mit dem Beginn der Neuorganisation der internationalen Produktion Anfang der 1990er Jahre starteten namhafte bürgerliche Politiker eine **Offensive des imperialistischen Ökologismus**, die in dem Buch »Götterdämmerung über der ›neuen Weltordnung‹« charakterisiert wird:

»Zum internationalen Manifest des imperialistischen Ökologismus wurde das Buch des ehemaligen US-Vizepräsidenten Al Gore ›Wege zum Gleichgewicht – Ein Marshallplan für die Erde‹. ... In Deutschland wurde der ›ökologische Marshallplan‹ von Vertretern der kleinbürgerlichen Umweltbewegung freudig aufgegriffen, so zum Beispiel von Joschka Fischer, Jo Leinen und Franz Alt. In Anlehnung an Al Gore verbreiteten sie die illusionäre Forderung ... einer so genannten ›ökologischen Marktwirtschaft‹. ... (Es) sollte der Eindruck vermittelt werden, dass sich die Regierungen dieses Menschheitsproblems im Interesse des Überlebens der Menschheit annehmen würden.« (S. 467/468)

Der imperialistische Ökologismus verbrämt den kapitalistischen Konkurrenzkampf und den Neokolonialismus mit dem Deckmantel des Umweltschutzes. Die **betrügerischen Methoden des »Greenwashing«** beginnen bei der Verleihung von »Öko-« und »Bio-Siegeln« oder »ÖKOPROFIT«-Projekten[50] in den Kommunen. Sie reichen bis zu internationalen Kampagnen der Vermarktung von Müllverbrennungsanlagen als »thermische Verwertung«, der CO_2-Verpressung als »Klimaschutz«, der Einführung von Agrarsprit als »erneuerbare Energie« oder des Betriebs von Atomkraftwerken als »Brückentechnologie«. Mit der Propaganda vom »Green New Deal« oder dem »grünen Kapitalismus«, wie auf der UN-Konferenz für nachhaltige Entwicklung in Rio 2012, wird das kapitalistische Profitstreben, die wesentliche Ursache der globalen Umweltkrise, zynisch zum Motor des ökologischen Umbaus umgedeutet. »Umwelttechnologie« wird als »Wachstumsbranche der Zukunft« und profitable Kapitalanlage angepriesen.

---

[50] **Ö**kologisches **P**rojekt **F**ür **I**ntegrierte Umwelt-Technik

Die **UNO** selbst agierte seit Beginn der 1990er Jahre als Vertreterin des imperialistischen Ökologismus. Mit vier Umweltgipfeln seit 1992 und mit den seit 1995 jährlich stattfindenden **Klimakonferenzen** gibt sich das internationale Finanzkapital emsig, kritisch und ökologisch – und verhindert zielstrebig wirksame Maßnahmen gegen die Umweltzerstörung. Sogenannte »Klimaschutzprogramme« sollen mit UNO, IWF und Weltbank die imperialistische Umweltpolitik abstimmen und den Massen das Problembewusstsein der Herrschenden demonstrieren. Bevorzugt binden sie kleinbürgerliche Umweltorganisationen und NGOs[51] in diese Politik ein.

Im System der kleinbürgerlichen Denkweise bekam die **Vereinbarkeit von kapitalistischer Ökonomie und Ökologie** den Charakter einer **neuen Lebenslüge des staatsmonopolistischen Kapitalismus.**

Die Offensive des imperialistischen Ökologismus in Verbindung mit der Institutionalisierung der Umweltthematik hatte zumindest teilweise Erfolg: Die Umweltbewegung ebbte international zeitweilig ab.

Umweltschutzmaßnahmen wie die Einführung alternativer Energien verkehren sich unter der Prämisse Vereinbarkeit von kapitalistischer Ökonomie und Ökologie in ihr Gegenteil.

- Das Fernsehmagazin »Panorama« berichtete am 28. April 2011, dass die Produktion getriebeloser Windräder katastrophale Umweltzerstörungen in China hervorruft, wenn diese mit Neodym hergestellt werden, einem Metall der Seltenen Erden. Beim Herauslösen dieses wertvollen Rohstoffs aus dem Erz entstehen giftige Abfallprodukte und wird radioaktives Uran freigesetzt. In der nordchinesischen Stadt Baotou haben die Neodym-Fabriken die Umwelt verseucht. Anwoh-

---

[51] NGOs: non-governmental organizations, Nichtregierungsorganisationen

ner sind schwer erkrankt, die Krebsrate hat sich drastisch erhöht.

- Bei der Produktion von Solarzellen wird unter anderem das Treibhausgas NF_3 eingesetzt, das 10 000- bis 20 000-mal so treibhauswirksam ist wie CO_2, obwohl es für NF_3 gleichwertige Ersatzstoffe gibt.

- 2010 widmete sich die Studie »Mit Vollgas zur Zerstörung« dem Thema »Europas Biokraftstoffpläne und deren Auswirkungen auf Klima und Natur«. Welche Auswirkungen waren bis 2020 zu erwarten? Die Studie stellte fest, dass 92 Prozent der »Biokraftstoffe« aus Nahrungspflanzen gewonnen werden – Ölsamen, Palmöl, Zuckerrohr, Zuckerrüben oder Weizen. Allein dafür müssten 69 000 Quadratkilometer Wälder, Grünland und Torfflächen in Anbauflächen umgewandelt werden. Der zusätzliche Ausstoß an Treibhausgasen entspräche dem von 26 Millionen Autos. In Wahrheit geht es, wenn »Biokraftstoffe« staatlich gefördert werden, um gigantische Subventionen für Autoindustrie und Agrarmonopole.

Auch die erneuerbaren Energien werden in erster Linie gefördert, damit die Energiekonzerne weiter Maximalprofite erzielen können. Sie forcieren vor allem **zentralisierte Groß- und Megaprojekte**, die im Sinn des Umweltschutzes oftmals kontraproduktiv sind. So werden zum Beispiel Offshore-Windparks auf dem Meer gefördert, deren Strom dann wieder über neue Stromtrassen ins Land befördert werden muss, statt die alternative Energie vor allem dezentral in kleineren Einheiten zu produzieren.

Die Imperialisten wissen sehr wohl, was die Menschheit erwartet. Sie ziehen ihre Schlussfolgerungen aber nicht im Sinn einer entschiedenen Kehrtwende und schnellstmöglichen Umstellung auf regenerative Energien oder Kreislaufwirtschaft. Ihre Devise ist die **Anpassung ihres weltweiten Systems imperialisti-**

scher Profitwirtschaft und Machtpolitik an die Folgen der heraufziehenden globalen Umweltkatastrophe.

Michael Süß, Chef des Energiebereichs des Siemens-Konzerns, eines der weltgrößten Übermonopole, brachte diese Haltung am Rand des Weltenergiekongresses 2013 in Südkorea kaltschnäuzig zum Ausdruck:

> *»Das Zwei-Grad-Klimaziel ist nicht erreichbar. ... Je eher wir uns das eingestehen, desto besser. ... Rechnet man die Investitionspläne zusammen, kommt man auf eine globale Erderwärmung von 4,5 Grad Celsius bis Ende des Jahrhunderts. ... Jeder Staat versucht zunächst, seinen Wohlstand und seine Wettbewerbsfähigkeit zu sichern. So funktioniert die Welt nun einmal.«* (www.spiegel.de vom 15. Oktober 2013)

Imperialistisch-ökologistische Machtpolitik

Mit welchem Zynismus und welcher Rücksichtslosigkeit die internationalen Übermonopole und ihre imperialistischen Regierungen ihre Ziele verfolgen, geht aus einer geheimen Studie hervor, die im Oktober 2003 dem US-Kriegsministerium im Pentagon vorgelegt wurde. Die Geheimstudie hieß »Szenario einer abrupten Klimaänderung und seine Auswirkungen auf die nationale Sicherheit der Vereinigten Staaten«. Sie trug den Untertitel: »Das Undenkbare denken«. Die britische Zeitung »Observer« machte die Studie im Februar 2004 öffentlich bekannt, nachdem sie ihr zugespielt worden war. Die Studie geht davon aus, dass eine globale Klimakatastrophe die gesamte Menschheit gefährden und die menschliche Zivilisation nachhaltig zerstören würde.

> *»Es gibt deutliche Hinweise darauf, dass eine signifikante globale Erwärmung während des 21. Jahrhunderts auftreten wird. ... Bei unzureichender Vorbereitung könnte das Ergebnis ein deutlicher Rückgang der menschlichen Tragfähigkeit der*

Erdumwelt sein. ... Die moderne Zivilisation hat nie Wetterbedingungen erlebt, die so nachhaltig zerstörerisch sind wie die, die in diesem Szenario beschrieben sind.« (S. 1 und 14 – eigene Übersetzung)

Die »Zukunftsvision« der Militärstrategen ist eine Bedrohung der ganzen Menschheit. Sie interessiert allein, wie sie ihre Weltherrschaftspläne unter den veränderten Bedingungen der globalen Umweltkrise absichern und ausweiten können. Dabei setzen die US-Imperialisten anmaßend als selbstverständlich voraus, dass die natürlichen Ressourcen der Erde ihnen gehören. Kaltschnäuzig prognostizieren sie:

»Die Menschheit würde ständige Kämpfe um knapper werdende Ressourcen wieder zur Regel machen und die Ressourcen würden durch die Kämpfe selbst weiter verringert über die klimatischen Auswirkungen hinaus.« (ebenda, S. 16)

Die Militärstrategen entwerfen **strategische Planspiele**, die erkennen lassen, mit welcher Bestialität der Imperialismus auf die globale Umweltkatastrophe reagieren könnte.

1. Völlige Abschottung des Lands gegen (ver)hungernde Flüchtlinge:

   »Die Grenzen im ganzen Land werden verstärkt, um unerwünschte, hungernde Einwanderer aus der Karibik (ein besonders schwerwiegendes Problem), Mexiko und Südamerika zurückzuhalten.« (ebenda, S. 18)

2. Benachbarten Völkern werden die Trinkwasserreserven entzogen:

   »Die Spannungen zwischen den USA und Mexiko steigen, weil die USA den Vertrag von 1944 brechen, der das Fließen des Wassers des Colorado-Flusses garantiert.« (ebenda, S. 18)

3. Der US-Imperialismus mischt sich überall auf der Welt ein, um seine Herrschaft über die Energie-, Wasser- und Nah-

rungsquellen zu sichern und den aktiven Widerstand der Massen gegen die Umweltkatastrophe niederzuhalten:

»*Das hartnäckige Problem, dem das Land sich gegenübersieht, besteht darin, die wachsenden militärischen Spannungen auf der ganzen Welt zu dämpfen. Während Hunger, Krankheiten und wetterbedingte Katastrophen aufgrund der abrupten Klimaänderungen zuschlagen, werden die Bedürfnisse vieler Länder die Tragfähigkeit überfordern. Dadurch entsteht ein Gefühl der Verzweiflung, das wahrscheinlich zu offensiver Aggression führen wird*«. (ebenda, S. 18)

4. Dazu werden der Ausbau der Atomenergie, die Ausbreitung der Atomwaffen und ein atomarer Weltkrieg ins Auge gefasst:

»*In dieser Welt der kriegführenden Staaten ist die Verbreitung von nuklearen Waffen unvermeidlich. ... Mit der Verknappung der Energieversorgung – und der wachsenden Notwendigkeit des Zugangs dazu – wird die Kernenergie eine entscheidende Energiequelle werden und dies wird die Verbreitung von Kernwaffen beschleunigen*«. (ebenda, S. 19)

Diese Pentagon-Studie ist nur ein »Planspiel«. Doch sie wirft ein Schlaglicht darauf, mit welch eiskalter Denkweise die Imperialisten ihr »ökologisches« Krisenmanagement konzipieren – selbst angesichts der heraufziehenden Weltklimakatastrophe.

Eine Lösung der Umweltkatastrophe sieht der imperialistische Ökologismus der USA zynisch sogar darin, dass die Bevölkerung durch Krieg, Hunger und Krankheiten reduziert wird:

»*Weil eine abrupte Klimaveränderung die Tragfähigkeit der Welt reduziert, werden Angriffskriege wegen Nahrung, Wasser und Energie wahrscheinlich geführt werden. Todesfälle durch*

Krieg sowie Hunger und Krankheit werden die Bevölkerungszahl verkleinern, was mit der Zeit zu einem neuen Gleichgewicht mit der Tragfähigkeit führen wird.« (ebenda, S. 15)

Selbst vor der systematischen Reduzierung der Weltbevölkerung durch vernichtende Kriege schrecken diese Imperialisten offensichtlich nicht zurück.

2012 erschien eine aktualisierte Studie der Bundeswehr: »Streitkräfte, Fähigkeiten und Technologien im 21. Jahrhundert – Umweltdimensionen von Sicherheit«. Sie legt mögliche Folgen eines »Tipping Points« (Kipppunkts) dar, eines Wendepunkts der gesellschaftlichen Entwicklung infolge einer drastischen Ölverknappung nach dem »Peak Oil«[52]:

»Mittelfristig bräche das globale Wirtschaftssystem und jede marktwirtschaftlich organisierte Volkswirtschaft zusammen. ... extremer Anstieg der Arbeitslosigkeit ... Staatsbankrotte ... Hungersnöte«. (S. 57–59)

Da Öl heute noch unverzichtbar ist für die Energieversorgung und die Profitwirtschaft der imperialistischen Länder, soll die Ölversorgung mit allen Mitteln gesichert werden.

»Daher gewinnt infolge des Peak Oil zur Vermeidung weiterer, möglicherweise systemkritischer Erschütterungen die Sicherung kritischer Energieinfrastrukturen an Bedeutung. ... Hochseefähige Marinekräfte für Geleit- und Schutzaufgaben könnten als Notfallvorsorge zur Offenhaltung internationaler Seewege erheblich an Bedeutung gewinnen.« (ebenda, S. 79)

Imperialismus bedeutet Krieg! In Zeiten der fundamentalen Krise der Einheit von Mensch und Natur erscheint das alte imperialistische Machtstreben im neuen Gewand des imperialistischen Ökologismus.

---

[52] Zeitpunkt des globalen Maximums der Ölförderung

2. Kleinbürgerliche Umweltbewegung und kleinbürgerlicher Ökologismus

Als Mitte der 1970er Jahre die BRD-Wirtschaft von der Aufschwungsphase in die Schwankende Stagnation überging, nahmen die Herrschenden ihre ohnehin kläglichen umweltpolitischen Maßnahmen in zentralen Teilen wieder zurück. Mit dem Argument, Unabhängigkeit vom Erdöl erreichen zu wollen, beschleunigten sie den Ausbau der Kernenergie.

Die traditionellen bürgerlichen Natur- und Umweltschutzverbände verhielten sich zunächst weitgehend passiv. Der marxistisch-leninistische Parteiaufbau befand sich damals noch im Anfangsstadium und befasste sich nur am Rand mit der Umweltfrage. In der Arbeiterbewegung hatte die kleinbürgerlich-reformistische Denkweise noch Masseneinfluss. So entstand eine **spontane, kleinbürgerlich geprägte Umweltbewegung in Westdeutschland**. Doch mit der Zeit wurde sie zu einer der stärksten der Welt, leistete wichtige Beiträge zur Herausbildung eines kritischen Umweltbewusstseins der Massen und konnte in einzelnen Fragen Erfolge erkämpfen.

Mit der Entwicklung der globalen Umweltkrise und der Neuorganisation der internationalen Produktion in den 1990er Jahren wurde auch die **internationale Umweltbewegung** stärker. Das Bewusstsein setzte sich durch, dass die Umweltkrise und alle ihre **existenziellen Bedrohungen der Menschheit internationalen Charakter haben**.

Umweltkämpfe breiteten sich weltweit aus. In nahezu allen Ländern entstanden Umweltorganisationen und kam es zu kämpferischen Aktionen und Massenkämpfen.

Die kleinbürgerliche Umweltbewegung der 1970er und 1980er Jahre und ihr Niedergang

1895 wurde in Wien die erste Gruppe der **Naturfreunde** gegründet. Die Naturfreunde wurden ein wichtiger Teil der Arbeiterbewegung. Georg Schmiedl formulierte als Ziele:

»*Wir wollen vor allem die Arbeiter losreißen von den Stätten des Alkohols, vom Würfel- und Kartenspiel. Wir wollen sie aus der Enge der Wohnungen, aus dem Dunst der Fabriken und Wirtshäuser hinausleiten in unsere herrliche Natur*«. (zitiert nach www.naturfreunde-asperg.de/geschichte-der-naturfreundebewegung-und-der-naturfreunde-og-asperg.html, Download vom 7. Dezember 2013)

Über diese Ziele hinaus leistete der Verband der Naturfreunde sehr wertvolle Arbeit, indem er interessierten Arbeitern die Naturprozesse erläuterte. Die Naturfreunde entwickelten sich bereits vor dem I. Weltkrieg zu einer **Massenorganisation** und hatten in den 1920er Jahren mehr als 200 000 Mitglieder im deutschsprachigen Raum.

Die Hitler-Faschisten verboten die Organisation. Viele ihrer Mitglieder schlossen sich dem antifaschistischen Widerstand an. In den Jahrzehnten nach dem II. Weltkrieg setzte sich auch bei den Naturfreunden eine Trennung vom Kampf um den Sozialismus durch; das führte dazu, dass sich die Organisation trotz des Zuwachses auf über 500 000 Mitglieder in 48 Ländern mehr und mehr auf »sinnvolle Freizeitgestaltung« beschränkte.

1950 wurde der **Deutsche Naturschutzring** aus der Taufe gehoben. Er war zunächst stramm konservativ und staatstreu ausgerichtet. Bis heute wird er weitgehend staatlich finanziert. Unter dem Eindruck der selbständigen Umweltbewegung griff er aber kritische Positionen gegen Atomkraftwerke auf oder geißelte die »*entfesselte Globalisierung*«. Er versteht sich als »*Dachverband der deutschen Natur- und Umweltschutzverbände*« (Präambel des Grundsatzprogramms); 2013 umfasste er 96 Mitgliedsverbände mit mehr als fünf Millionen Einzelmitgliedern. Sein Spektrum reicht von den großen Naturschutzverbänden wie NABU (Naturschutzbund Deutschlands, etwa 500 000 Mitglieder) und BUND (Bund für Umwelt und Naturschutz Deutschland, etwa 460 000 Mitglieder) über die Deutsche Umweltstiftung bis hin zu Alpenverein, Tierschutzbund, Jagdverbänden.

Die **kleinbürgerlich geprägte Umweltbewegung in Westdeutschland** blühte Mitte der 1970er Jahre auf, teilweise eng verbunden mit Ausläufern der kleinbürgerlichen Studentenbewegung. Immer mehr lokale **Bürgerinitiativen** sprossen aus dem Boden, zunehmend unabhängig von den bürgerlichen Parteien und meist mit einer kritischen Haltung gegen Regierung und Monopole. 1980 zählte das Umweltbundesamt 11 238 regionale und 130 überregionale Umweltschutzgruppen. Etwa die Hälfte von ihnen richtete sich gegen den Bau und Betrieb von **Atomkraftwerken**. Große Teile der Anti-AKW-Bewegung betrachteten sich als politische Widerstandsbewegung gegen den »Atomstaat«. In dieser Umweltbewegung tobte ein heftiger **Kampf zwischen der fortschrittlichen, proletarischen und sozialistischen Denkweise** auf der einen **und der kleinbürgerlich-reformistischen und kleinbürgerlich-revisionistischen Denkweise** auf der anderen Seite.

Weit verbreitet war die antiautoritär beeinflusste Ablehnung straffer Organisation. Gehuldigt wurde stattdessen unverbindlicher »Vernetzung« lokaler Gruppen. »Gewaltfreiheit« galt als ehernes kleinbürgerliches Prinzip und entwickelte sich zur Losung gegen den aktiven Widerstand. Manche Gruppen pflegten einen anarchistisch beeinflussten Aktionismus mit zum Teil sektiererischen und abenteuerlichen Kampfformen, die auf Unterschätzung des staatlichen Gewaltapparats basierten.

Ansätze eines aktiven Volkswiderstands der Massen bildeten sich bei nationalen Großdemonstrationen und Platzbesetzungen wie in Wyhl 1975, Brokdorf 1976/77, Gorleben nach 1976, Grohnde 1977 und Wackersdorf 1985 bis 1989. Aus anfänglich regionalen Aktivitäten entwickelte sich ein massenhafter *»Verlust an Systemvertrauen als Lernprozess«*, wie es damalige Aktivisten formulierten. Die »Erklärung der 21 Bürgerinitiativen an die badisch-elsässische Bevölkerung« vom August 1974 kündigte kämpferische Aktionen an:

»weil wir gelernt haben, daß die Regierung in dieser Sache nicht neutral ist; daß Ministerpräsident und Wirtschaftsminister im Aufsichtsrat des Energieunternehmens sitzen; ... daß sie ihre Pläne notfalls mit Gewalt und gegen den Protest von fast 100 000 Einsprechern durchsetzen will; daß wir unsere Interessen nur noch selber, gemeinsam und entschlossen vertreten können; und weil wir nicht dulden, daß unser Recht derart mißachtet wird.«
(»Widerstand gegen Atomkraftwerke«, S. 108)

Ein Zeitzeuge berichtete: *»Die Worte des Dichters Bertolt Brecht ›Wo Unrecht zu Recht wird, wird Widerstand zur Pflicht‹ wurden die vereinheitlichte Losung des breiten aktiven Volkswiderstands. Am 23. Februar 1975 erstürmten circa 30 000 den von der Polizei besetzten Bauplatz. Der Bau des Atomkraftwerks in Wyhl wurde verhindert.«*

Der 1972 gegründete Bundesverband Bürgerinitiativen Umweltschutz (BBU) proklamierte eine *»Doppelstrategie aus Widerstandsaktionen und konstruktiver Arbeit«*, meinte aber vor allem die »konstruktive« Zusammenarbeit mit dem bürgerlichen Staat und seinen Parteien sowie der Großindustrie.

Die Anti-AKW-Bewegung war **weitgehend von der Arbeiterbewegung isoliert**. Wesentliche Verantwortung dafür trifft die rechte SPD- und Gewerkschaftsführung. Sie organisierte Kundgebungen für Atomkraftwerke, die ausdrücklich gegen die Umweltschützer gerichtet waren, und diffamierte lange Zeit jeglichen Umweltschutz als arbeitsplatzvernichtend.

Seit 1977 ging der bürgerliche Staatsapparat mit Bürgerkriegsübungen in Brokdorf, Grohnde und Wackersdorf gewaltsam gegen die Bewegung vor. Kleinbürgerliche Illusionen über eine »Mitgestaltung« der Gesellschaft zerplatzten jäh. Die Proteste konnten Teilzugeständnisse erringen, verfehlten jedoch ihr Ziel, alle Atomkraftwerke stillzulegen. Immerhin mussten Regierung und Monopole einzelne AKW-Standorte aufgeben und ihr AKW-Programm um 50 Prozent abspecken, was ihnen außerordentlich missfiel.

Aus der Erfahrung, dass der kleinbürgerlichen Umweltbewegung mit Polizeiterror oder anderen politischen Maßnahmen nicht beizukommen war, verlegten sich die Herrschenden auf ihre **Integration ins bürgerliche Politikgeschäft**. Sie betrieben die Umwandlung der selbständigen außerparlamentarischen Bewegung in eine bürgerlich-parlamentarische Kraft.

Die herrschenden Monopole in Deutschland setzten nach 1969, seit dem Wechsel zu einer sozialliberalen Koalition, verstärkt die **kleinbürgerliche Denkweise** ein **zur Zersetzung des proletarischen Klassenbewusstseins**. Bis in die 1990er Jahre errichteten sie daraus ein regelrechtes System der kleinbürgerlichen Denkweise. In dem Buch »Morgenröte der internationalen sozialistischen Revolution« heißt es dazu:

*»Das Monopolkapital ging dazu über, die spontan wirkende kleinbürgerliche Denkweise zu einem **System von Auffassungen, Prägungen, Gefühlen und Verhaltensmustern***

auszubauen. ... Die organisierte Manipulation der Denkweise der Arbeiter wurde zur entscheidenden Methode, ihr Denken, Fühlen und Handeln im Sinn der herrschenden Verhältnisse zu beeinflussen.

Das System der kleinbürgerlichen Denkweise macht sich solidarische und gesellschaftskritische Anschauungen und Forderungen, Traditionen, Gefühle und Verhaltensweisen der Arbeiterklasse scheinbar oder formal zu eigen, um sie zu missbrauchen und in ihr Gegenteil zu verkehren. Es knüpft am Streben nach Selbstbestimmung und Selbstorganisation an, um kleinbürgerlich-parlamentarische Vorstellungen zu verankern. ... Es heuchelt Verantwortung für die natürliche Umwelt, um den Kampf gegen die Umweltzerstörung auf den Irrweg des kleinbürgerlichen Ökologismus zu leiten. ... Statt offensivem Kampf und Organisiertheit fördert es kleinbürgerlich-individualistisches Verhalten, Skeptizismus, symbolische Aktivitäten und Anbetung der Spontaneität, die nur zur Vereinzelung der Arbeiter, zur Desorganisation führen können.« (S. 211/212)

Die kleinbürgerliche Umweltbewegung wurde zunächst vor allem mit kleinbürgerlich-reformistischen, kleinbürgerlich-revisionistischen und kleinbürgerlich-parlamentarischen Illusionen attackiert. Später rückte die **kleinbürgerlich-antikommunistische** und **kleinbürgerlich-ökologistische Denkweise ins Zentrum** der Auseinandersetzung. Der imperialistische Ökologismus wirkt unter den Massen vor allem in Form der kleinbürgerlich-ökologistischen Denkweise. Diese geht im Wesentlichen davon aus, dass »*die Rettung der Umwelt in erster Linie ein Problem der Einsicht der Herrschenden sei, die man durch symbolische Aktionen ... und eindringliche Aufklärung erreichen könne.*« (ebenda, S. 303/304)

Die kleinbürgerliche Umweltbewegung geriet auch immer mehr in den Sog der **kleinbürgerlich-parlamentarischen Denkweise.** In einem zähen Prozess gelang es den herrschenden Monopolen und ihren Regierungen, die kleinbürgerliche Umweltbewegung an die Kandare des bürgerlichen Parlamentarismus zu nehmen.

Die kleinbürgerliche Umweltbewegung der DDR

Ende der 1970er/Anfang der 1980er Jahre entstand eine **kleinbürgerlich geprägte Umweltbewegung auch in der bürokratisch-kapitalistischen DDR**. Der Widerspruch zwischen einer relativ fortschrittlichen Umweltgesetzgebung auf der einen und der sich verschärfenden Umweltkrise und einer allgemeinen Legitimationskrise der DDR in Verbindung mit dem Prozess der Restauration des Kapitalismus auf der anderen Seite klaffte immer offener auseinander. 1968 hatte die DDR den Umweltschutz als Staatsziel in ihre Verfassung aufgenommen; als zweites europäisches Land erließ sie 1970 ein Umweltschutz-Rahmengesetz. Infolge der zunehmenden wirtschaftlichen Krisenerscheinungen drosselte die DDR-Regierung jedoch seit Ende der 1970er Jahre ihre Maßnahmen zum Schutz der Luft, des Bodens und des Wassers. Sie lenkte die Investitionen in die profitorientierte Exportindustrie und verstärkte den Abbau von Braunkohle. Bald war über die Hälfte der Wälder geschädigt. In vielen Industriegebieten litt jedes zweite Kind an Atemwegserkrankungen. Die bürokratisch-kapitalistisch organisierte Landwirtschaft und undichte Mülldeponien vergifteten Böden und Gewässer.

Aus Initiativen wie der Baumpflanzbewegung, Radsternfahrten oder »ökologischen Seminaren« entstanden zahlreiche Umweltgruppen, besonders nach der Tschernobyl-Katastrophe 1986. Um die Umweltbibliothek der Berliner Zionsgemeinde herum bildete sich ein »Kommunikationszentrum« der ostdeutschen Ökologie- und demokratischen Oppositionsbewegung – beobachtet und verfolgt von der Staatssicherheit. 1988 bildete sich mit der »Arche« ein DDR-weites Netzwerk vom Staat unabhängiger Umweltgruppen. Auch im Schoß der halbstaatlichen »Gesellschaft für Natur und Umweltschutz« entwickelte sich Ende der 1980er Jahre eine oppositionelle ökologische Strömung.

Die Umweltbewegung in der DDR wandte sich vor allem gegen Atomkraftwerke und Uranabbau, gegen das Waldsterben und die Verschmutzung von Luft und Gewässern, gegen Müllimporte aus dem Westen und auch gegen die staatliche Vertuschung der Umweltprobleme. Sie verband sich eng mit der pazifistischen Bewegung »Schwerter zu Pflugscharen«. Beide Bewegungen waren weitgehend in die Strukturen der evangelischen Kirche integriert. Das gab ihnen einen bestimmten Schutz gegen staatliche Angriffe, machte sie aber von der Finanzierung aus Kirchenmitteln abhängig und weltanschaulich von deren Idealismus beeinflussbar.

Obwohl diese Umweltbewegung in Teilen auch Sammelbecken bürgerlich-ökologischer, antikommunistischer Kräfte war, leistete sie insgesamt **verdienstvolle Aufklärungsarbeit**. Allerdings folgte sie der Illusion der friedlichen Reformierbarkeit der bürokratisch-kapitalistischen DDR zu einer »*ökologischen Republik*«. (Roland Roth, Dieter Rucht, »Die sozialen Bewegungen in Deutschland seit 1945«, S. 227) Die Umweltbewegung der DDR war mehrheitlich blind für die Tatsache der Restauration des Kapitalismus in ihrem Land; sie lastete die grassierende Umweltzerstörung einer angeblichen »*Fortschritts-, Technik- und Wachstumsgläubigkeit der sozialistischen Produktionsweise*« an. (Saskia Gerber, »Die Umweltbewegung in der DDR«, S. 10)

Trotzdem war die kleinbürgerliche Umweltbewegung ein wichtiger **Faktor bei der Herausbildung der demokratischen Volksbewegung** der DDR, die 1989 das Honecker-Regime zu Fall brachte. Die vorherrschende kleinbürgerliche Denkweise machte sie aber anfällig für den modernen Antikommunismus und erleichterte die **politische Integration in das staatsmonopolistische Gesellschaftssystem der BRD**.

Die Partei »Die Grünen« und ihr Verrat an der Umweltbewegung

Ende der 1970er Jahre entstanden diverse »grüne« oder »bunte« Listen auf kommunaler Ebene. Aus ihnen ging 1980 die Partei »Die Grünen« hervor, die 1983 erstmals in den Bundestag einzog. Sie war zunächst ein Sammelbecken der kleinbürgerlichen Protestbewegungen. In ihr gingen auch große Teile der kleinbürgerlichen »ML-Bewegung« auf, die den marxistisch-leninistischen Parteiaufbau für gescheitert erklärt hatten. Ihr Liquidatorentum paarte sich mit dem kleinbürgerlichen Ehrgeiz, in der Fraktion der »Fundis«[53] innerhalb der »Grünen« zumindest Elemente ihrer Kapitalismuskritik anbringen zu können. Sie wollten sich dem mühevollen marxistisch-leninistischen Parteiaufbau entziehen; sie griffen ihn an, um ihr eigenes Scheitern zu rechtfertigen.

Entgegen ihrem erklärten Anspruch, der außerparlamentarischen Bewegung durch eine parlamentarische Vertretung mehr Durchschlagskraft zu verleihen, wurde die Partei »Die Grünen« mehr und mehr in den **bürgerlichen Parlamentarismus integriert**. Die grüne Präsenz im Parlament verhalf dem bürgerlichen Parlamentarismus zunächst sogar zu neuem Ansehen unter der rebellierenden Jugend.

Die Grünen zahlten dafür den Preis, jede gesellschaftsverändernde Perspektive aufzugeben. Ihre kleinbürgerlich-pragmatischen Motive drängten sie in die bürgerlichen Parlamente.

---

[53] Fundis, umgangssprachlich für Fundamentalisten: eine Strömung in der Partei »Die Grünen«, die der staatlichen bzw. parlamentarischen Institutionalisierung der Umweltbewegung kritisch gegenübersteht

Beteiligung an den kapitalistischen Regierungsgeschäften – natürlich inklusive der damit verbundenen Posten und Einkommen – bestimmte fortan immer mehr das Denken, Fühlen und Handeln vieler Führer und Aktivisten der Grünen.

Der Zusammenschluss mit dem DDR-oppositionellen »Bündnis 90« machte »Die Grünen« nach der Wiedervereinigung zur gesamtdeutschen Partei. Als **Bündnis 90/Die Grünen** mutierten sie zum **Ordnungsfaktor** und zum **Gegner der kämpferischen Umweltbewegung**. Stolz erklärte Jens Petring, grüner Landtagsabgeordneter während der Koalition aus SPD und Bündnis 90/Die Grünen in Nordrhein-Westfalen, im Oktober 1997:

»*Eine trotz Garzweiler II* (Braunkohleabbaugebiet – Verf.) *fortbestehende NRW-Koalition wird auch den Weg ebnen für eine Koalition auf Bundesebene trotz Atomkonsens. ... Wir sind die besseren Moderatoren für das Unvermeidliche.*« (»Reich oder rechts?«, Jörg Bergstedt, S. 255)

Der Regierungsantritt der rot-grünen Schröder/Fischer-Regierung 1998 markierte den relativen Abschluss der Verwandlung der Partei Bündnis 90/Die Grünen von einer **kleinbürgerlichen Protestpartei zur staatstragenden bürgerlichen Monopolpartei**. Unter dem Slogan *»Der Wirtschaft eine grüne Richtung geben«* (Bundestagswahlprogramm 2013, S. 21) ist die Partei in ihrer Programmatik, ihrer Bundespolitik und mit ihrer Führung heute zu einem **Hauptträger des imperialistischen Ökologismus** geworden. Sie betreibt »Greenwashing« für die bürgerliche Monopolpolitik und ist damit bestens geeignet, sozialdemokratisch oder christlich-demokratisch geführten Regierungen eine Mehrheit zu verschaffen. Viele ihrer Repräsentanten entwickelten sich zu vehementen Verfechtern des modernen Antikommunismus.

Die Entwicklung der Grünen trug wesentlich zum **Niedergang der kleinbürgerlichen Umweltbewegung** bei. Dazu stellte das Buch »Der Kampf um die Denkweise in der Arbeiterbewegung« 1995 fest:

»Während sich seit Beginn der neunziger Jahre die Faktoren für den begonnenen Umschlag in eine globale Umweltkatastrophe verschärft haben, hat die Entwicklung der GRÜNEN zu einer neuen bürgerlichen Partei maßgeblichen Anteil an der Zersetzung der bisherigen kleinbürgerlichen Umweltbewegung in der BRD.« (Stefan Engel, »Der Kampf um die Denkweise in der Arbeiterbewegung«, S. 172)

Die neue Belebung einer aktiven Umweltbewegung

Zwischen 1992 und 2007 beteiligten sich nach einer Statistik der Gesellschaft zur Förderung wissenschaftlicher Studien zur Arbeiterbewegung (GSA e.V.) insgesamt 874 480 Menschen an Umweltprotesten in Deutschland, durchschnittlich 54 655 im Jahr.

Seit 2008 **belebte sich die Umweltbewegung** wieder. Mitverantwortlich war das Wiedererstarken der Anti-AKW-Bewegung. Dies zeigt Tabelle 2.

Tabelle 2:
Umweltpolitische Protestaktionen in Deutschland

Jahr	gesamt		Davon AKW-Gegner		Davon S21-Gegner*	
	Anzahl	Teilnehmer	Anzahl	Teilnehmer	Anzahl	Teilnehmer
2008	62	163 720	7	22 950	1	8 000
2009	72	113 995	16	77 500	9	8 000
2010	197	1 250 600	90	423 700	76	779 000
2011	1 740	1 617 530	1 500	996 200	60	407 000
2012	281	376 440	170	62 760	55	150 000

GSA; Mindestangaben; eigene Berechnung
* Gegner des Mega-Bahnprojekts in Stuttgart

In **Deutschland** gelang es der reformistischen Gewerkschaftsführung lange Zeit, den Kampf zum Schutz der natürlichen Umwelt weitgehend aus der **Arbeiterbewegung** herauszuhalten, Interesse für Umweltschutz in Betrieben und Gewerkschaften zu manipulieren oder sogar zu unterdrücken.

So rief am 2. Dezember 2008 die IG-Metall-Führung zusammen mit den Vorständen der Stahlmonopole die deutschen Stahlarbeiter zu einer Demonstration »für fairen Emissionshandel« nach Brüssel auf. Die Stahlindustrie, die zu den Hauptverursachern der CO_2-Emissionen gehört, sollte weiter ungestört CO_2 ausstoßen dürfen. Mit ihrer Politik der Klassenzusammenarbeit ordnete sich die reformistische IG-Metall-Führung der kapitalistischen Profitlogik unter, spielte Umweltschutz und Arbeitsplätze gegeneinander aus.

Umso bedeutender waren die meist **selbständigen Initiativen** der Arbeiter, etwa zur Aufdeckung krebserregender Substanzen in den Betrieben. Als besonders wirkungsvoll erwiesen sich Aktionen gegen die Einlagerung von Atommüll im »Schacht Konrad« in der dicht besiedelten Industrieregion Salzgitter/Peine, an denen sich Gewerkschafter zahlreicher Betriebe, Bauern und Anwohner gemeinsam beteiligten. Bedeutend waren auch die Aktivitäten der überparteilichen Bergarbeiterbewegung »Kumpel für AUF«, vor allem ihre umfassende Aufklärung über Giftmülldeponien in Schachtanlagen der RAG und ihre Agitation gegen die Fortsetzung der klimaschädlichen Kohleverstromung.

Die Umweltbewegung ist heute die breiteste Bewegung innerhalb des **aktiven Volkswiderstands** in Deutschland. Im Mittelpunkt ihrer **kämpferischen Aktivitäten** stehen Kundgebungen und Demonstrationen mit bis zu 100 000 Teilnehmern. An Blockadeaktionen, vor allem gegen die Castor-Atommüll-Transporte, beteiligten sich Tausende meist jugendliche Aktivisten.

2010 stand der Widerstand gegen die von der Merkel-Regierung geplante Verlängerung der Laufzeiten der Atomkraftwerke im Zentrum der Umweltbewegung. Nach der Reaktorkatastrophe in Fukushima am 11. März 2011 schwoll die Protestbewegung innerhalb weniger Wochen auf eine Million an, ein großer Teil davon Jugendliche.

Ein zweiter Höhepunkt war der seit 2010 anhaltende **Widerstand gegen das Bahnprojekt Stuttgart 21**. Montag für Montag gingen Zehntausende auf die Straße. Bisheriger Höhepunkt war eine politische Massendemonstration am 1. Oktober 2010. Mehr als 100 000 Teilnehmer protestierten gegen den brutalen Polizeieinsatz am »schwarzen Donnerstag«, bei dem zahlreiche Demonstranten, darunter viele Kinder und Jugendliche, verletzt wurden. Der Kampf gegen S21 wurde zum Zentrum eines **regionalen Massenwiderstands**.

2011 und 2012 gingen jeweils über 20 000 Menschen auch für Tierschutz und gegen Massentierhaltung oder gegen andere Auswüchse der kapitalistisch-industriellen Landwirtschaft auf die Straße. Von 2010 bis 2012 nahmen jährlich um die 5 000 Menschen an Aktionen gegen den Übergang in die Klimakatastrophe teil, etwa gegen CO_2-Verpressung oder gegen den Bau neuer Kohlekraftwerke.

Daneben gab es zahlreiche Aktionen für regionalen Naturschutz: Proteste gegen Flussvertiefungen, gegen Müllverbrennungs- oder Mobilfunkanlagen, gegen neue Stromtrassen, gegen Windkraftanlagen in der Nähe von Wohngebieten und auch gegen Bahnlärm.

Die größten umweltpolitischen Proteste 2012 waren Massenaktionen mit bis zu 130 000 Beteiligten: gegen Flughafenausbau und Fluglärm in Berlin, München und Frankfurt oder gegen Straßengroßprojekte.

Die **wöchentlichen Montagsproteste** erreichten ihre größte Breite und Vielfalt nach der Katastrophe von Fukushima, als an etwa 730 Orten bis zu 400 000 Menschen auf die Straße gingen. Teilweise standen die Proteste direkt im Zusammenhang mit der seit 2004 anhaltenden Bewegung der Montagsdemonstrationen gegen Hartz IV. Diese Verbindung hatten die MLPD und die Initiative »ausgestrahlt« unmittelbar nach der Katastrophe bundesweit angeregt. Seitdem spielen **umweltpolitische Themen** bei den **Montagsdemos** und beim allwöchentlichen »Tag des Widerstands« eine wachsende Rolle.

Die neu auflebende Umweltbewegung hat eine hauptsächliche Schwäche: Ihr **Umweltbewusstsein** ist noch nicht auf den Kampf zur **Verhinderung der globalen Umweltkatastrophe** ausgerichtet, es hat noch keinen gesellschaftsverändernden Charakter. Darin kommt eine gefährliche Unterschätzung der dramatischen Entwicklung der globalen Umweltkrise zum Ausdruck.

Nach wie vor reagiert die Umweltbewegung vor allem spontan auf umweltzerstörerische Ereignisse oder Vorhaben. Sie beschränkt sich in der Regel auf den Kampf gegen einzelne Seiten der Umweltkrise und gegen offensichtliche Zerstörungen der natürlichen Umwelt. Sie begreift aber noch nicht die Dimension der notwendigen gesellschaftlichen Veränderungen, die erforderlich sind, um eine globale Umweltkatastrophe zu verhindern. Die Umweltbewegung muss sich ändern! Sie muss sich einer **systemverändernden Perspektive** öffnen und die Profitwirtschaft des internationalen Finanzkapitals angreifen.

3. Internationaler, antiimperialistischer Charakter im Kampf zur Rettung der natürlichen Umwelt

Das allein herrschende internationale Finanzkapital ist hauptverantwortlich für den beschleunigten Übergang der Umweltkrise in eine globale Umweltkatastrophe. Der Kampf zum Schutz der natürlichen Umwelt bekommt **objektiv** einen **antiimperialistischen Charakter**. Der weltweite Umweltkampf wird nur erfolgreich sein, wenn er einen **bewusst antiimperialistischen** und **bewusst internationalistischen Charakter** annimmt.

Kleinbürgerlicher Internationalismus

Dieser objektiven Notwendigkeit stellen sich sowohl eine kleinbürgerlich-nationalistische wie eine kleinbürgerlich-internationalistische Denkweise entgegen. Die **kleinbürgerlich-nationalistische Denkweise** beschränkt sich mehr oder weniger bewusst auf den Kampf im eigenen Land oder einer betroffenen Region, ignoriert die weltweiten Zusammenhänge oder stellt gar mit einem gewissen Dünkel die eigene Bewegung über den weltweit notwendigen aktiven Widerstand.

Die **kleinbürgerlich-internationalistische Denkweise** widerspiegelt den Einfluss des kleinbürgerlichen Internationalismus in der Umweltbewegung.

Der **kleinbürgerliche Internationalismus** kennt keine wirkliche Überparteilichkeit, keine finanzielle Unabhängigkeit, keine demokratische Willensbildung und Beschlussfassung. Er ist gegen die Unabhängigkeit des aktiven Widerstands gegenüber bürgerlichen Regierungen und NGOs gerichtet und nimmt das allein herrschende internationale Finanzkapital und das imperialistische Weltsystem aus der Schusslinie.

Ein besonderer Hort des kleinbürgerlichen Internationalismus sind die von großen internationalen NGOs organisierten Weltsozialforen sowie ihre Foren zur Flankierung der UN-Klimakonferenzen.

Führende Vertreter von attac oder von weltweit agierenden NGOs entwickelten die Weltsozialforen, um den selbständigen Widerstand der Massen unter ihre Führung zu bringen, ihn vom Klassenkampf zu trennen. In ihren Anfängen zeigten Weltsozialforen und Gegengipfel zu den UNO-Konferenzen noch positive Wirkungen. Sie waren internationale Treffen mit weltweiter Beteiligung von Basisbewegungen, auf denen Kenntnisse ausgetauscht, Kontakte geknüpft und umweltpolitische Diskussionen geführt werden konnten.

Inzwischen sind die Weltsozialforen und die »Gegengipfel« immer mehr desorganisiert und rein auf Lobby-Arbeit ausgerichtet. Der **»Gipfel der Völker«**, der vom 15. bis 23. Juni 2012 in Rio de Janeiro als Gegengipfel zur UN-Konferenz Rio+20[54] stattfand, nahm in Worten durchaus kritische Positionen ein. Es gab Aufrufe zum Kampf gegen die internationalen Monopole und Kritik auch am »grünen Kapitalismus«. Die Organisatoren, hauptsächlich brasilianische NGOs, verhinderten jedoch, dass Beschlüsse über einen international verbundenen Kampf gefasst werden konnten. Stattdessen versuchten sie, den Protest auf ein Mitspracherecht bei der UN-Konferenz zu kanalisieren.

Das Buch »Morgenröte der internationalen sozialistischen Revolution« wertete aus:

»Eine materielle Grundlage hat die reformistische Ausrichtung des Weltsozialforums darin, dass es am finanziellen Tropf von Stiftungen bürgerlicher Parteien (wie der Hein-

---

[54] Diese Konferenz der Vereinten Nationen über nachhaltige Entwicklung wurde in Erinnerung an die Konferenz von 1992 Rio+20 genannt.

rich-Böll-Stiftung, die der Partei der Grünen nahesteht), reformistischen Gewerkschaften und bürgerlich-humanitären Institutionen wie dem Evangelischen Entwicklungsdienst hängt. Ohne weltanschauliche Offenheit, Überparteilichkeit, finanzielle Unabhängigkeit und die grundlegende Zielsetzung des Kampfs um die Lebensinteressen der breiten Massen kann kein internationaler Zusammenschluss der Befreiung von Ausbeutung und Unterdrückung dienen.« (S. 441)

Die Arbeitsweise der Weltsozialforen stößt bei antiimperialistischen Kräften und Basisorganisationen zunehmend auf Kritik. Nach dem Weltsozialforum 2013 in Tunis drückten tunesische Basisgruppen ihre Enttäuschung aus, *»dass die sozialen Realitäten ... draußen gehalten wurden. Stattdessen habe es sich um ein Forum von NGOs gehandelt, die im Verbund mit staatlichen Stellen national wie international das Elend verwalten.«* (ffm-online.org/2013/04/25)

Weltweiter Kampf der Umweltbewegung

Nirgends in der Umweltbewegung sind Ansätze zu grenzüberschreitender Zusammenarbeit so dauerhaft und ausgeprägt wie in der **Anti-AKW-Bewegung**. Eine Umfrage des Instituts Ipsos in 24 Ländern, in denen rund 60 Prozent der Weltbevölkerung leben, ergab im September 2011, dass die Mehrheit der Befragten, 55 Prozent, Atomkraftwerke ablehnt.

Etwas Neues war 2011/2012 die Kampagne von ICOR[55] und ILPS[56]: eine sofortige Reaktion auf den Super-GAU von Fukushima mit der Forderung, die Nutzung der Atomenergie zu beenden. Sie verband Diskussionen und Klärungsprozesse auf

---

[55] International Coordination of Revolutionary Parties and Organizations – Internationale Koordinierung Revolutionärer Parteien und Organisationen

[56] International League of Peoples' Struggle – Internationaler Bund des Kampfs der Völker

Veranstaltungen mit Unterschriftensammlungen und Kämpfen gegen den Bau neuer Atomkraftwerke, zum Beispiel in Indien.

Der weltweite Massenwiderstand nach der Atomkatastrophe von Fukushima erreichte, dass Regierungen rund um die Welt ihre Pläne zum Neubau von Atomkraftwerken zunächst zurückstellten oder ganz aufgaben und sogar Atomkraftwerke stilllegten. Das staatsmonopolistische Machtkartell der imperialistischen Atompolitik aus Energiekonzernen, AKW-Industrie und Regierungen geriet in die Defensive.

Weltweit entwickelten sich Proteste gegen **Fracking**. Sie umfassen nahezu alle Bevölkerungsschichten; gefordert wird überwiegend ein generelles Verbot dieser Technologie.

In den **USA** gab es Massendemonstrationen mit Zigtausend Beteiligten für ein sofortiges Verbot von Fracking. Im Bundesstaat New York wurde es 2013 durchgesetzt.

In **Frankreich** verabschiedete das Parlament nach Massendemonstrationen und Protesten ein Gesetz zum generellen Verbot von Fracking.

In **Polen** kam es zu heftigen Auseinandersetzungen zwischen der Landbevölkerung und internationalen Konzernen, als Bagger zur Vorbereitung der Bohrfelder anrollten und die Verantwortlichen jegliche Information über die giftigen Chemikalien verweigerten, die beim Fracking verwendet werden.

In **Irlands** Hauptstadt Dublin gab es mehrere Großdemonstrationen gegen Fracking.

In **Deutschland** entwickelte sich seit 2010 ein breiter Widerstand. Die organisierte Bergarbeiterbewegung »Kumpel für AUF« erklärte: »*Um dem ›Fracking‹-Wahnsinn entgegenzutreten und unseren Nachkommen kein verwüstetes Land zu hinterlassen, werden wir die Stilllegung des Steinkohleberg-*

baus nicht hinnehmen!« (»Aufruf an die Jugend: Programm für eine lebenswerte Zukunft«, 3. März 2012)

Mit dem **Global Frackdown Day** arbeitet die Anti-Fracking-Bewegung seit 2012 auf einen weltweiten gemeinsamen Kampftag hin. Am 19. Oktober 2013 gab es bereits rund 250 Aktionen in 30 Ländern.

Zahlreiche Organisationen und Initiativen vor allem aus Europa schlossen sich 2012 in einem **Alternative World Water Forum** zusammen. Der Verband der europäischen Dienstleistungsgewerkschaften (EPSU) startete mit einer EU-Petition für das Menschenrecht auf Wasser die erste europäische Bürgerinitiative. Sie forderte am 26. März 2012:

»Die Versorgung mit Trinkwasser und die Bewirtschaftung der Wasserressourcen darf nicht den Binnenmarktregeln unterworfen werden. Die Wasserwirtschaft ist von der Liberalisierungsagenda auszuschließen.« (www.wasser-in-buergerhand. de, Download vom 10. Juli 2013)

Diese Petition unterschrieben 1 884 790 Menschen.

Die Bewegung »Wasser ist ein Menschenrecht« entfaltete schnell einen in dieser Breite in der Umweltbewegung der Nachkriegsgeschichte einmaligen europaweiten Protest. Daraufhin machte die EU-Kommission einen Rückzieher. Der Binnenmarktkommissar Michel Barnier erklärte scheinheilig:

»Ich habe volles Verständnis dafür, wenn Bürgerinnen und Bürger aufgebracht und besorgt sind, wenn ihnen erzählt wird, dass ihre Wasserversorgung gegen ihren Willen privatisiert werden könnte. ... Ich selbst würde in einem solchen Fall genauso reagieren.« (»Spiegel Online« vom 21. Juni 2013)

Die **Bewegung gegen unnütze und aufgezwungene Großprojekte** will den Widerstand international organisieren, der sich bereits in vielen Ländern gegen überdimensionierte und umweltschädliche Staudämme, Verkehrsprojekte, Militärstützpunkte entfaltet.

Unübersehbar ist die Tendenz, dass sich Protest und Widerstand gegen die oft verheerenden Folgen regionaler **Umweltkatastrophen** oder gegen die **Erderwärmung** zumindest zeitweilig länderübergreifend verbinden.

In vielen Ländern Lateinamerikas, Afrikas und Asiens bekommt der **Kampf gegen die rücksichtslose Ausplünderung ihrer Rohstoffe** und natürlichen Reichtümer und gegen zunehmende Umweltzerstörungen immer größere Bedeutung, wird zum Teil ihres Widerstands gegen neokoloniale Ausbeutung und Unterdrückung.

In Peru gewann der aktive Widerstand gegen das Projekt »Minas Conga« eine neue Qualität. Nach militanten Massenkämpfen 2011/2012 musste die Zentralregierung das Projekt offiziell aussetzen. Das war ein wichtiger Teilsieg gegen Raubbau und regionale Umweltkatastrophen in Lateinamerika.

Anfang 2013 streikten die Arbeiter der mit 13 400 Beschäftigten weltgrößten Kohlenmine El Cerrejon, die von den Bergbaumonopolen Glencore/Xstrata, BHP Billiton und Anglo American betrieben wird. Die erste Internationale Bergarbeiterkonferenz in Arequipa/Peru verabschiedete im März 2013 eine Solidaritätsresolution. Darin heißt es:

»Wir klagen weltweit öffentlich die multinationalen Konzerne Glencore, Xstrata und BHP Billiton an wegen der Überausbeutung der Arbeiter und Gemeinden von El Cerrejon Colombia und La Jagua de Ibirico, wegen der Zerstörung der Umwelt und des gewaltigen Schadens, der der Würde und Souveränität des kolumbianischen Volkes zugefügt wurde.« (www.minersnet.org)

Aldo Amaya Daza, Vorstandsmitglied der kolumbianischen Bergarbeitergewerkschaft Sintracarbón, berichtete auf einer Solidaritätsveranstaltung am 10. Mai 2013, zu der er gemeinsam mit der Vertreterin des indigenen Volks der Wayuu, Deriz Paz, eingeladen war:

»*Durch einen fünfwöchigen Streik Anfang 2013 legte Sintracarbón die Produktion der weltweit größten Kohlemine still. Es ging neben Lohnerhöhungen auch um die Rechte der Leiharbeiter, um Anerkennung der zahlreichen chronischen Erkrankungen als Berufskrankheiten, wie auch um umweltpolitische und soziale Anliegen in der Region. Die Bergarbeiter unterstützen das Volk der Wayuu im Kampf zur Verteidigung ihrer Umwelt und lassen sich davon auch nicht durch die Spaltungsversuche abbringen, dass damit ihre Arbeitsplätze in Gefahr seien.*« (www.rf-news.de, Artikel vom 11. Mai 2013)

Gegen die Zerstörung ihrer Lebensgrundlagen entwickeln vor allem Landbevölkerungen und indigene Völker einen millionenfachen entschiedenen und teils bewaffneten Widerstand. Die Widerstandsbewegungen, die von marxistisch-leninistischen Organisationen unterstützt werden, bringen das internationale Finanzkapital in Bedrängnis. Um die Gewalt an der Urbevölkerung Indiens zu rechtfertigen, bemühte der indische Premier Manmohan Singh den modernen Antikommunismus. Am 18. Juni 2009 erklärte er im indischen Parlament:

»*Wenn der Linksextremismus weiter in Gegenden blüht, die natürliche Ressourcen an Mineralien haben, wird das Investoren-Klima sicherlich betroffen.*« (zitiert in: »Radical Notes« vom 22. Oktober 2009 – eigene Übersetzung)

In enger Abstimmung mit der US-Regierung eröffnete die indische Zentralregierung im November 2009 unter dem Vorwand des Kampfs gegen den »Maoisten-Terrorismus« eine militärische Großoffensive, die Operation »Green Hunt«

(Grüne Jagd). Bis zu 100 000 Polizeikräfte, Grenzschutztruppen sowie paramilitärische und militärische Spezialeinheiten wurden eingesetzt.

Auch US-Präsident Barack Obama schaltete sich in die Verschärfung der Militäroffensive gegen die um ihre Lebensgrundlagen kämpfenden indischen Völker ein. Im Juli 2010 vereinbarten die USA mit Indien einen heuchlerischen Pakt »*zur Kooperation bei der Terrorismusbekämpfung*«. (Mathias Vermeulen, »The Lift« vom 1. August 2010, https://legalift.wordpress.com/2010/page/45)

Revolutionäre Kämpfe zur Rettung der Umwelt

Besonders dort, wo die Massen unter prägendem Einfluss revolutionärer Organisationen handeln, durchdringt sich der Umweltkampf mit dem Kampf um nationale und soziale Befreiung, die Kämpfe entwickeln sich höher bis zu bewaffneten antiimperialistischen Kämpfen.

Gegen solche Kämpfe, gerade wenn sie mit großer Entschlossenheit geführt werden, geht der **Staatsapparat mit äußerster Brutalität** vor, bis hin zu Folterungen und Morden. Unter dem Einfluss der Revolutionäre richten sich diese Kämpfe mehr und mehr gegen die Hauptverursacher, die internationalen Übermonopole und die unter ihrem Diktat stehenden Regierungen und internationalen Organisationen wie Weltbank, IWF, WTO oder die G8.

Auf den **Philippinen** steht die Kommunistische Partei (CPP) in engem Schulterschluss mit dem aktiven Widerstand der Landbevölkerung, die den bewaffneten Kampf gegen Umweltzerstörung und kapitalistische Ausbeutung des bäuerlichen Hinterlands aufgenommen hat. Unter dem Schutz von Regierungstruppen wurden dort Wälder abgeholzt, damit internationale Nahrungsmittelmonopole wie Del Monte große

Bananen- und Ananasplantagen anlegen oder Tagebauprojekte vor allem zur Goldgewinnung verwirklicht werden konnten. Diese nehmen vielen indigenen Volksgruppen ihren natürlichen Lebensraum. Die Landbevölkerung kämpft unnachgiebig gegen die Ausdehnung des Raubbaus bis in Gebiete, die für die Wasserversorgung unverzichtbar sind. Es kam bereits zu Vergiftungen des Grundwassers und in tiefer gelegenen Gebieten zu katastrophalen Überflutungen.

Die Bewegung für die Verteidigung der Rechte des Volkes Movimiento por la Defensa de los Derechos del Pueblo **MODEP** aus **Kolumbien** informierte die MLPD über eine bedeutende Aktion. 28 Organisationen von Bergleuten aus kleinen, mittleren und handwerklichen Bergbaubetrieben hatten in einem offenen Brief zu einem landesweiten Streik am 17. Juli 2013 aufgerufen:

»Wir sind uns bewusst, dass unsere Tätigkeit auf die Gesellschaft und die Umwelt Einfluss nimmt, und sind überzeugt, dass wir die Methoden im Bergbau verändern und verbessern müssen. Denn letzten Endes leben auch unsere Kinder und Familien auf dem Boden, der uns den Unterhalt gewährt, und wir wollen dort noch lange bleiben. Aber anstatt dass die Regierung des Präsidenten Juan Manuel Santos uns unterstützt und Hilfe gibt, hat er uns den Krieg erklärt ... Manche denken, dass die Regierung uns verfolgt, um die biologische Vielfalt des Landes zu schützen. Die Wahrheit ist, dass ... sie uns von unseren Ländereien vertreiben, um diese den großen transnationalen Bergbaufirmen zu übergeben. Sie sind es, die riesige Schäden verursacht haben, und sie sind die Einzigen, die von der Politik der Auslöschung kleiner Bergleute profitieren«. (www.modep.org – eigene Übersetzung)

In der **westindischen Stadt Jaitapur** kämpfen revolutionäre Organisationen wie die Kommunistische Partei Indiens/Marxisten-Leninisten (CPI/ML) gemeinsam mit Arbeitern,

Bauern und Fischern seit 2006 gegen den dort geplanten Bau des größten Atomkraftwerks der Welt. Bei Massendemonstrationen wurden Tausende verhaftet. Seit der Katastrophe von Fukushima verschärften sich die Klassenauseinandersetzungen. Im April 2011 setzte der Staatsapparat Schusswaffen gegen die demonstrierenden Massen ein und tötete einen Fischer. Daraufhin wurde in der ganzen Stadt Jaitapur ein Generalstreik organisiert.

Die MLPD tritt für **internationale Zusammenarbeit der revolutionären und marxistisch-leninistischen Parteien und Organisationen** ein, in erster Linie in der ICOR. Sie unterstützt tatkräftig internationale Zusammenschlüsse von kämpferischen Massenbewegungen.

Der **7. Internationale Automobilarbeiterratschlag 2012** in München verpflichtete sich, konsequent am Aufbau einer internationalen Widerstandsfront zur Rettung der Lebensgrundlagen der Menschheit zu arbeiten und die internationalen Automobilarbeiter dafür zu gewinnen.

Ein Meilenstein in dieser Entwicklung war die **1. Internationale Bergarbeiterkonferenz 2013** in Peru. Die Konferenz konnte weitgehende, zukunftsweisende Beschlüsse fassen: Grundlage der internationalen Bergarbeiterbewegung kann nur die Einheit des Kampfs zur Lösung der sozialen Frage und des Kampfs zur Lösung der Umweltfrage sein. Die Internationale Bergarbeiterkoordination verabschiedete am 3. März 2013 in Arequipa/ Peru eine Gründungsresolution:»Bergleute weltweit – gemeinsam für eine lebenswerte Zukunft!« Darin heißt es:

»Es wird ein unvorstellbarer Raubbau an den Rohstoffen und unserer Natur betrieben – allein um maximale Profite zu scheffeln. Tausende Bergleute kommen jährlich um oder werden schwer verletzt, weil die Sicherheit vernachlässigt wird. Ganze Landstriche werden verwüstet, Flüsse vergiftet und die Menschen vertrieben. Das lassen wir nicht länger zu! … Wir lassen

es nicht länger zu, dass der Schutz der natürlichen Umwelt und unsere Arbeitsplätze von den Bergbaumonopolen und den ihnen unterworfenen Regierungen gegeneinander ausgespielt werden! ... Die ›**Internationale Bergarbeiterkoordination**‹ hat die Vision einer weltweit verbundenen Bergarbeiterbewegung, die für sich und ihre Kinder darum kämpft, dass die Schätze des Bodens, des Wassers und der Lüfte denen gehören, die sie durch ihre Arbeit erschließen. Sie sollen eingesetzt werden für ein reiches, würdevolles und gesundes Leben aller Menschen in Einklang mit der Natur – ohne Ausbeutung und Unterdrückung. Dafür wollen wir gemeinsam und international zusammen kämpfen.« (www.minersconference.org)

Im April 2010 fand in Cochabamba/Bolivien die **Weltkonferenz der Völker über den Klimawandel und die Rechte der Mutter Erde** statt. An ihr nahmen 30 000 Menschen aus 174 Ländern teil. In ihrer Abschlusserklärung heißt es:

»*Das kapitalistische System hat uns eine Denkweise der Konkurrenz, des Fortschritts und des Wachstums ohne Grenzen aufgezwungen. Dieses Produktions- und Konsumregime strebt nach schrankenlosem Profit, es trennt den Menschen von der Natur ... Es handelt sich um ein imperialistisches System der Kolonisierung des Planeten.*

Die Menschheit befindet sich vor einer großen Entscheidungsfrage: den Weg des Kapitalismus, der Plünderung und des Todes fortzusetzen oder den Weg der Harmonie mit der Natur und der Achtung vor dem Leben einzuschlagen.«

Zum ersten Mal stellte eine solche Massenerklärung ausdrücklich die Systemfrage, griff direkt den Kapitalismus an. Dennoch blieb sie halbherzig, ebenso wie die Politik der sie unterstützenden Regierungen von Bolivien, Venezuela und Ecuador. Alles mündete in den Vorschlag, die Verbrechen gegen Mensch und Natur durch einen neu zu schaffenden internationalen Gerichtshof ahnden zu lassen. Doch mit so idealistischen Plänen kann das allein herrschende internationale Finanzkapital gut leben. Derartige Forderungen bleiben der Logik des imperialistischen Ökologismus verhaftet: Sie wollen den Massen plausibel machen, dass das brennende Haus am wirkungsvollsten von den Brandstiftern selbst gelöscht werde.

Die Revolutionäre der Welt, die marxistisch-leninistischen Parteien, haben in den letzten Jahren Fortschritte gemacht, die Umweltfrage in ihren politischen Kampf einzubinden. Die heutige Gefährdung der natürlichen Lebensgrundlagen der Menschheit erfordert jedoch, **die Arbeit auf der Grundlage der Einheit von Mensch und Natur** konsequent und umfassend in die politische Strategie und Taktik einzubeziehen.

4. Eine neue Qualität der Umweltbewegung

Vor der Umweltbewegung in Deutschland und der internationalen Umweltbewegung, aber auch vor der Arbeiterbewegung und den Revolutionären der Welt liegt ein bedeutender Selbstveränderungs- und Erneuerungsprozess. Anders werden sie den Herausforderungen des Kampfs gegen den beschleunigten Übergang in die globale Umweltkatastrophe nicht gerecht werden.

Kleinbürgerliche und proletarische Denkweise in der Umweltbewegung in Deutschland

Der IX. Parteitag der MLPD charakterisierte 2012 die derzeitige Umweltbewegung:

»Einerseits verfügt sie über eine hohe, z. T. wissenschaftlich fundierte Sachkompetenz, ein zunehmendes Bedürfnis nach internationaler Zusammenarbeit, großes Engagement, einen breiten Aktionsradius und über einen wachsenden Rückhalt in der Bevölkerung. Sie hat wesentlich zum wachsenden Umweltbewusstsein unter den Massen beigetragen.

Andererseits prägte der jahrzehntelang vorherrschende Einfluss des kleinbürgerlichen Ökologismus die Umweltbewegung negativ.« (»Dokumente des Stuttgarter Parteitags«, S. 157)

Die kleinbürgerlich-reformistische Leitlinie des »kleineren Übels« drang in der Umweltbewegung immer weiter vor. Umweltinitiativen organisierten zwar Proteste gegen Kohlekraftwerke unter der Losung *»für Energiepolitik ohne Kohle«*, aber als Alternative forderten sie nur etwas *»weniger klimaschädliche Gaskraftwerke«* oder die Reform des Handels mit Verschmutzungsrechten, statt konsequent für 100 Prozent erneuerbare Energien einzutreten. Außerparlamentarische Aktionen dienten allenfalls als kreative Begleitmusik für die als *»wirklich bedeutsam«* eingeschätzte Einflussnahme auf die Regierenden.

Während die Umweltbewegung noch dabei war, die Desillusionierung nach dem Verrat der Grünen zu verarbeiten, suchte sich die Partei »Die Linke« als neuer grüner Arzt am Krankenbett des Kapitalismus zu profilieren. Rechtzeitig zur Bundestagswahl 2013 präsentierte sie ihren *»Plan B – Das rote Projekt für einen sozial-ökologischen Umbau«*. Auf ihrer Homepage schwelgte sie in einem Traum vom Jahr 2050, in dem die Stromversorgung *»nicht mehr über Märkte«*, sondern über *»bürgernahe Mitbestimmungsmodelle«* erfolgt.

Doch dieser Traum hat einen entscheidenden Mangel: Es fehlt die gute grüne Fee, die mit ihrem Zauberstab die Alleinherrschaft des internationalen Finanzkapitals in Luft auflöst.

Denn von Klassenkampf oder gar Revolution wollen die Strategen der Linkspartei nichts wissen. Nur realistische Visionen sind jedoch geeignet, das Umweltbewusstsein der Massen zu schärfen; wirklichkeitsferne Träume vernebeln es nur!

Die bürgerlich-ökologistische und kleinbürgerlich-ökologistische Denkweise stimmen in der Illusion überein, die **Umweltfrage** ließe sich **im Rahmen der herrschenden Verhältnisse** lösen. Hauptprobleme bei Diskussionen oder bei der Zusammenarbeit mit Führern der kleinbürgerlichen Umweltbewegung sind ihr oft **überheblicher, antikommunistisch beeinflusster Führungsanspruch** und ihre ätzende kleinbürgerliche Streitkultur.

Der moderne Antikommunismus missbraucht die durchaus verständliche Skepsis hinsichtlich der bürgerlichen Parteien und des bürgerlichen Parlamentarismus für pauschalisierende Parolen wie »Keine Parteien« oder »Keine Parteifahnen«. Das richtet sich in Wirklichkeit vor allem gegen Marxisten-Leninisten, es zerstört die Überparteilichkeit und schränkt die Bewegung ein.

Gleichzeitig verdecken solche Parolen oft, wer die beteiligten Kräfte in Wahrheit sind. So können die Grünen, die Linkspartei oder die SPD mit ihren parlamentarischen Mandatsträgern oder als Repräsentanten von Nichtregierungsorganisationen (NGOs) oft wie selbstverständlich medienwirksam auftreten oder im Hintergrund die Fäden ziehen.

Der **Kampf zur Durchsetzung einer wirklichen Überparteilichkeit** ist ein Schlüssel, damit die Umweltbewegung ihre notwendige Breite, Stärke und Zielklarheit entwickeln kann. **Wer für Freiheit kämpfen will, muss sich selbst frei machen von antikommunistischen Ängsten und Vorbehalten!**

Auch die Strategie des Lobbying setzt auf die **Vernunft der Monopole**, Regierungen und imperialistischen Organisationen. Dieser Strategie liegen Illusionen über die »Macht der Argumente« zugrunde, die am Ende auch die Herrschenden beeindrucken müssten, oder das Wunschdenken, durch persönliche Beziehungen könnte man sie von ihren Profit- und Machtinteressen abbringen. Der Bundesverband Bürgerinitiativen Umweltschutz (BBU) glaubt, dass *»über den Einfluss auf die Formulierung von Rechtsnormen, privaten Normen von Normungsinstituten sowie Leitfäden und Stellungnahmen von Kommissionen bereits frühzeitig Fehlentwicklungen vermieden werden«.* (BBU-Vorstand, Tätigkeitsbericht 2010–2012, S. 4)

Tatsächlich konnte aber nur der millionenfache Widerstand nach Fukushima zeitweilig die *»Fehlentwicklung«* stoppen, Atomkraftwerke immer weiter auszubauen.

Auch einseitige **Orientierung auf den Rechtsweg** wird scheitern, ebenso wie die Beschränkung auf **Aufklärung und symbolische Aktionen**. Solche Politik kann nur Ohnmachtsgefühle und Resignation unter den Massen fördern. So notwendig es ist, demokratische Rechte und Freiheiten voll auszuschöpfen – Hoffnungen auf einen »ökologischen Rechtsstaat« unter der Diktatur der Monopole sind illusionär und führen in die Sackgasse.

Individualistische und elitäre Aktionen, in denen nur Stellvertreter handeln, schließen die breiten Massen aus und nähren bei ihnen das Gefühl, ohnehin nichts zum Schutz der natürlichen Umwelt beitragen zu können. Wer kann schon medienwirksam Schornsteine besteigen, sich auf hoher See Walfängern entgegenwerfen und von UNO-Gipfel zu UNO-Gipfel jetten?

Es ist zweifellos nützlich, Strom zu sparen, gesünder zu essen oder umweltbewusst einzukaufen. Wenn solche Vorschläge jedoch den aktiven Widerstand gegen die Profitwirtschaft ersetzen sollen – etwa unter der Losung »*Atomausstieg selber machen!*« –, dann verdecken sie die Diktatur des allein herrschenden internationalen Finanzkapitals und stärken Illusionen eines individuellen Auswegs.

Auch Ablehnung, ja **Diskreditierung dauerhafter Organisationsformen** und Propagierung unverbindlicher »Vernetzungstreffen« stärkt illusionäre Hoffnungen, eine nur locker organisierte Umweltbewegung könnte dem hoch organisierten internationalen Finanzkapital beikommen.

Überheblichkeit gegenüber der Arbeiterbewegung kann die Umweltbewegung nur schwächen. Sie ist oft mit der Ablehnung der modernen Produktivkräfte und des technischen Fortschritts verbunden, obwohl diese allein die materielle Grundlage schaffen können, auf der die Einheit von Mensch und Natur wiederherzustellen ist. Rettung durch ökologische Kleinproduktion und Selbstversorgung ist nur ein reaktionärer Traum.

Die **kleinbürgerlich-skeptizistische Denkweise** untergräbt das Vertrauen in die Fähigkeit und den Willen der Weltbevölkerung, die Umweltzerstörung aufzuhalten. Statt unter den Massen das Vertrauen in die eigene Kraft zu stärken, erzeugt sie Niederlagenstimmung und Panik.

Linksreformistische, trotzkistische, revisionistische Altlinke **intrigieren gegen die notwendige Auseinandersetzung über eine gesellschaftsverändernde Perspektive** der Umweltbewegung. Um ihre eigene Kapitulation vor den bestehenden Verhältnissen zu rechtfertigen, verbreiten sie Lügen und Halbwahrheiten über die Umweltpolitik der sozialistischen Länder und hetzen gegen ihre führenden Repräsentanten Lenin, Stalin und Mao Zedong. Sie verunglimpfen die marxistisch-leninistische Weltanschauung: sie wäre für Umweltfragen nicht kompetent.

Die kleinbürgerlich-antikommunistische Denkweise wehrt sich dagegen, das imperialistische Weltsystem grundsätzlich infrage zu stellen. Sie bekämpft die Perspektive einer sozialistischen/kommunistischen Gesellschaft, in der Ausbeutung und Unterdrückung des Menschen durch den Menschen überwunden ist und die Einheit von Mensch und Natur Leitlinie des gesellschaftlichen Lebens wird. Die notwendige Selbstveränderung der Umweltbewegung steht und fällt damit, dass immer mehr Aktivisten **mit der kleinbürgerlich-antikommunistischen Denkweise fertig werden.**

Größere Bewusstheit und Organisiertheit der Umweltbewegung

Marxisten-Leninisten fördern den bewussten Umgang mit der Natur unter den breiten Massen, vor allem unter der Jugend. Sie propagieren und organisieren eine **weltweite Koordinierung und Kooperation des aktiven Widerstands** gegen die wachsende Gefahr der globalen Umweltkatastrophe in einer internationalen Widerstandsfront. Dabei betonen sie die **führende Rolle des internationalen Industrieproletariats**, die Einheit der sozialen Frage und der Umweltfrage und ihre Lösung in der internationalen sozialistischen Revolution.

Der Umweltbewegung liegt ein besonderes **Umweltbewusstsein** zugrunde. In seiner entwickelteren Form hat es den aktiven Widerstand gegen die sich verschärfende Umweltkrise, gegen die Zerstörung der natürlichen Lebensgrundlagen der Menschheit zum Inhalt und eine Gesellschaft zum Ziel, in der der Mensch in Einklang mit der Natur lebt. **In seiner am höchsten entwickelten Form wird das Umweltbewusstsein mit dem sozialistischen/kommunistischen Bewusstsein identisch.**

Die **Umweltbewegung** besitzt keine einheitliche Klassenbasis, sondern **umfasst** die **proletarische**, die **kleinbürgerliche** und die **bürgerliche Umweltbewegung**. Das ist möglich aufgrund der gemeinsamen Kritik an der Zerstörung der natürlichen Lebensgrundlagen. Verursacher der Umweltkrise ist vor allem das internationale Finanzkapital; seine Repräsentanten und seine Handlanger in den bürgerlichen Parteien, im Staatsapparat und in den modernen Massenmedien können daher kein Teil der Umweltbewegung sein. Im Gegenteil: Ihr »Greenwashing«, mit dem sie lediglich ihre umweltzerstörende Alleinherrschaft zu tarnen versuchen, muss entlarvt werden.

Im Unterschied zum proletarischen Klassenbewusstsein gibt es im Umweltbewusstsein nicht nur verschiedene Entwicklungsstufen, sondern auch grundlegende Widersprüche. Neben übereinstimmenden Forderungen gibt es in der Umweltbewegung auch **gegensätzliche Klasseninteressen**.

Diese Tatsache führt unvermeidlich zum **Kampf zwischen der proletarischen Denkweise und dem kleinbürgerlichen oder imperialistischen Ökologismus**. Nur wenn dieser vielschichtige, objektiv stattfindende Kampf um die Denkweise bewusst ausgetragen wird, kann ein Umweltbewusstsein auf dem heute notwendigen Niveau entstehen und sich höherentwickeln.

Je stärker die proletarische Denkweise in der Umweltbewegung an Einfluss gewinnt, desto höher wird das Niveau des Umweltbewusstseins und desto rascher wachsen Breite und Kampfkraft der neuen Umweltbewegung.

Neue Anforderungen an das Klassenbewusstsein

Der Grad des **Klassenbewusstseins der Arbeiterklasse** bestimmt wesentlich das Niveau des **Umweltbewusstseins** der Massen. Unter heutigen Bedingungen hängt **der Reifegrad des proletarischen Klassenbewusstseins auch wesentlich vom Umweltbewusstsein der Arbeiterbewegung** ab.

Jeder klassenbewusste Arbeiter muss begreifen, dass der Klassenkampf im Rahmen der internationalisierten Produktionsweise eine nationale und eine internationale Seite hat. Eine kleine Schicht des internationalen Finanzkapitals herrscht allein über die kapitalistische Weltproduktion und das imperialistische Weltsystem. In jedem imperialistischen Land haben sich die dort ansässigen internationalen Übermonopole den Staatsapparat vollständig untergeordnet, ihre Organe sind mit den Organen des Staates verschmolzen, sie haben ihre Diktatur über die ganze Gesellschaft errichtet, auch über die schwächeren Monopole und die nicht monopolisierte Bourgeoisie.

Von dieser nationalen Machtbasis aus streiten die internationalen Übermonopole um größere Anteile am Weltmarkt und um die Ausweitung ihrer politischen Einflussgebiete.

Die einzige Kraft, die ihnen entscheidend entgegentreten kann, ist die weltweite Arbeiterklasse, wenn sie unter Führung des internationalen Industrieproletariats, das in den riesigen Produktionszentren der internationalen Übermonopole konzentriert ist, ein revolutionäres Bündnis schließt mit allen Unterdrückten der Welt.

Wenn die Arbeiterklasse »*Einfluß auf die Staatsangelegenheiten erlangen*« will (Lenin, Werke, Bd. 2, S. 106), muss sie die Macht der herrschenden Monopole im eigenen Land stürzen und gemeinsam mit ihren internationalen Klassenbrüdern um den Sieg der internationalen sozialistischen Revolution kämpfen.

Zur Befreiung von Ausbeutung und Unterdrückung muss die Arbeiterklasse das System der Lohnarbeit ebenso überwinden wie das System der bürgerlichen Familienordnung. Die Arbeiterklasse kann sich nur von der Ausbeutung der Lohnarbeit befreien, wenn sich auch die Frauen befreien – und umgekehrt.

Klassenbewusste Arbeiter müssen heute verstehen, dass die Lösung der sozialen Frage aufs Engste mit der Lösung der ökologischen Frage verknüpft ist, mit dem Kampf gegen die drohende Umweltkatastrophe. Die rücksichtslose Ausbeutung von Mensch und Natur ist ein Wesensmerkmal der imperialistischen Weltordnung geworden; sie kann nur zusammen mit dem Imperialismus überwunden werden. Erst eine sozialistische/kommunistische Gesellschaft kann die Einheit von Mensch und Natur wahren und unaufhörlich höherentwickeln.

Der Kampf für den Sozialismus/Kommunismus setzt jedoch heute mehr denn je voraus, dass die Arbeiterklasse die historischen Lehren aus dem revisionistischen Verrat am Sozialismus und der Restauration des Kapitalismus in ausnahmslos allen ehemals sozialistischen Ländern aufgreift.

Dazu muss sie mit dem gesellschaftlichen System der kleinbürgerlichen Denkweise fertig werden, das die internationalen Monopole heute als neue Herrschaftsmethode allseitig organisiert haben. Vor allem muss sie mit dem modernen Antikommunismus fertig werden, der der Arbeiterbewegung jede Perspektive jenseits der kapitalistischen Ausbeutergesellschaft raubt, der ihre Entwicklung und Entfaltung hemmt und sie zu unterdrücken sucht.

Bereits 2012 betrachteten 35 Prozent der Befragten das Umweltproblem als »*das wichtigste Problem in Deutschland*«. (Umweltbundesamt, »Umweltbewusstsein in Deutschland 2012«, S. 18) 2002 waren es noch 14 Prozent. Dieses **Umwelt-**

bewusstsein der Massen wird zunehmend immun gegen regierungsamtliche Propaganda.

2013 starteten Monopole und Regierung ein monatelanges Trommelfeuer gegen angeblich übcrteuerte erneuerbare Energien und propagierten eine Wiederaufnahme der Energiegewinnung aus Atomkraft als »Brückentechnologie«. Dennoch befürworteten im August 2013 82 Prozent der Befragten den Ausstieg aus der Atomenergie und einen verstärkten Ausbau erneuerbarer Energien. Sie äußerten massive Kritik an der Bundesregierung, vor allem an der Subventionierung der Monopole. Allerdings waren 63 Prozent der Befragten zugleich der Meinung, dass sie selbst wenig oder gar keinen Einfluss auf Umweltpolitik hätten.

2011/2012 gaben immerhin zehn Prozent der Befragten an, sich schon an *»politischen Aktionen zum Naturschutz«* beteiligt zu haben. (Bundesministerium für Umwelt, »Naturbewusstsein 2011«, S. 25) In vielen Aktionen ist wachsende Offenheit für radikalere Kampfformen des aktiven Widerstands zu spüren, etwa für Blockaden von Straßen oder Bahnlinien oder für Besetzungen von Gebäuden oder Feldern, sowie wachsendes radikal-demokratisches Bewusstsein.

Marxisten-Leninisten engagieren sich für eine breite, selbständige und **kämpferische Umweltbewegung auf antifaschistischer Grundlage**. Sie soll die Masse der umweltbewegten Menschen umfassen und auch immer mehr Arbeiter aus Betrieben. Auf der Grundlage des Kampfs entwickelt sich das Umweltbewusstsein am besten. Dann kann der aktive Widerstand gegen die drohende globale Umweltkatastrophe zur **Schule der Vorbereitung und Durchführung der internationalen Revolution** werden.

Der **Kampf für umweltschonende Technologien oder Produktionsverfahren** – zum Beispiel erneuerbare Energien oder emissionsfreie Antriebe – kann einzelne Verschärfungen der Umweltkrise abmildern und Verbesserungen zugunsten der Umwelt erreichen. Doch selbst die Durchsetzung technischer und wirtschaftlicher Reformen auf Kosten der Profite wird unter den Bedingungen des heutigen Kapitalismus die Entwicklung zur globalen Umweltkatastrophe nicht aufhalten können. Die Kämpfe müssen als **Schule des aktiven Widerstands und des Klassenkampfs** geführt werden. Wird das missachtet, dekorieren die Reformkämpfe nur das »Greenwashing« von Monopolen und Staat und schüren die tödliche Illusion eines »ökologischen Systemwechsels«.

Eine neue Qualität wird die Umweltbewegung dann gewinnen, wenn sie begreift, dass nicht nur die eine oder andere Umweltschutzmaßnahme durchzusetzen ist, sondern dass der Umweltkampf einen **gesamtpolitischen, gesellschaftsverändernden, letztlich revolutionären Charakter bekommen** muss.

Bürgerinitiativen sind meist für begrenzte Zeit organisiert und konzentrieren sich auf ein Problem oder auf wenige Fragen. Das kann sinnvoll sein, um mehr direkt Betroffene in die Aktivitäten einzubeziehen und konkretere Ziele zu formulieren. Entscheidend sind jedoch eine **neue Qualität des Umweltbewusstseins** und dauerhafte Organisationsformen, die zum Aufbau einer **dem internationalen Finanzkapital überlegenen Kraft** beitragen. Wenn es gelingt, eine starke nationale umweltpolitische Kampforganisation zu schaffen, kann diese mit der international organisierten Umweltbewegung kooperieren und ihre Aktivitäten koordinieren. In diesem Rahmen wachsen auch die Möglichkeiten kleiner in ihr tätiger Initiativen, wirksame Aufklärung zu leisten und Kämpfe zu führen. Das stärkt wiederum die Zuversicht, die dringend nötig ist, um die Katastrophe abwenden zu können.

Auf dem 2. Internationalen Umweltratschlag im Oktober 2011 kam erstmals der Vorschlag zur Sprache, in Deutschland eine überparteiliche, demokratische und finanziell unabhängige **Umweltgewerkschaft** aufzubauen. Gewerkschaften sind traditionell Klassenorganisationen, in denen sich Werktätige zur Verteidigung ihrer elementaren Interessen und zur Verbesserung ihrer Lebensverhältnisse zusammenschließen. Gewerkschaften stehen für Organisiertheit und gemeinsamen Kampf.

Eine Umweltgewerkschaft kann ein bedeutender Schritt vorwärts im Umweltkampf der Massen werden, weil sie wesentliche Elemente der notwendigen Selbstveränderung in sich trägt. Eine solche Umweltgewerkschaft

- muss die Hauptverursacher, das internationale Finanzkapital und die bürgerlichen Staaten, ins Visier nehmen und darf sich nicht vom imperialistischen Ökologismus vereinnahmen lassen. Sie muss mit dem internationalen Industrieproletariat die Kraft organisieren, die zur Hauptkraft im Umweltkampf werden soll.

- kann immer mehr der zersplitterten Umweltaktivisten in einer einheitlichen und schlagkräftigen Organisation vereinen.

- ermöglicht es den Arbeitern, die in ihr organisiert sind, sich mit allen Schichten der Bevölkerung und mit den in der Umweltfrage bereits aktiv gewordenen Menschen zu einem breiten Bündnis zusammenzuschließen.

- klärt ihre Mitglieder und die interessierte Öffentlichkeit über die komplizierte Umweltproblematik und den notwendigen Umweltkampf auf und bildet einen Damm gegen den kleinbürgerlichen und imperialistischen Ökologismus.

- kann als aktivste Kraft die Jugend mit ihrem besonderen Interesse an einer lebenswerten Zukunft organisieren.

- wird eine starke Kampforganisation sein, die Kampfformen der Arbeiterbewegung übernimmt und zur Durchsetzung ihrer Forderungen einsetzt.
- nimmt das Ziel des Sozialismus als festen, gleichberechtigten Bestandteil der Gewerkschaftsbewegung in ihre Arbeit auf. Sie fördert die Diskussion über eine gesellschaftliche Alternative, ohne dass sich jedes Mitglied programmatisch festlegen muss oder dass Mitglieder, die für eine sozialistische Perspektive kämpfen, ausgegrenzt werden.

Eine solche Umweltgewerkschaft wird **keine Konkurrenz zu Industrie- oder anderen DGB-Gewerkschaften werden**, weil ihr Betätigungsfeld nicht in erster Linie die Lohn- und Arbeitsbedingungen der Arbeiter und Angestellten sind. Wenn sich Interessen überschneiden wie beim Kampf gegen umweltschädliche Substanzen in der Produktion oder gegen gesundheitsschädliche Arbeitsbedingungen, wird die Umweltgewerkschaft auf der **Grundlage des gemeinsamen Kampfs** die **Zusammenarbeit** mit den Industriegewerkschaften suchen.

Die Umweltgewerkschaft muss in allen gesellschaftlichen Bereichen aktiv werden, in denen Menschen für den Schutz und gegen die Ruinierung der natürlichen Umwelt und der menschlichen Gesundheit und gegen die Hauptverursacher, die internationalen Monopole, kämpfen.

Auf der **Grundlage der weltanschaulichen Offenheit**, die Offenheit für eine befreite Gesellschaft einschließt, der breitesten Demokratie, der wirklichen Überparteilichkeit und finanziellen Unabhängigkeit können Meinungsverschiedenheiten zwischen den Aktivisten der Umweltbewegung **kameradschaftlich** ausgetragen werden. Mit einer **demokratischen Streitkultur** können Probleme in geduldigen Diskussionen gelöst werden.

Die Parteiarbeit der Marxisten-Leninisten

Die MLPD fördert den Aufbau und die Entwicklung tatsächlich überparteilicher Selbstorganisationen der Massen in Einheit mit der Stärkung des Aufbaus der revolutionären Partei. Ohne starke marxistisch-leninistische Parteien in den einzelnen Ländern wird es keine internationale Widerstandsfront zur Rettung der Umwelt vor der Profitwirtschaft geben, die auch gesellschaftsverändernde Ziele hat.

Zur Wahrnehmung ihrer Aufgaben braucht die **MLPD** ein **Programm für den Kampf gegen die drohende Umweltkatastrophe**. Es soll auch für die Massen zur Leitlinie werden im Kampf für eine neue Gesellschaftsordnung, in der es gelingen wird, die Umweltkatastrophe abzuwenden. In bisherigen Diskussionen haben sich die wichtigsten Forderungen dafür herausgebildet:

- Radikaler Stopp der Rodung der Wälder, insbesondere der tropischen Regenwälder! Großflächige artgerechte Wiederaufforstung!

- Sukzessives und dann vollständiges Ersetzen fossiler Brennstoffe durch regenerative Energien! Energiegewinnung vor allem aus Sonne, Wind, Wasser und Bioabfällen! Senkung der Treibhausgas-Emissionen um 70 bis 90 Prozent bis zum Jahr 2030 und klarer Kurs auf Absenkung des CO_2-Gehalts in der Luft auf 350 ppm![57]

- Energische Durchsetzung umweltschonender Anbaumethoden und artgerechter Tierhaltung in der Landwirtschaft gegen Großagrarier und Agrarkapitalisten! Aktiver Tierschutz!

---

[57] Investitionen von etwa sieben Prozent des heutigen Weltsozialprodukts pro Jahr in erneuerbare Energien würden ausreichen, die Energieversorgung weltweit bis 2030 umzustellen. (Studie der Stanford Universität)

- Kampf um gesunde Arbeits- und Lebensbedingungen! Einführung der 30-Stunden-Woche bei vollem Lohnausgleich! Einschränkung der Nacht- und Schichtarbeit! Stärkung der Gesundheitsprävention und des Breitensports! Kostenlose medizinische Versorgung der Bevölkerung auf Kosten der Profite!

- Kampf dem weltweiten Hunger, der Spekulation mit Lebensmitteln, der massenhaften Vergiftung und Vernichtung oder dem Missbrauch von Nahrungsmitteln, der Fehlernährung von Milliarden Menschen! Verbot des Einsatzes genmanipulierter Pflanzen und Tiere! Förderung gesunder Ernährung und entsprechende Erziehung der Jugend! Strenge Kontrolle aller Lebensmittel und Pflicht zur Kennzeichnung ihrer Herkunft, Inhaltsstoffe und Produktionsbedingungen!

- Allseitige Grundlagenforschung und umfassende Vorsorge bei der Einführung neuer Materialien und Technologien!

- Ausbau eines kostenlosen öffentlichen Nahverkehrs! Güterverkehr auf Schienen und Wasserwege! Schnellstmögliche Umstellung auf ein Verkehrssystem, das auf die Nutzung fossiler Brennstoffe verzichtet!

- Internationale und sofort umsetzbare Abkommen zum allseitigen Schutz der Weltmeere: Verbot der Förderung von Rohstoffen in der Tiefsee! Stopp der Überfischung! Verbot der Entsorgung von Müll im Meer! Erklärung von Arktis und Antarktis zu internationalen Schutzzonen!

- Entschiedener Kampf um höchste Standards in der Wasserwirtschaft! Durchsetzung des Menschenrechts auf sauberes Trinkwasser!

- Sofortiges Verbot der Produktion, Verarbeitung und Freisetzung von Substanzen, die die Ozonschicht schädigen! Verpflichtung zu umweltschonender Entsorgung solcher Stoffe auf Kosten der kapitalistischen Produzenten!

- Stopp der fortschreitenden Zersiedelung der Landschaft durch unnütze Straßen, Industrieanlagen, Großprojekte und ausufernden Bau privater Eigenheime!
- Wirksamer Katastrophenschutz zulasten der Verursacher! Renaturierung der Flüsse und Auen als weitflächige Überflutungsgebiete!
- Verpflichtung zu umfassendem Recycling – sparsamer Umgang mit natürlichen Rohstoffen und radikaler Rückbau der Vermüllung! Verbot der Müllverbrennung!
- Allgemeines Verbot der Einleitung von Schadstoffen in Böden, Wasser oder Luft! Reinigung vergifteter Böden von Industrieanlagen und Deponien auf Kosten der Betreiber!
- Kampf dem zerstörerischen Abbau von Rohstoffen: Verbot von Tiefseebohrungen, Fracking und extraktivem Tagebau! Verbot der Lagerung von Abfällen und Giftmüll untertage!
- Weltweite Stilllegung aller Atomkraftanlagen! Internationales Verbot der sogenannten »friedlichen« Nutzung der Atomenergie! Höchste Sicherheitsstandards bei Lagerstätten des Atommülls!
- Verbot, Ächtung und Vernichtung aller ABC-Waffen!
- Kampf um den Rückbau der überschüssigen und unsinnigen Warenproduktion!

Einzig die Alleinherrschaft des internationalen Finanzkapitals steht wirksamem Umweltschutz und der Rettung der Menschheit vor der Umweltkatastrophe im Weg.

- Aktiver Umweltschutz im Kampf gegen die Profitwirtschaft! Beseitigung der Umweltschäden auf Kosten der Verursacher!
- Weltweiter aktiver Widerstand gegen die drohende globale Umweltkatastrophe!

- Kampf für eine sozialistische Gesellschaftsordnung, in der die Einheit von Mensch und Natur gesellschaftliche Leitlinie ist!

Die **führende Kraft in der internationalen Revolution** zur Lösung der Umweltfrage im Sozialismus/Kommunismus sind die Industriearbeiterinnen und -arbeiter in den Zentren der internationalen Produktion – das **internationale Industrieproletariat**.

Die **Hauptkraft ist die internationale Arbeiterklasse**, die allein nicht zu einer überlegenen Kraft werden und den mächtigen Imperialismus besiegen kann. Sie muss ein festes **Bündnis mit allen Unterdrückten** des imperialistischen Herrschaftssystems schließen: mit national unterdrückten Völkern, mit den Millionen Kämpfern gegen politische, kulturelle, religiöse und sexuelle Unterdrückung, mit den Milliarden doppelt ausgebeuteter und unterdrückter Frauen in allen Ländern der Welt, mit der rebellierenden Jugend, mit Millionen, die sich gegen Hunger, Unterernährung und Verarmung zur Wehr setzen. Die **größte Gruppe der Unterdrückten** wird in Zukunft die Masse von Menschen sein, die sich der drohenden globalen Umweltkatastrophe entgegenstellen.

Um das breite Bündnis zu schaffen, das heute notwendig ist, hat die MLPD die Klassenlosung des Kommunistischen Manifests – »Proletarier aller Länder, vereinigt euch!« – ergänzt durch die neue strategische Bündnislosung:

»Proletarier aller Länder und Unterdrückte, vereinigt euch!«

Zwischen dem proletarischen Klassenkampf zum Sturz der kapitalistischen/imperialistischen Ausbeuterordnung und dem Kampf zur Rettung der Umwelt vor der Profitwirtschaft besteht ein ebensolcher unauflöslicher Zusammenhang wie zwischen dem nationalen und internationalen Klassenkampf zur Vorbereitung und Durchführung der internationalen Revolution.

Das strategische Ziel der Arbeiterbewegung, eine befreite Gesellschaft ohne Ausbeutung und Unterdrückung, wird ohne die Lösung der Umweltfrage nicht zu verwirklichen sein.

Angesichts der drohenden globalen Umweltkatastrophe muss die **Strategie** zur Vorbereitung der internationalen Revolution erweitert werden. Sie muss anknüpfen an die in der kommunistischen und Arbeiterbewegung lange Zeit verdrängten **revolutionären Grundsätze von Marx und Engels zur Einheit von Mensch und Natur**. Die kritisch-selbstkritische Aufarbeitung und Korrektur dieser Verdrängung ist Teil des unabdingbaren Selbstveränderungsprozesses der Marxisten-Leninisten.

Deshalb hat die MLPD auf ihrem IX. Parteitag 2012 eine entschiedene Selbstverpflichtung übernommen. Die Schlussresolution bekräftigte das Ziel,

»jede Geringschätzung der Umweltfrage in der Arbeit der MLPD zu überwinden. Die marxistisch-leninistische Umweltarbeit muss nach der Hauptkampflinie der Betriebs- und Gewerkschaftsarbeit zur zweitwichtigsten Kampflinie und fester Bestandteil jedweder Parteiarbeit werden.« (»Dokumente des Stuttgarter Parteitags«, S. 340)

Als organisationspolitische Konsequenz beschloss die MLPD, ihre Parteiarbeit zu reorganisieren, damit die Gruppen die verschiedenen Qualitäten der Umweltarbeit besser verwirklichen können.

»1. Jede Gruppe muss den Kampf zum Erhalt der natürlichen Lebensgrundlagen zu ihrer Sache machen.

2. Herkömmliche Betriebs-, Wohngebiets- und Hochschulgruppen mit einem besonderen Schwerpunkt auf dem Umweltkampf.

3. *Marxistisch-leninistische Umweltgruppen, die sich auf der Grundlage der Standards der systematischen Kleinarbeit auf die Arbeit innerhalb der kämpferischen Umweltbewegung und an umweltpolitischen Brennpunkten konzentrieren und darin marxistisch-leninistische Einflussgebiete erkämpfen.«* (ebenda, S. 214/215)

Die notwendige neue Qualität der internationalen Umweltbewegung hängt wesentlich davon ab, ob die Marxisten-Leninisten bereit und fähig sind, diesen Selbstveränderungsprozess entschlossen durchzufechten und die breite Masse von ihrer Notwendigkeit zu überzeugen.

5. Umweltpolitik im Sozialismus und Rückfall im bürokratischen Kapitalismus

Bereits in seinen frühen Schriften charakterisierte Karl Marx den Kommunismus als Gesellschaftsform, in der jegliche Entfremdung von der Natur aufgehoben ist.

*»Dieser Kommunismus ist ... die **wahrhafte** Auflösung des Widerstreites zwischen dem Menschen mit der Natur und mit dem Menschen ... Er ist das aufgelöste Rätsel der Geschichte und weiß sich als diese Lösung.«* (»Ökonomisch-philosophische Manuskripte aus dem Jahre 1844«, Marx/Engels, Werke, Bd. 40, S. 536)

Ein prinzipieller **Maßstab für den Sozialismus** als Übergangsgesellschaft zum Kommunismus besteht darin, ob die **Überwindung der Entfremdung des Menschen von Arbeit und Natur** und die Höherentwicklung der Einheit von Mensch und Natur konsequente Leitlinie ist.

Die beiden bedeutendsten sozialistischen Staaten der bisherigen Menschheitsgeschichte waren die sozialistische Sowjetunion von 1917 bis 1956 und die Volksrepublik China von 1949 bis 1976. Die bürgerliche Geschichtsschreibung und die kleinbürgerlichen Kritiker des Sozialismus anerkennen inzwischen großteils – wenn auch widerwillig – die unbestreitbar gewaltigen ökonomischen Aufbauleistungen beider Staaten.

In der Behandlung der Umweltfrage hingegen wird vor allem der sozialistischen Sowjetunion gröbste Ignoranz, Unfähigkeit, in den schlimmsten Fällen sogar eine Hauptverantwortung für die drohende globale Umweltkatastrophe zugeschrieben. Die **sich ökologisch gebende Geschichtsfälschung** ist zu einem zentralen Feld der Propaganda des modernen Antikommunismus geworden.

Umweltpolitik beim Aufbau des Sozialismus

Als erster sozialistischer Staat war die Sowjetunion während ihrer ganzen Existenz wütenden Angriffen von innen und außen ausgesetzt. 14 imperialistische Staaten intervenierten in den Bürgerkrieg, den die Konterrevolutionäre seit 1918 gegen die siegreiche Oktoberrevolution führten. Später setzten imperialistische Staaten systematisch Spione und Saboteure gegen den Aufbau des Sozialismus ein. Im II. Weltkrieg überfiel die Wehrmacht der Hitler-Faschisten die UdSSR und richtete verheerende Zerstörungen an. Dass die sowjetischen Arbeiter und Bauern trotzdem den Sozialismus aufbauten, war ein Signal von welthistorischer Bedeutung. Die sozialistische Sowjetunion wurde zum leuchtenden Vorbild der internationalen revolutionären und Arbeiterbewegung.

In Verbindung mit der theoretischen Verdrängung der Umweltfrage in der internationalen marxistisch-leninistischen und Arbeiterbewegung wurde bisher weitgehend verkannt, dass die **sozialistische Sowjetunion** in vielen Bereichen oftmals **Vorreiterin einer zukunftsweisenden Umweltpolitik** war.

Weltbekannt wurde Lenins berühmter Ausspruch: »*Kommunismus ist Sowjetmacht plus Elektrifizierung des ganzen Landes.*« (»Unsere außen- und innenpolitische Lage und die Aufgaben der Partei«, Lenin, Werke, Bd. 31, S. 414)

Lenin initiierte nicht nur den sogenannten GOELRO-Plan, er übernahm auch die Führung bei der Verwirklichung der Elektrifizierung und organisierte den Erfolg der Masseninitiative. Er sah dieses kühne Projekt nicht nur als Teil des ökonomischen Aufbaus, sondern als revolutionäre Selbstveränderung der ganzen Gesellschaft. Die Elektrifizierung des Landes war für ihn aufs Engste verbunden mit intensiver Überzeugungsarbeit, mit dem Kampf gegen Rückständigkeit und Selbstgenügsamkeit in der Denkweise der Massen besonders auf dem Land. Er bestand auf exakter wissenschaftlicher Planung und auf Mobilisierung der Massen. So schrieb er am 23. Januar 1920:

Ein konkreter Plan »*muß sofort aufgestellt werden, um die Massen in anschaulicher und populärer Weise durch die klare und eindrucksvolle (ihrem Wesen nach absolut **wissenschaftliche**) Perspektive mitzureißen: Gehen wir an die Arbeit, und in 10–20 Jahren werden wir ganz Rußland, das industrielle wie das landwirtschaftliche, **elektrisch** machen. ... Ich wiederhole, man muß die **Masse** der Arbeiter und der bewußten Bauern durch ein **großes** Programm für 10–20 Jahre mitreißen.*« (»Brief an G. M. Krshishanowski«, Lenin, Werke, Bd. 35, S. 411/412)

Lenin stützte sich auf die Arbeit von 180 – überwiegend nicht kommunistischen – Wissenschaftlern. Er verlangte von ihnen, aber auch von den kommunistischen Funktionären, Wissenschaftlichkeit und Qualitätsarbeit, aber auch höchstes Tempo, und empörte sich über bürokratische Tendenzen, über Skepsis und Verschleppung:

»*Man muß endlich lernen, die Wissenschaft zu schätzen, mit der* ›*kommunistischen*‹ *Hoffart von Dilettanten und Bürokraten aufzuräumen; man muß endlich lernen, systematisch zu arbeiten und dabei die eigene Erfahrung, die eigene Praxis auszuwerten!*« (»Über den einheitlichen Wirtschaftsplan«, Lenin, Werke, Bd. 32, S. 137)

In seinem Buch »Weiße Elefanten« bilanzierte der scharfe Kritiker unnützer Großprojekte, Dirk van Laak, nüchtern die Elektrifizierung der jungen Sowjetunion.

»*Vor der Revolution hatte es in Rußland nur zehn Kraftwerke gegeben, die 1920 zusammen rund fünfhundert Millionen Kilowatt Strom erzeugten. Der GOELRO-Plan hatte zunächst den Bau von dreißig Kraftwerken vorgesehen, tatsächlich waren es bis 1935 einhundertfünfzig geworden, die insgesamt mehr als sechsundzwanzig Milliarden Kilowatt zur Verfügung stellten. Mit dieser beeindruckenden Steigerung im Rücken schien es möglich, die Grundlagen des Sozialismus bald auch auf anderen Gebieten voranzutreiben und sich der bremsenden Rückstände früherer Zeiten möglichst rasch zu entledigen.*« (Dirk van Laak, »Weiße Elefanten«, S. 102)

Die sozialistische Planwirtschaft machte es möglich, viele von Wissenschaftlern schon im zaristischen Russland ausgearbeitete, aber nie realisierte Pläne anzupacken und in hohem Tempo in die Tat umzusetzen.

Besonders bemerkenswert ist, dass die Elektrifizierung des riesigen Landes **wesentlich auf Wasserkraft, also auf erneuerbarer Energie** beruhte. So brachte sie gleich mehrfachen Nutzen: Sie diente dem Bau von Kraftwerken, der Bewässerung und der Erschließung bisher unfruchtbarer Gebiete für die Landwirtschaft. Sie ermöglichte Schifffahrt und begünstigte strategische Maßnahmen der Landesverteidigung, die sich später im »Großen Vaterländischen Krieg« als äußerst vorteilhaft erwiesen. Nicht zuletzt war sie mit dem Aufbau von Naherholungsgebieten für die Massen verbunden. Das zeigte in der Praxis, wie **Ökonomie und Ökologie unter sozialistischen Voraussetzungen und unter strikter Einhaltung sozialistischer Prinzipien eine untrennbare Einheit bilden** können.

Die Umweltpolitik der Sowjetunion unter Stalins Führung

Dieser Kurs wurde in der **sozialistischen Sowjetunion unter Stalins Führung** über Jahrzehnte und in vielen Bereichen der Umweltpolitik entschlossen fortgesetzt und ausgeweitet.

Dass lange Zeit nicht einmal Revolutionäre die Umweltpolitik unter Stalins Führung würdigten, zeigt die Wirkung der antikommunistischen Propaganda und der ungeheuerlichen Verleumdungen Josef Stalins.

2010 veröffentlichte der US-amerikanische Wissenschaftler Stephen Brain von der Mississippi State University einen bemerkenswerten Artikel unter dem Titel »Stalin's Environmentalism«[58]. Er stellt dar, wie die sowjetische Führung im Kampf gegen kleinbürgerliche Bürokraten riesige Waldgebiete vor Zerstörung bewahrte.

Beim stürmischen Aufbau im Rahmen des ersten Fünfjahresplans forderten Kreise der Wirtschaftsbürokratie immer drängender, in großem Umfang Waldflächen zu roden und Land für die Industrialisierung zur Verfügung zu stellen. Die kleinbürgerliche Bürokratie in der Partei-, Staats- und Wirt-

---

[58] Stalins Umweltpolitik

schaftsführung hatte einseitig im Auge, die Wirtschaft extensiv aufzubauen und die sozialistische Wertschöpfung zu erhöhen. Brain berichtet:

»Mit einer allerdings schnell zurückgenommenen Ausnahme (1929) widersprach das Politbüro durchweg dem Druck in Richtung Überindustrialisierung des Waldes.« (S. 93 – eigene Übersetzung)

Während der gesamten 1930er, 1940er und bis in die 1950er Jahre entbrannten heftige Auseinandersetzungen, die sich als **wesentliche Seite des Klassenkampfs im Sozialismus** erwiesen. Kleinbürgerliche Bürokraten unter Führung des Professors für Forstwirtschaft, Sergej Bogoslovskij, attackierten massiv den Waldschutz. Sie erstellten Gutachten, forderten *»rationellen Holzschlag«* in großen Gebieten, setzten den Aufbau der Wirtschaft an die erste Stelle, empfahlen allenfalls, in Sibirien Ausgleichsflächen aufzuforsten. Sie starteten propagandistische Kampagnen gegen die *»Sentimentalität«* und den *»Romantizismus«* der Gegner ihrer Kahlschlagpolitik. Als all das nichts fruchtete und die Führung der Sowjetunion am Schutz der Wälder festhielt, gingen sie so weit, sogar die Umsetzung von Gesetzen zu verweigern.

Die revolutionäre Staatsführung stützte sich auf die Massen – insbesondere die Gewerkschaft der Waldarbeiter – und wurde von der Arbeiter- und Bauerninspektion unterstützt. Auf dem Höhepunkt der Auseinandersetzung entzog die sowjetische Führung dem Ministerium für Schwerindustrie die Verantwortung für die Forstwirtschaft und richtete stattdessen ein Ministerium für Forstindustrie ein mit dem ausdrücklichen Auftrag, die Wälder zu schützen.

Wegweisende Grundsätze wurden beraten, Gesetze und Verordnungen erlassen, um den Wald nachhaltig zu pflegen, Waldbränden vorzubeugen und um Zehntausende Fachkräfte auszubilden.

Ausdrücklich widerspricht Stephen Brain angesichts dieser Tatsachen dem bisherigen »Konsens« unter bürgerlichen Wissenschaftlern, dass »*Stalins Regierung unversöhnlich und feindlich Umweltinitiativen gegenüber*« gewesen sei. Seine Forschungen kamen stattdessen zu dem Ergebnis:

»*In der Sowjetunion unter Stalin überlebte der Umweltschutz – er entwickelte sich sogar positiv; ein Niveau wurde durchgesetzt, das nirgendwo sonst auf der Welt seinesgleichen fand, wenn auch nur in Bezug auf einen Bestandteil der sowjetischen Umwelt, die immensen Wälder des russischen Kernlandes.*« (ebenda, S. 93 – eigene Übersetzung)

Die zukunftsweisende **Forstpolitik** war – entgegen der Auffassung von Brain – jedoch kein Einzelfall. Die sozialistische Sowjetunion verwirklichte eine bemerkenswerte, vielseitige Politik des Umweltschutzes, in Riesenprojekten ebenso wie in Einzelmaßnahmen:

- Landesweit angelegte **Waldschutzgürtel** schützten Felder und Wiesen vor Sandstürmen.
- Großflächige **Bewässerung** förderte die Landwirtschaft, ermöglichte die Begrünung von Dürregebieten.
- Das »Trawopolnaja«-System (**Grasfeldersystem**) förderte landesweit den Ackerbau ohne Kunstdünger, Insektizide und Pestizide.
- Mit der Moskauer und Leningrader Metro entstand ein zukunftsweisendes, ökologisch sinnvolles **Verkehrssystem** in den Metropolen; die Haltestellen waren zugleich Kulturstätten für die Massen.
- Die **Gesetzgebung** für die Wasserwirtschaft sicherte jedermann den Zugang zu den Ufern aller natürlichen Gewässer.
- Ein bemerkenswertes Gesetz aus der Zeit Stalins half noch in den 1990er Jahren bei der **Rettung des Amur-Tigers** in Sibirien. Umweltschützer des WWF konnten das verges-

sene, aber noch gültige Gesetz für ihre Rettungsmaßnahmen nutzen, die erneut nötig geworden waren.

- Das 1926 in Leningrad gegründete **Wawilow-Institut** beherbergt Samen von mehr als 330 000 Arten von Nutz- und Wildpflanzen. Diese weltweit einzigartige Sammlung gewinnt heute noch an Bedeutung für den Erhalt der Artenvielfalt.

Das alles war **welthistorische Pionierarbeit**!

Steiniges oder gar vermintes Neuland wird jedoch nie ohne Fehltritte erobert. So gab es auch erhebliche Probleme und **Fehlentwicklungen in der Umweltpolitik** der sozialistischen Sowjetunion. Sie resultierten vor allem aus dem massiven Druck, unter dem der sozialistische Aufbau stand. Sie waren auch Folgen historischer Unerfahrenheit und Unkenntnis der entfernteren ökologischen Auswirkungen weitreichender Umgestaltungen der Natur. Denn in der sozialistischen Sowjetunion hatten sich zum ersten Mal die ehemals unterdrückten Arbeiter und Bauern daran begeben, ihre eigene Gesellschaft aufzubauen.

Begünstigt wurden Fehler auch durch den Einfluss **kleinbürgerlicher Bürokraten** in der Partei-, Staats- und Wirtschaftsführung, die tendenziell die Prinzipien des sozialistischen Aufbaus missachteten und die bereits Lenin erbittert bekämpft hatte.

Nicht immer schenkte die Sowjetunion diesem Klassenkampf im Sozialismus genügend Aufmerksamkeit – eine Wirkung der **Verdrängung der Umweltfrage** aus Ideologie und Politik der revolutionären Arbeiterbewegung.

So konnten sich auch **bürokratisch-zentralistische Tendenzen** in Form einer einseitigen Fokussierung auf zentralistische Großprojekte niederschlagen. Vielerorts wurden in größter Eile Industrie- und Wohngebiete aus dem Boden gestampft, die dann später mit großen Umweltproblemen zu kämpfen hatten. Der forcierte industrielle Aufbau missachtete tendenziell die umweltpolitischen Folgen.

Ideologische Auseinandersetzungen um die sozialistische Umweltpolitik

Auch bei der **theoretischen Ausarbeitung von Grundlinien der sozialistischen Planwirtschaft** wurde nach dem Tod Lenins 1924 die Frage der grundlegenden Einheit von Mensch und Natur tendenziell ignoriert. Im »Lehrbuch der Politischen Ökonomie« von 1954 heißt es:

»Die sozialistische Planung beruht auf streng wissenschaftlicher Grundlage. Die Volkswirtschaft planmäßig führen heißt voraussehen. Die wissenschaftliche Voraussicht beruht auf der Erkenntnis der objektiven ökonomischen Gesetze und geht von den herangereiften Entwicklungsbedürfnissen des materiellen Lebens der Gesellschaft aus.

Eine richtige Planung der sozialistischen Wirtschaft setzt vor allem die Beherrschung und sachkundige Ausnutzung des Gesetzes der planmäßigen Entwicklung der Volkswirtschaft voraus.« (»Das Gesetz der planmäßigen (proportionalen) Entwicklung der Volkswirtschaft«, S. 477)

Diese Position ignoriert die Notwendigkeit, die Leitlinie der Einheit von Mensch und Natur bewusst zu verwirklichen. Sie gibt sich der Illusion hin, in der sozialistischen Planwirtschaft **unendliche Wachstumsprozesse organisieren zu können, indem Mensch und Natur** den staatlichen Plänen unterworfen werden.

Wie diese Position die **theoretischen Ansichten in der sozialistischen Sowjetunion** beeinflusste, wird an Ansichten deutlich, die der Leiter der Staatlichen Plankommission Gleb

Maximilianowitsch Krshishanowski 1932 vor Wissenschaftlern äußerte:

> »*Der gewaltige Anschauungsunterricht, den heute die Sowjetmacht durch ihren wirtschaftlichen und politischen Aufbau erteilt, deckt neue Geheimnisse auf, wodurch eine krisenlose Entwicklung der Weltwirtschaft unter den Bedingungen eines großartigen Aufstiegs zu **immer größerem materiellen Überfluß, einer immer stärkeren Unterwerfung der Elementargewalten, der Dinge und der Menschen** unter den wissenschaftlich durchdachten sozialistischen Plan gesichert wird.*« (»Die Grundlagen des technisch-ökonomischen Rekonstruktionsplanes der Sowjetunion«, S. 2 – Hervorhebung Verf.)

Während Marx und Engels von »Beherrschung der Naturgesetze« sprachen, forderte Krshishanowski die »*Unterwerfung der Elementargewalten ... und der Menschen*« unter die Ziele der ökonomischen Entwicklung. Dabei bedeutet Sozialismus/Kommunismus doch gerade, das aus dem Kapitalismus übernommene ohnmächtige Verhältnis des Arbeiters zur Produktion und den Produkten zu überwinden. Erst im Sozialismus kann die Arbeiterklasse die Gesetze der Natur und der Gesellschaft immer besser beherrschen und dadurch wieder »*Eins mit der Natur*« werden. (»Dialektik der Natur«, Marx/Engels, Werke, Bd. 20, S. 453) Sozialistische Planung dient den Menschen und der immer höheren Einheit mit der Natur – und nicht umgekehrt.

Entgegen der idealistischen Auffassung, die Natur der Planung und der Arbeit der Menschen zu unterwerfen, betonte Marx den materialistischen Standpunkt. Die Naturgegebenheiten räumen den Menschen einen Freiraum ein, die Natur zu ändern, etwa neue Formen der Naturstoffe zu gestalten. Dazu schrieb Karl Marx:

> »*Der Mensch kann in seiner Produktion nur verfahren, wie die Natur selbst, d. h. nur die Formen der Stoffe ändern. Noch*

mehr. *In dieser Arbeit der Formung selbst wird er beständig unterstützt von Naturkräften. Arbeit ist also nicht die einzige Quelle der von ihr produzierten Gebrauchswerte, des stofflichen Reichtums. Die Arbeit ist sein Vater, wie William Petty sagt, und die Erde seine Mutter.«* (»Das Kapital«, Marx/Engels, Werke, Bd. 23, S. 57/58)

Diese grundsätzliche Aussage von Marx wertete Krshishanowski fälschlich als zeitbezogene Aussage. Er schrieb:

»es ist klar, daß während des ganzen Verlaufs der Vorwärtsbewegung die Formel W. Pettys ihre Geltung behalten wird: ›Die Arbeit ist der Vater allen Reichtums, die Erde – seine Mutter.‹

Aber auch diese Formel stimmt nur in ihrer Bewegung gesehen. Die Lehre der Physiokraten entsprach dem damaligen Kräfteverhältnis zwischen Industrie und Landwirtschaft. Der siegreiche Verlauf der kapitalistischen Industrialisierung hat seine Umwertung der Werte hinter sich und schränkt immer mehr das absolute Prinzip ein, das mit dem Begriff ›Erde‹ verbunden ist.« (»Die Grundlagen des technisch-ökonomischen Rekonstruktionsplanes der Sowjetunion«, S. 2)

Letztlich versuchte Krshishanowski nur, doch noch die bürgerliche Losung von der »Arbeit als Quelle allen Reichtums« zu rechtfertigen. Statt die Natur einseitig auf ihren Nutzen für das ökonomische Wachstum der Gesellschaft zu reduzieren, hatte Marx gerade die Aufhebung der Entfremdung des Menschen von der Natur als für die kommunistische Gesellschaft charakteristisch angesehen.

*»Das Bedürfnis oder der Genuß haben darum ihre **egoistische** Natur und die Natur ihre bloße **Nützlichkeit** verloren, indem der Nutzen zum **menschlichen** Nutzen geworden ist.«* (»Ökonomisch-philosophische Manuskripte aus dem Jahre 1844«, Marx/Engels, Werke, Bd. 40, S. 540)

Entsprechend dem **doppelten Produktionsbegriff** muss sozialistische Planung beide Seiten umfassen: die Produktion und Reproduktion von Lebensmitteln und die Produktion und Reproduktion des menschlichen Lebens selbst. Beides kann im Interesse einer Gesellschaft natur- und selbstbewusster Menschen nur **Produktion und Reproduktion in dialektischer Einheit von Mensch und Natur** sein.

Allein aus »*ökonomischen Gesetzen*« und der »*Ausnutzung des Gesetzes der planmäßigen Entwicklung der Volkswirtschaft*« kann die Produktion und Reproduktion des unmittelbaren Lebens nicht allseitig für Mensch und Natur geplant und gefahrlos verwirklicht werden. **Wissenschaftliche Einseitigkeiten, Einflüsse von Vulgärmaterialismus und metaphysische Überspitzungen** warfen – bei allen grandiosen Fortschritten des sozialistischen Aufbaus – Wissenschaft und Umweltforschung der Sowjetunion zum Teil auch zurück.

Die biologische Forschung in der damaligen Sowjetunion leistete bedeutende Beiträge zu einer ökologischen Agrarwirtschaft. Der Botaniker I. W. Mitschurin entwickelte völlig neue Züchtungsmethoden, aus denen allein 300 neue, klimatisch angepasste Obstsorten hervorgingen. Sowjetische Pflanzenzüchter beobachteten, dass auch erworbene Eigenschaften in bestimmtem Umfang weiter vererbt werden können. Doch eine metaphysische Gegenüberstellung – *entweder* Genetik *oder* Vererbung erworbener Eigenschaften – behinderte lange Zeit weitere Fortschritte. Der Präsident der Lenin-Akademie für Landwirtschaft, Trofim Lyssenko, der die Genetik pauschal als »reaktionäre Theorie« verwarf, gewann entscheidenden Einfluss. Kritiker seiner Lehre wie der weltweit anerkannte Biologe Nikolai Wawilow wurden dagegen als angebliche Gegner des Sowjetstaats verfolgt. Es ist bezeichnend, dass Lyssenko nach dem XX. Parteitag der KPdSU 1956 Chruschtschows landwirtschaftlicher Berater wurde.

Planung und Verwirklichung sehr großer Kraftwerke und Industrieanlagen nehmen Jahre in Anspruch. Sie erfordern hochkomplexe Planungsprozesse und gewaltige Investitionen, die sich erst nach Jahren rentieren. Solche Großprojekte laufen Gefahr, die ungleichmäßige Entwicklung des Landes zu verstärken. Außerdem erfordern riesige Baustellen mit Zehntausenden Arbeitern und Ingenieuren einen relativ großen bürokratischen Apparat und erleichtern Sabotage.

Ende der 1930er Jahre brach deshalb in der KPdSU(B) eine bedeutende kritische und selbstkritische **Diskussion über Gigantomanie** auf. Auf dem XVIII. Parteitag 1939 führte W. M. Molotow, der damals Vorsitzender des Rats der Volkskommissare war, also Regierungschef der UdSSR, in der Beratung über den dritten Fünfjahresplan aus:

*»Der Plan erfordert eine entschiedene Abkehr von der **Gigantomanie** in der Bautätigkeit, die bei manchen Wirtschaftlern geradezu eine krankhafte Erscheinung geworden war; der Plan verlangt für alle Zweige der Volkswirtschaft den konsequenten Übergang zum Bau von mittleren und kleineren Betrieben, angefangen von den Kraftwerken. Das ist notwendig zwecks Verkürzung der Baufristen und im Interesse einer rascheren Inbetriebnahme neuer Produktionskapazitäten, wie auch zum Zwecke einer Dezentralisation der neuen Betriebe über die wichtigsten Wirtschaftsgebiete des Landes. Hierbei soll auf den Bau kleinerer und mittlerer Kraftwerke der Nachdruck gelegt werden.«* (»Das Land des Sozialismus heute und morgen, Berichte und Reden auf dem XVIII. Parteitag der KPdSU(B), 10.–21. März 1939«, S. 153 – Hervorhebung Verf.)

Theoretische Grundlage der Gigantomanie war ein Einfluss der kleinbürgerlich-idealistischen Weltanschauung. **Trotzki** war einer der Urväter von Theorien der »Korrektur« der Natur und **der unbegrenzten Möglichkeit der Umgestaltung der Naturgesetze**:

»*die Menschheit* ... *wird sich daran gewöhnen, die Welt zu betrachten als gefügigen Ton zur Modellierung immer vollkommenerer Lebensformen.* ... *Der Mensch wird sich mit der Umgruppierung der Berge und Flüsse befassen und wird die Natur ernstlich und wiederholt korrigieren.*« (Leo Trotzki, »Literatur und Revolution«, Verlag für Literatur und Politik, Wien 1924, S. 172/174)

Die Diskussion über Gigantomanie wurde notgedrungen unterbrochen. Um das Land auf die Schlacht mit dem Hitler-Faschismus vorzubereiten, mussten alle Kräfte konzentriert werden. Nur wenn Energieerzeugung und Industrieproduktion wesentlich vermehrt wurden, konnte der Sozialismus verteidigt werden. Das verlangte drastische Maßnahmen und eine gigantische Anspannung aller Kräfte, die von den sowjetischen Arbeitern und Bauern auch geleistet wurden, um die Faschisten zu schlagen.

Sowjetische Umweltpolitik nach dem II. Weltkrieg

In den ersten Jahren nach dem II. Weltkrieg litt die Sowjetunion noch unter den Verwüstungen des verheerenden Kriegs. Wo die Faschisten gewütet hatten, war »verbrannte Erde« zurückgeblieben, waren Dörfer und Städte, Verkehrswege und weitere Infrastruktur sowie Industrie dem Erdboden gleichgemacht.

Die Leistung des sowjetischen Volks und seiner Führung, ihr Land in kürzester Zeit wieder aufzubauen, kann nicht hoch genug eingeschätzt werden. Es ist typisch, dass die antikommunistischen Kritiker der Stalin'schen Umweltpolitik dieser historischen Tatsache keinerlei Respekt entgegenbringen, ihr in ihren Werken kaum eine Zeile widmen.

Der »Papst« antikommunistischer Diffamierung der Umweltpolitik der sozialistischen Sowjetunion ist Klaus Gestwa. In seiner Habilitationsschrift »Die Stalinschen Großbauten des Kommunismus, Sowjetische Technik- und Umweltgeschichte, 1948–1967« widmet er jedem Detail tatsächlicher oder vermeintlicher Fehler der sozialistischen Sowjetunion breiten Raum. Die umweltpolitischen Katastrophen der Chruschtschow-Zeit schiebt er ungeniert der Stalin'schen Umweltpolitik in die Schuhe. Er fabuliert vom »*technischen Eros*«, dem Marx und Engels in ihren umweltpolitischen Lehren erlegen seien (S. 53), vom angeblich »*unerbittliche*(n) ›*Feldzug*‹« der Sowjetführung »*gegen die Natur*« (S. 56) und verspottet die Sowjetunion nach dem II. Weltkrieg als »*ruinierten Sieger*« (S. 73).

Die Schandtaten der Hitler-Faschisten, die Verwüstungen, die sie in der Sowjetunion anrichteten, und die verheerenden Folgen für die Umwelt sind ihm keine halbe Seite seines 660 Seiten umfassenden antikommunistischen Machwerks wert. So wird man in Deutschland Professor und Leiter des Instituts für Osteuropäische Geschichte und Landeskunde am Historischen Seminar der Universität Tübingen!

Nach dem II. Weltkrieg veränderte sich die weltpolitische Konstellation. Die Anti-Hitler-Koalition löste sich auf. Am 12. März 1947 eröffnete der amerikanische Präsident Truman mit seiner antikommunistischen Rede über die »zwei Lager« den **Kalten Krieg**. Die Sowjetunion rückte wieder ins Zentrum der Angriffe sämtlicher imperialistischer Mächte.

Selbst in dieser höchst angespannten Situation folgte der sozialistische Aufbau weiterhin den bewährten **umweltpolitischen Grundlinien**. Beschlüsse des Ministerrats der UdSSR vom Oktober 1948 forderten die Anlage ausgedehnter Waldstreifen zum Schutz der Felder, die landesweite Einführung von Trawopolnaja-Saatfolgen für pestizidfreien Anbau und die Anlage von Teichen und Wasserbecken in den Steppen- und Waldsteppengebieten des europäischen Teils der UdSSR.

Bereits zwei Jahre später konnte eine Übererfüllung der groß angelegten Pläne vermeldet werden:

»*in den Dürregebieten des europäischen Teils der Sowjetunion wurden bereits 1,3 Millionen Hektar neue Wälder angepflanzt ... Bekanntlich wurden nach diesem staatlichen Plan feldschützende Waldstreifen in einer Gesamtlänge von 5 320 Kilometer und auf den Feldern der Kollektivwirtschaften und Sowjetgüter Wälder auf einer Gesamtfläche von 5 709 000 Hektar angelegt*«. (Pressemitteilung ADN vom 25. Oktober 1950, in: »Sowjetmenschen beherrschen die Naturkräfte«, Dietz Verlag, Berlin 1951, S. 19)

In Verbindung mit dem Wieder- und Neuaufbau der Städte, der Industrie, der Mechanisierung der Landwirtschaft und der Übererfüllung der Pläne des wirtschaftlichen Aufbaus entstand gleichzeitig in diesen Jahren ein riesiger Mangel an Energie. Allein zwischen 1946 und 1950 verdoppelte sich der Elektrizitätsbedarf der Sowjetunion auf 65,2 Milliarden Kilowattstunden.

Eine wachsende Zahl von Wirtschaftsführern forderte damals, den Anteil der Hydroenergie zurückzufahren und verstärkt auf Kohle, Erdöl und Gas (später auch Atomkraft) zu setzen. Dennoch entschied die sowjetische Führung, den Anteil der Energie aus Wasserkraft sogar auf 30 Prozent zu steigern. Das war eine bewusste Antwort auch auf wachsende Umweltprobleme wie massive Luftverschmutzung in Großstädten.

Im Jahr 1950 fasste der Ministerrat der UdSSR unter Vorsitz von Stalin Beschlüsse zu den sogenannten »Großbauten der Stalin'schen Epoche«. Sie umfassten vor allem den Bau des Kuibyschewer, des Stalingrader und des Kachovsker Wasserkraftwerks sowie den Bau des Turkmenischen Hauptkanals und des Wolga-Don-Schifffahrtkanals.

Damit wurde einerseits gegen heftigen Widerstand der seit Lenin verfolgte Kurs bekräftigt, Elektrizität so weit wie möglich aus Wasserkraft zu gewinnen. Andererseits wurden Bauwerke in einer Dimension geplant und zum Teil verwirklicht, die in der Vorkriegszeit **berechtigt als Gigantomanie kritisiert** worden waren. Sie zogen dann immense ökologische Schäden nach sich.

So wurde der zwischen 1954 und 1982 gebaute 1 445 Kilometer lange Turkmenische Hauptkanal zur Ursache von 40 Prozent des Wasserverlusts des Aralsees; durch ihn werden dem Amudarja jährlich etwa 13 Milliarden Kubikmeter Wasser entzogen. Die Austrocknung begann in den 1960er Jahren. Die bürokratisch-kapitalistischen Machthaber dehnten die bewässerten Flächen in der Region um den Aralsee immer weiter aus. Seine nahezu vollständige Austrocknung wurde zu einer der **schwerwiegendsten regionalen Umweltkatastrophen** in der Geschichte der Sowjetunion/Usbekistans/Kasachstans – verbunden mit Versalzung, massivem Artensterben, Rückgang der landwirtschaftlichen Produktion und Massenerkrankungen in der ganzen Region.

Im China Mao Zedongs wurden diese negativen Erfahrungen kritisiert und überdimensionierte Großprojekte der Energieversorgung ebenso wie der industriellen Produktion wurden bewusst vermieden.

Eine andere Weichenstellung mit weitreichenden negativen Folgen war die **extensive »friedliche Nutzung der Atomkraft«**. Schon Ende der 1940er Jahre schuf die Sowjetunion die Voraussetzungen für den Bau der ersten Atombombe. Nach dem Einsatz der Atombomben über Hiroshima und Nagasaki im August 1945 und nach dem Beginn des Kalten Kriegs war es unbedingt richtig, dass die Sowjetunion der atomaren Erpressung durch die USA entgegentrat und eine eigene Atombombe entwickelte.

Am 27. Juni 1954 ging in Obninsk bei Moskau das **erste Atomkraftwerk der Welt** ans Netz. Die Sowjetunion setzte zunehmend auf Atomkraft für die Energiegewinnung. Der sowjetische Außenminister Andrej Wyschinskij hatte bereits am 10. November 1949 in einer Sitzung des politischen Ausschusses der UN-Vollversammlung ausgeführt:

»Wir wollen die Atomenergie in den Dienst der Erfüllung großer Aufgaben des friedlichen Aufbaus stellen, um Wüsten zu bewässern und immer neue Gebiete zu erschließen, die selten ein Menschenfuß betreten hat. Das vollbringen wir, die Herren unseres Landes, nach unserem Plan«. (A. J. Wyschinskij, »Fragen des internationalen Rechts und der internationalen Politik«, S. 615 – eigene Übersetzung)

Das war objektiv ein **wahnwitziger Plan**. **Eine nicht beherrschbare, Mensch und Natur existenziell gefährdende Technologie** sollte in immer mehr Wirtschaftsbereiche vordringen. Die »friedliche Nutzung« der Kernenergie in der Sowjetunion ging so weit, dass auf Großbaustellen mit Atomexplosionen riesige Erdmassen bewegt wurden. Ergebnis war die dauerhafte Verstrahlung ganzer Landschaften.

Auch hier ging das sozialistische China andere Wege: Politik und Wissenschaft erkannten, dass die Atomkraft noch nicht beherrschbar war, deshalb wurden in China bewusst keine Atomkraftwerke gebaut.

Allerdings muss die damals weltweit verbreitete Unterschätzung der Gefahren, die Unkenntnis über die Unbeherrschbarkeit der Atomkraft, in Rechnung gestellt werden. Dirk van Laak schreibt:

»Die Unbedarftheit in Fragen der Abfallentsorgung ist aber beileibe keine sowjetische Spezialität gewesen. Auch ein Werner Heisenberg glaubte noch 1954, es reiche, den Atommüll drei

Meter tief zu vergraben, um sich seiner zu entledigen.« (»Weiße Elefanten«, S. 121/122)

Die sowjetische »Unbedarftheit« hatte auch weltanschauliche Gründe. Nach all den Erfolgen beim Aufbau des Landes und bei der Nutzung der Naturkräfte entstand eine Tendenz, die **Beherrschbarkeit der Natur zu verabsolutieren**.

Das kam unter anderem in der Diskussion um den **Dawydow-Plan** zum Ausdruck. Dieser gigantische Entwurf zur weiteren Umgestaltung der Natur enthielt Überlegungen, die riesigen Ströme Ob, Irtysch und Jenissei zu stauen und dann umzukehren, um mit ihrem Wasser die Steppen und Wüsten im Süden zu bewässern. Dieser vermessene Plan folgte der idealistischen Denkweise des »Siegs der Menschen über die Natur«, der willkürlichen Schaffung neuer Naturgesetze.

Zunächst siegten die **kritischen Stimmen zum Dawydow-Plan**. Wegen des gigantischen Aufwands und der ungesicherten wissenschaftlichen, ökonomischen und ökologischen Grundlagen verzichtete die sowjetische Führung darauf, den Plan zu verabschieden.

In seiner letzten theoretischen Schrift »Ökonomische Probleme des Sozialismus in der UdSSR« widmete Stalin 1952 der **Missachtung der Naturgesetze** eine ausführliche Passage. Er schrieb:

»die Menschen lernten, die zerstörenden Kräfte der Natur zu bändigen, sie sozusagen an die Kandare zu nehmen, die Kraft des Wassers in den Dienst der Gesellschaft zu stellen und sie zur Bewässerung der Felder, zur Gewinnung von Energie auszunutzen.

Bedeutet das, daß die Menschen damit die Gesetze der Natur, die Gesetze der Wissenschaft aufgehoben, daß sie neue Gesetze der Natur, neue Gesetze der Wissenschaft geschaffen haben? Nein, das bedeutet es nicht. ... Im Gegenteil, diese ganze Proze-

dur wird auf der exakten Grundlage der Gesetze der Natur, der Gesetze der Wissenschaft vollzogen, denn jeder Verstoß gegen die Naturgesetze, auch der kleinste, würde nur dazu führen, daß das Ganze gestört, daß die Prozedur vereitelt wird.« (»Ökonomische Probleme des Sozialismus in der UdSSR«, Stalin, Werke, Bd. 15, S. 295)

Das war eine wichtige theoretische Klärung auf der Grundlage des Marxismus-Leninismus. In der Praxis begann jedoch schon in dieser Zeit ein **umweltpolitischer Kurswechsel**. In der Partei-, Wirtschafts- und Staatsführung formierte sich eine **kleinbürgerliche Bürokratie** vom Schlag des oben erwähnten Professors Bogoslovskij und gewann an Einfluss.

Stalin unterschätzte diese Gefahr und sprach in dieser schwierigen Situation statt vom Klassenkampf im Sozialismus vom **Absterben der Klassen und vom Übergang zum Kommunismus**, der in der Sowjetunion eingeleitet wäre. So stellte er auch die falsche These auf,

»daß dem Gegensatz zwischen Stadt und Land, zwischen Industrie und Landwirtschaft durch unsere gegenwärtige sozialistische Ordnung bereits der Boden entzogen ist.« (ebenda, S. 317)

In dieser Frage **grenzte sich Stalin ausdrücklich von Friedrich Engels ab**, der für den Übergang zum Kommunismus den notwendigen *»Untergang der großen Städte«* prognostiziert hatte. (»Anti-Dühring«, Marx/Engels, Werke, Bd. 20, S. 277) Stalin widersprach:

»Das bedeutet natürlich nicht, daß die Aufhebung des Gegensatzes zwischen Stadt und Land zum ›Untergang der großen Städte‹ führen muß (siehe den ›Anti-Dühring‹ von Engels). Die großen Städte werden nicht nur nicht untergehen, sondern es werden noch neue große Städte entstehen«. (»Ökonomische Probleme des Sozialismus in der UdSSR«, S. 317)

Engels' Aussage war aber keine zeitbezogene konkrete, sondern ausdrücklich grundsätzlich begründet mit der in den großen Städten drohenden Zerstörung der Einheit von Mensch und Natur:

»Nur durch Verschmelzung von Stadt und Land kann die heutige Luft-, Wasser- und Bodenvergiftung beseitigt, nur durch sie die jetzt in den Städten hinsiechenden Massen dahin gebracht werden, daß ihr Dünger zur Erzeugung von Pflanzen verwandt wird, statt zur Erzeugung von Krankheiten. ... Die Zivilisation hat uns freilich in den großen Städten eine Erbschaft hinterlassen, die zu beseitigen viel Zeit und Mühe kosten wird. Aber sie müssen und werden beseitigt werden, mag es auch ein langwieriger Prozeß sein.« (»Anti-Dühring«, Marx/Engels, Werke, Bd. 20, S. 276/277)

Mao Zedong bekräftigte die Position von Friedrich Engels. In seinen »Notizen nach der Lektüre des Lehrbuchs ›Politische Ökonomie‹« schrieb er 1960:

»Wenn man schon den Unterschied zwischen Stadt und Land beseitigen will ... weshalb wird da wiederum besonders erklärt, das bedeute keineswegs, daß ›die Rolle der großen Städte geringer wird‹? In Zukunft brauchen die Städte nicht mehr so groß zu sein; man muß die Einwohner der Großstädte aufs Land verteilen und viele kleine Städte errichten.« (Mao Tse-tung, »Das machen wir anders als Moskau«, S. 74)

Verheerender Raubbau an der Natur seit der Restauration des Kapitalismus nach 1956

Am 5. März 1953 starb Stalin. Auf dem XX. Parteitag der KPdSU im Februar 1956 riss die neue Bourgeoisie unter Führung Chruschtschows die Macht an sich. Sie zerstörte die Diktatur des Proletariats und restaurierte Schritt für Schritt einen bürokratischen Kapitalismus in der Sowjetunion.

Innerhalb kürzester Zeit setzte **die neue Bourgeoisie** den **umweltpolitischen Kurswechsel** durch, den sie schon zuvor angestrebt und vorbereitet hatte. Sie bekämpfte erbittert die umweltpolitische Linie der Stalin-Zeit und setzte schnell die umweltschützenden Regelungen und Gesetze außer Kraft. Bereits am 15. März 1953, sechs Tage nach Stalins Beerdigung, wurde das Ministerium für Forstwirtschaft aufgelöst. Stephen Brain resümiert:

»Als Stalin von der Bühne abtrat, verloren diejenigen, die für den Schutz der Wälder eintraten, offenbar einen politischen Akteur in der sowjetischen Geschichte, der sowohl willens war, sich den Wirtschaftsbehörden entgegenzustellen, als auch mächtig genug, den Ausschlag zugunsten des Umweltschutzes zu geben.« (»Stalin's Environmentalism«, S. 118)

In seiner Rede »Die gegenwärtige Etappe des kommunistischen Aufbaus und die Aufgaben der Partei zur Verbesserung der Leitung der Landwirtschaft« **griff Chruschtschow 1962 Stalins Umweltpolitik frontal an**: Den Hauptangriff führte er gegen das bewährte Trawopolnaja-System. In den nächsten Monaten forderte Chruschtschow den forcierten Einsatz von künstlicher Düngung, Insektiziden und Pestiziden und verkündete die »Chemisierung der Landwirtschaft«.

Ausgerechnet in einer Rede mit dem Titel »Ein würdiger Beitrag zur großen Sache des siegreichen Kommunismus!« erklärte Chruschtschow die anhaltende Wirkung der Stalin'schen Politik zum Haupthindernis:

»Doch obwohl Stalin schon lange tot ist und die Partei das Negative an ihm scharf kritisiert hat ... zeigt sich noch immer ein negatives Erbe der Vergangenheit, das ausgerottet werden muß«. (N. S. Chruschtschow, »Auf dem Wege zum Kommunismus«, S. 263)

Chruschtschow und die neue Bürokratie setzten auf die verstärkte Nutzung von Kohle, Erdöl und Erdgas und später vor allem auf Atomenergie. Klaus Gestwa berichtet:

»*Das Jahr 1958 markiert sowohl den Höhepunkt als auch das Ende der hydroenergetischen Dekade in der sowjetischen Wirtschaftsgeschichte. ... Ausgerechnet in seiner Rede zur feierlichen Eröffnung des Kujbyšever Kraftwerkriesen verkündete Chruščev am 10. August 1958 die offizielle Kehrtwende in der sowjetischen Elektrizitätspolitik.*« (»Die Stalinschen Großbauten des Kommunismus, S. 95)

Was Chruschtschow noch an Wasserkraftwerken bauen ließ, stellte alle bisherige Gigantomanie weit in den Schatten. Das Kraftwerk von Bratsk (4500 Megawatt) und das Kraftwerk Diwnogorsk bei Krasnojarsk (6000 Megawatt) gehören bis heute zu den größten der Welt. Von einer besonderen verbrecherischen Gefährdung berichteten Genossen der Marxistisch-Leninistischen Plattform Russlands aus Krasnojarsk im Jahr 2010:

»*Als im August 2009 das Unglück beim Kraftwerk Sajanoschuschensk geschah und die Staumauer in Gefahr war, hielten wir in Krasnojarsk den Atem an ... Wenn die Staumauer nicht gehalten hätte, hätte sich von der 240 Meter hohen Staumauer aus eine Welle von 140 bis 150 Meter Höhe in den Jenissej gestürzt. Die Stadt Krasnojarsk wäre weggewischt worden. Daneben liegt aber das Atommülllager ›Krasnojarsk 26‹ ... Dieses strahlende Material wäre in das Eismeer und von da in alle Ozeane gespült worden.*« (»Stausee-Kaskade bedroht die Umwelt«, Rote Fahne 13/2010, S. 24)

Auf dem XXII. Parteitag der KPdSU im Jahr 1961 griff die bürokratisch-kapitalistische Führung der Sowjetunion den Dawydow-Plan aus den 1950er Jahren wieder auf. Sie nahm seine Umsetzung in das Parteiprogramm auf. Es war ein Höhepunkt des umweltpolitischen Größenwahns der inzwischen sozialimperialistischen Sowjetunion, dass dieser Plan auf dem XXV. Parteitag 1976 beschlossen und mit seiner Umsetzung begonnen wurde.

Die umweltpolitische Grundlinie der Revisionisten, ihr umwelt- und volksfeindlicher Charakter zeigte sich 1957 bei dem **weltweit ersten Super-GAU in der Atomanlage Majak/ Kyschtym**. Ein 300-Kubikmeter-Container mit hoch radioaktivem Inhalt explodierte und setzte Radioaktivität in einer Menge und Gefährlichkeit frei wie 30 Jahre später bei der Katastrophe von Tschernobyl. Eine Fläche von 20 000 Quadratkilometern wurde verseucht. Über 270 000 Menschen wurden erhöhten Strahlendosen ausgesetzt. Das Vieh wurde getötet und vergraben, der Boden wo immer möglich umgepflügt. Die Herrschenden in der Sowjetunion verheimlichten die Katastrophe bis 1987. Sie wollten den Mythos aufrechterhalten, unter sozialistischen Bedingungen sei die Atomkraft beherrschbar.

Die revisionistische Führung unter Gorbatschow ging genauso vor, als sie 1986 versuchte, den Super-GAU in Tschernobyl zu vertuschen.

Die dialektische Negation der Erfahrungen der Sowjetunion im China Mao Zedongs

Als 1949 die Volksrepublik China gegründet wurde, waren große Teile des Landes von Krieg und Bürgerkrieg zerstört. In vielen Regionen fehlte Wasser für die Landwirtschaft, in anderen litten die Menschen regelmäßig unter Flutkatastrophen.

Nachdem sich das chinesische Volk von Imperialismus und Feudalismus befreit hatte, nahm es seine Geschicke in die eigene Hand. Dazu musste es die über Jahrhunderte geprägte Gewohnheit überwinden, sich sowohl natürlichen als auch gesellschaftlichen Mächten zu unterwerfen. Indem sich die chinesischen Arbeiter und Bauern unter Führung der Kommunistischen Partei Chinas organisierten, um ihre gesellschaftliche und natürliche Umwelt zu verändern, entwickelten sie zugleich ihr sozialistisches Bewusstsein weiter. Sie bauten Kanäle, um in Trockengebieten bewässerte Felder anzulegen. Sie verstärkten Deiche und legten Staubecken an. Sie terrassierten Berghänge, um das Fortschwemmen fruchtbaren Bodens bei starken Regenfällen zu verhindern.

»Der Sozialismus hat nicht nur die Werktätigen und die Produktionsmittel von der alten Gesellschaft befreit, sondern auch das weite Reich der Natur, welches die alte Gesellschaft nicht benutzen konnte.« (Mao Zedong, zitiert nach: »Das erste Vierteljahrhundert des Neuen China«, S. 176)

Die Kommunistische Partei Chinas unter Führung Mao Zedongs verurteilte den Verrat am Sozialismus in der Sowjetunion. Das spiegelte sich auch in der Umweltpolitik der Volksrepublik China wider. Während die Sowjetrevisionisten das Entstehen einer Umweltkrise leugneten, griff das sozialistische China die Umweltzerstörung der kapitalistischen Länder an und ging selber andere Wege. Auf der ersten UNO-Umweltschutzkonferenz 1972 in Stockholm erklärte der Leiter der Delegation der Volksrepublik China:

»Auf der Jagd nach hohen Profiten plündern Imperialismus, Kolonialismus und Neokolonialismus sowie ihre Monopolkapitalgruppen ohne Rücksicht auf Leben oder Tod der Völker fieberhaft die Völker anderer Länder und beuten sie aus, fügen deren Ressourcen Schaden zu, laden nach Belieben schädliche Substanzen ab und verschmutzen und vergiften ihre eigene Umwelt wie die anderer Länder. Sie scheuen sich nicht, jährlich riesige Geldsummen für Wettrüsten auszugeben, aber sind nicht willens, die geringsten Geldmittel auszugeben für die Erhaltung

und Verbesserung der Umwelt in ihren eigenen Ländern oder Wiedergutmachung von Verlusten anderer souveräner Staaten, die unter Verunreinigung und Schädigung zu leiden haben. ... Die Erhaltung und Verbesserung der menschlichen Umwelt und der Kampf gegen die Verunreinigung sind eine dringende und lebenswichtige Aufgabe zur Sicherung der gesunden Entwicklung der Menschheit geworden.« (zitiert nach: »Peking Rundschau« vom 20. Juni 1972, S. 6)

Besonders in der Großen Proletarischen Kulturrevolution wurden im sozialistischen China beispielhafte umweltpolitische Maßnahmen ergriffen. Die proletarischen Revolutionäre verstanden die **Umweltfrage** als **Bestandteil des Klassenkampfs im Sozialismus** und kritisierten die verantwortungslose Zerstörung der natürlichen Lebensgrundlagen als Politik der »Machthaber, die den kapitalistischen Weg gehen«. In einem Grundsatzartikel aus dem Jahr 1974 hieß es in der »Peking Rundschau«:

»Ob die Entwicklung der Wirtschaft die Umwelt zerstört und gesellschaftliche Schäden verursacht, liegt an der Gesellschaftsordnung und daran, welche politische Linie in ihr durchgeführt wird. ...

Die Entwicklung der Industrieproduktion und der Umweltschutz bilden eine Einheit von Gegensätzen. Sie stehen nicht nur im Widerspruch zueinander, sondern treiben einander auch vorwärts. Unter der Voraussetzung der richtigen Behandlung dieses Widerspruchs kann aus dem Schädlichen Nützliches für das Volk werden. Das Entscheidende ist eben die dialektisch richtige Erkenntnis und Behandlung dieses Problems.« (Guo Huan, »Dem Umweltschutz besondere Aufmerksamkeit widmen«, »Peking Rundschau« vom 12. November 1974, S. 10)

Verschiedene Schriften wie »Kritik des Gothaer Programms« von Karl Marx und »Dialektik der Natur« von Friedrich

Engels wurden in chinesischen Veröffentlichungen erstmals der gesamten internationalen marxistisch-leninistischen und Arbeiterbewegung zugänglich gemacht.

Der **wegweisende Umweltschutz in der Volksrepublik China unter Führung Mao Zedongs** hatte **drei wesentliche Quellen**.

Erstens eine **schöpferische Weiterentwicklung der sozialistischen Politischen Ökonomie**: die Ablehnung, einseitig auf die Steigerung der Produktion zu bauen, sie übermäßig zu zentralisieren und die materiellen Anreize zu steigern. Bereits 1958 propagierte Mao Zedong die Nutzung von Sumpfgas (Methan aus Faulprozessen) als einfache Methode der Kreislaufwirtschaft. Doch die kleinbürgerliche Bürokratie in der Partei-, Staats- und Wirtschaftsführung sabotierte diese Maßnahme über Jahre. Erst während der Kulturrevolution wurde auch die Nutzung von Sumpfgas Gegenstand der Massenkritik an der revisionistischen Linie der Parteimachthaber um Liu Shaoqi und Deng Xiaoping:

»*Die Berichte über die Verwertung des Sumpfgases in China zeigen, daß die weitere Arbeit in diesem Gebiet vor allem durch Vorstellungen behindert wurde, daß solche ›primitiven Dinge‹ von so ›primitiven Menschen‹ wie Arbeitern und Bauern ganz gewiß nicht China in ein modernes Industrieland verwandeln könnten. ... Im Namen dieser Theorie wurden die Experimente mit Massencharakter in allen Bereichen behindert.*« (Rudolf G. Wagner, »Die Nutzung von Sumpfgas in der Volksrepublik China«, S. 70/71)

Aus der Kritik an der revisionistischen Linie entstand eine landesweite Kampagne, Sumpfgas zu nutzen. Sie verfolgte mehrere Ziele: auf dem Land Strom erzeugen, den Lebensstandard, die kulturelle und politische Betätigung der Landbevölkerung fördern, organischen Dünger produzieren, die hygienischen Bedingungen verbessern, die Abholzung von Wäldern reduzieren sowie die Dezentralisierung vorantreiben, um nationale Unabhängigkeit in der Energieversorgung zu sichern.

In einem Artikel »Technik von Biogasanlagen« berichtet Dr. Kurt Frunzke, dass heute noch sechs bis sieben Millionen Kleinanlagen zur Gewinnung von Biogas in der Volksrepublik China existieren, die während der Kulturrevolution gebaut wurden.

Die chinesische Führung rief das chinesische Volk auf, beim Aufbau der sozialistischen Wirtschaft das Prinzip »auf zwei Beinen gehen« zu beachten. Beim Wasserbau sollte lokalen Anlagen Vorrang gegeben werden, während sich die Regierung auf die wichtigsten zentralen Projekte konzentrierte. Örtliche Vorhaben erleichterten es, dass die Massen solche Aktionen selbst planen und durchführen konnten.

Viele Menschen aus der internationalen Umweltbewegung zollten der Politik des sozialistischen China Anerkennung. So hieß es in dem von Norman Myers 1985 herausgegebenen und damals vom BUND empfohlenen Buch »GAIA – Der Ökoatlas unserer Erde«:

»Überdies ist China beispielgebend für eine ›ökologische Landwirtschaft‹, die mit Nachdruck dafür sorgt, daß nichts verschwendet wird. Ihre geschlossenen Ressourcen-Systeme praktizieren ein weitgehendes Recycling ... Das umfangreichste Bewässerungsnetz der Welt ermöglicht den Chinesen, mehr als ein Drittel der weltweiten Reiserträge anzubauen«. (S. 62/63)

Zweitens die **bewusste Anwendung der dialektischen Methode** auf die Höherentwicklung der Einheit von Mensch und Natur. Kampagnen zum Studium und zur Anwendung der Dialektik wurden unter der Parole »Eins teilt sich in Zwei« besonders während der Kulturrevolution durchgeführt. Die chinesischen Revolutionäre sagten jeder Trennung von Theorie und Praxis den Kampf an und wandten im Klassenkampf, im Produktionskampf und beim wissenschaftlichen Experimentieren bewusst die dialektische Methode an.

Ein Ergebnis war die Erkenntnis, dass es **keinen Abfall im absoluten Sinn** geben kann. Deshalb wurden systematisch Produktionsanlagen so angelegt, dass Reststoffe aus der einen Fabrik als Ausgangsstoffe in der Produktion der benachbarten Fabriken genutzt werden konnten. Holger Strohm schreibt in seinem Buch »Umweltschutz in der VR China«:

»Den hohen Stellenwert, den die Wiederverwendung von Rohstoffen aus Abfällen, Abwässern und Abgasen hat, ist sowohl auf wirtschaftliche als auch auf Umweltgründe zurückzuführen. Die Chinesen sehen die Mehrzwecknutzung als ihre wichtigste Aufgabe. Dabei sind die ehemals primitiven Technologien zur Wiederverwendungstechnik inzwischen hoch entwickelt worden.« (S. 88)

Die Werktätigen der Volksrepublik China leisteten Pionierarbeit bei der Verwirklichung einer umfassenden Kreislaufwirtschaft – in einem Ausmaß, wie es bisher in keinem anderen Land der Welt auch nur annähernd erreicht wurde.

Drittens die **Mobilisierung der Massen** für den Aufbau des Sozialismus auf Grundlage der Einheit von Mensch und Natur. Es gehört zu den großen Errungenschaften der Volksrepublik China, dass die Naturkräfte von den arbeitenden Menschen im Interesse der arbeitenden Menschen gebändigt wurden. Das sozialistische China entwickelte unter Mao Zedongs Führung große Projekte zur Aufforstung und gegen die Bodenerosion. *»Bedeckt das Land mit Wald!«* – unter diesem Motto wurde das ganze Volk mobilisiert. Im Nordwesten Chinas errichteten Forstarbeiter und viele Freiwillige einen großen grünen Schutzwall gegen die Ausbreitung der Wüsten.

Das fand auch international unter Forstwissenschaftlern und Umweltschützern große Anerkennung.

Auch zur **Bevölkerungspolitik** nahm das sozialistische China den Standpunkt der Nachhaltigkeit ein. Die Lage war schwierig: In China waren die landwirtschaftlich nutzbaren Flächen begrenzt, die Erblast der wirtschaftlichen Rückständigkeit musste systematisch überwunden werden, die Gesundheit der Frauen musste geschützt und zugleich musste ihnen die Teilnahme an der gesellschaftlichen Produktion ermöglicht werden. Überzeugungsarbeit für planmäßige Geburtenpolitik war notwendig. Die Einführung einer materiellen Unterstützung im Alter nahm den Familien den Druck, nur durch viele Kinder ihr Auskommen im Alter absichern zu können.

Der revisionistische Verrat nach dem Tod Mao Zedongs 1976 beendete auch die großen Erfolge der Volksrepublik China im Umweltschutz. Mit der rücksichtslosen Urbanisierung und Industrialisierung und der gigantischen Verschmutzung von Boden, Luft und Wasser übertrifft China heute viele andere kapitalistische Länder bei der rücksichtslosen Zerstörung der Umwelt.

Während die Herrschenden auf der ganzen Welt mutwillig den Weg in die Umweltkatastrophe fortsetzen und selbst daraus noch Profit schlagen, heucheln sie tiefste Empörung über die angebliche »Umweltzerstörung im Sozialismus«. Ihnen sei gesagt:

Die hart erkämpften großen Erfolge der sozialistischen Umweltpolitik waren Ausdruck der **Entwicklung vom Sozialismus zum Kommunismus**. Dass es auch zu Einseitigkeiten, Schwächen und Fehlern kam, spiegelte **Überbleibsel der bürgerlichen und kleinbürgerlichen Denk- und Produktionsweise** wider, die in der sozialistischen Gesellschaftsordnung weiterwirkten. Sie führten letztlich auch zum

Verrat am Sozialismus. Nicht die sozialistische, sondern die bürgerliche Denk- und Produktionsweise der revisionistischen neuen Bourgeoisie führte zu größten Verbrechen an Mensch und Natur!

6. Die Lösung der Umweltfrage im Sozialismus/Kommunismus

Die Vollendung des Übergangs zur globalen Umweltkatastrophe ist kein unausweichliches Schicksal. Diese Entwicklung ist von Menschen gemacht, sie hat ihre Grundlage in der kapitalistischen Profitwirtschaft auf der Stufe der Neuorganisation der internationalen Produktion – und sie kann auch von Menschen beendet werden.

Entweder vernichtet der Kapitalismus die natürlichen Lebensgrundlagen der Menschheit oder die Menschheit überwindet den Kapitalismus und rettet die Umwelt und ihre eigene Zukunft!

Im Bündnis mit den Unterdrückten der Welt, einschließlich der internationalen Umweltbewegung, muss das Weltproletariat im Kampf gegen die Herrschaft des allein herrschenden internationalen Finanzkapitals auf revolutionärem Weg vorwärtsgehen. Es muss auf den Trümmern der überlebten Gesellschaft eine neue Gesellschaftsordnung errichten und dazu alle Errungenschaften aus der Geschichte der Menschheit nutzen. Es darf nur der Leitlinie verpflichtet sein, die sich stets weiterentwickelnden Bedürfnisse der Menschheit in Einklang mit der Natur zu befriedigen: ohne Ausbeutung des Menschen durch den Menschen, ohne Unterdrückung der Massen, ohne Zerstörung der natürlichen Umwelt.

Die Lösung der Umweltfrage und die Lösung der sozialen Frage werden identisch in der Errichtung der sozialistischen Gesellschaft als Übergangsstadium zur klassenlosen Gesellschaft des Kommunismus.

Die revolutionäre Lösung der Machtfrage und die Umgestaltung der kapitalistischen Eigentumsverhältnisse ist Grundvoraussetzung der Lösung der Umweltfrage, der Überwindung der Entfremdung der Menschheit von der Arbeit und von der Natur.

Erst die Aufhebung des Privateigentums an Produktionsmitteln und an der Natur ermöglicht die Überwindung der Anarchie der kapitalistischen Warenproduktion mit ihrem Zwang, ein ununterbrochenes Wachstum des Kapitals zu sichern und dazu die Ausbeutung von Mensch und Natur zu steigern. Erst die Aufhebung der am Tauschwert und am Profit ausgerichteten kapitalistischen Warenproduktion ermöglicht es, eine auf die **Erzeugung von Gebrauchswerten und auf Lebensqualität** ausgerichtete **sozialistische Planwirtschaft** zu schaffen. Dann erst kann die Menschheit zu einer bewussten Lebensweise übergehen, können die materiellen und kulturellen Bedürfnisse der heutigen und zukünftigen Generationen in Einheit mit der Natur verwirklicht werden. Karl Marx schrieb:

»Vom Standpunkt einer höhern ökonomischen Gesellschaftsformation wird das Privateigentum einzelner Individuen am Erdball ganz so abgeschmackt erscheinen wie das Privateigentum eines Menschen an einem andern Menschen. Selbst eine ganze Gesellschaft, eine Nation, ja alle gleichzeitigen Gesellschaften zusammengenommen, sind nicht Eigentümer der Erde. Sie sind nur ihre Besitzer, ihre Nutznießer, und haben sie als boni patres familias (gute Familienväter) den nachfolgenden Generationen verbessert zu hinterlassen.« (»Das Kapital«, Marx/Engels, Werke, Bd. 25, S. 784)

Die materielle Vorbereitung eines neuen Typs der sozialistischen Industrie und Landwirtschaft

Marx, Engels und Lenin sahen visionär voraus, dass die kapitalistische Produktionsweise selbst die Voraussetzungen ihrer eigenen Aufhebung schafft und dass **die ganze Gesellschaft zu einer neuen, höheren Art von Reichtum** gelangen wird.

Mit der Entwicklung der internationalisierten Produktivkräfte, mit den gewaltigen Fortschritten in Naturwissenschaft und Technik sind die **materiellen Grundlagen zur Lösung der Umweltfrage** ausgereift. Die Menschheit kann heute weitgehend vermeiden, dass ihre Produktions- und Lebensweise unvorhergesehene Wirkungen hervorruft.

Das Hauptproblem besteht darin, dass das allein herrschende internationale Finanzkapital zur Verwirklichung seiner Macht- und Profitinteressen wissentlich fast jedes Risiko eingeht, Menschen und Natur gefährdet, die Menschheit an den Abgrund treibt.

In den **vereinigten sozialistischen Staaten der Welt** wird erstmals eine gesamtgesellschaftliche Planung möglich, die international zum gegenseitigen Nutzen koordiniert ist, sowie eine Produktions- und Lebensweise, die die Einheit von Mensch und Natur unaufhörlich weiterentwickelt.

In der sozialistischen Industrie, auf der Grundlage eines entwickelten sozialistischen Bewusstseins und einer hoch entwickelten Naturwissenschaft und Technik kann der **Stoffwechsel Mensch – Natur bewusst gestaltet** werden.

Dann wird es möglich, Zukunftstechnologien wie erneuerbare Energien aus Wind- und Wasserkraft, Erdwärme, Bioabfällen oder Sonnenstrahlung vollständig auszubauen. Wenn die **Energieerzeugung** weitgehend **dezentralisiert** wird, eröffnen sich völlig neue Möglichkeiten der Befriedigung menschlicher Bedürfnisse.

Mit der Massenproduktion solarer Treibstoffe und dem Ausbau der verlustarmen Hochspannungs-Gleichstrom-Übertragung werden Voraussetzungen geschaffen, die dezentralen Anlagen mit einem internationalen Energienetz zu verbinden, damit sich die Nationen und Regionen gegenseitig unterstützen können. **Umfassende Maßnahmen zur Energieeinsparung** bei Beleuchtung, Heizung, Mikroelektronik und auch bei Elektromotoren in der Industrie werden den Energieverbrauch drastisch reduzieren. Noch mehr wird eine **Beendigung der Wegwerfproduktion** zugunsten langlebiger und recycelbarer Produkte beitragen.

Viele fortschrittliche Technologien, Grundlagen erneuerbarer Energien und einer Kreislaufwirtschaft, liegen jedoch seit Jahrzehnten brach. Die weltmarktbeherrschenden Monopole dulden sie nur in winzigen Nischen neben der dominierenden Wegwerfproduktion. Ansätze eines leistungsfähigen, sparsamen und umweltschonenden Transportwesens sind aber längst vorhanden, etwa Brennstoffzellen, die Benzin- und Dieselmotoren durch kontrollierte Umwandlung chemischer in elektrische Energie ersetzen können. Eine »grüne« Chemie und Materialwissenschaft lässt sich entwickeln, wenn naturinspirierte Technologien wie Bionik oder recyclinggerechte Konstruktionsverfahren genutzt werden. Eine **internationalisierte Kreislaufwirtschaft** setzt aber voraus, dass die Arbeiterklasse ihre politische Macht nutzt, um positive Standards für zulässige Materialien, vollständige Material- und Energiebilanzen sowie Überwachung und Steuerung aller Stoffkreisläufe durchzusetzen.

Im Sozialismus arbeitet die **Landwirtschaft ökologisch und multifunktional**: Sie wird nicht nur Rohstoffe produzieren für Lebensmittel, Industrie und Energieerzeugung, sondern ebenso Landschaftspflege und Tierschutz, Wasser- und Hochwasserschutz betreiben. Sozialistische Landwirtschaft muss sich als Teil eines weltweiten Systems der Produktion und Reproduktion der Naturstoffe verstehen, das besonders für den Kohlenstoffkreislauf verantwortlich ist. Sie nutzt die Vorteile der Bewirtschaftung großflächiger Äcker, vermeidet aber Monokulturen und Massentierhaltung. Dann lassen sich hochwertige Lebensmittel in ausreichender Menge und Vielfalt erzeugen und gleichzeitig die Umwelt schützen. Der Widerspruch zwischen Stadt und Land kann nur langfristig, Schritt für Schritt aufgehoben werden; dazu ist eine gesamtgesellschaftliche, vorausschauende **Städte- und Landschaftsplanung** erforderlich.

Besondere Bedeutung gewinnen **Technologien zur Beseitigung von Giftstoffen und Umweltschäden**, die als **Hypotheken aus der kapitalistischen Gesellschaft** noch lange die sozialistische Gesellschaft belasten. Bereits heute entwickelt die Biotechnologie Verfahren zur Reinigung des Wassers und Bodens von Umweltgiften mittels Mikroorganismen und Katalysatoren. (Helmholtz Zentrum für Umweltforschung, Jahresbericht 1998–1999)

In Laboren funktionieren bereits chemische Verfahren zur Bindung des Kohlendioxids aus der Atmosphäre und zu seiner Umwandlung in nützliche Produkte, etwa Treibstoffe. Industriell angewandt, können solche Verfahren die Aufforstung ergänzen und den CO_2-Gehalt der Luft wieder absenken.

Unter der Alleinherrschaft des internationalen Finanzkapitals werden fortschrittliche Technologien, die zur Lösung der Umweltfrage beitragen, unterdrückt, für »Greenwashing« missbraucht oder allenfalls dann eingesetzt, wenn sich eine maximalprofitbringende Verwendung anbietet. Sie können sich sogar in neue Destruktivkräfte verwandeln.

Fortschrittliche Wissenschaftler oder Ingenieure, die sich von kleinbürgerlichen Illusionen eines »grünen Kapitalismus« frei machen, werden eine wichtige Kraft beim Aufbau des Sozialismus, wenn sie ihre Fähigkeiten unter Führung der Arbeiterklasse und im Dienst des Volks einbringen. Wichtige **Verbündete** beim Aufbau des Sozialismus sind auch die Bauern und Landarbeiter, deren enge Verbindung zur Natur und Kenntnis der natürlichen Stoffkreisläufe unbedingt genutzt werden müssen.

Wesentliche materielle Voraussetzungen zur Lösung der Umweltfrage in den vereinigten sozialistischen Staaten der Welt sind herangereift: Die **Produktion** ist **in internationalen Verbünden** organisiert und die **Akkumulation** ist **auf internationaler Stufe vergesellschaftet**.

Die internationale revolutionäre Bewegung muss sich jedoch von der Illusion verabschieden, der Sozialismus bräuchte lediglich die im Kapitalismus bereits entwickelte fortgeschrittene Technik endlich im Interesse der Massen anzuwenden. Die Umwälzung der Produktionsverhältnisse bezieht sich keineswegs allein auf die Übertragung der wissenschaftlichen und technischen Errungenschaften aus dem Kapitalismus in den Sozialismus.

Ebenso ist mit der Überwindung der Ausbeutung der Lohnarbeit keineswegs automatisch die Aufhebung jeglicher Entfremdung der Menschen von der Natur überwunden. Zu tief haben sich bürgerliche und kleinbürgerliche **Gewohnheiten** einer **Produktions-, Konsumtions-, Denk- und Lebensweise** im unmittelbaren Leben der Menschen eingegraben. Sie werden noch lange **die Einheit von Mensch und Natur stören**, wenn sie nicht revolutionär überwunden werden.

Der notwendige Paradigmenwechsel[59] in der sozialistischen Gesellschaft

Die kapitalistische Produktion und Konsumtion hat zu drastischen Fehlentwicklungen im Verhältnis der Menschen zur Natur geführt, zu einer Deformation der Produktions- und Lebensweise, die nach dem Sieg der internationalen sozialistischen Revolution über längere Zeit korrigiert und neu ausgerichtet werden müssen.

Beeinflusst von der imperialistischen Kultur, orientieren sich die meisten Menschen, wenn sie über die Verbesserung der Lebensverhältnisse nachdenken, am **Leitbild einer kleinbürgerlichen Lebensweise**. Nicht nur unter Kleinbürgern, auch unter Arbeitern und den breiten Massen überall auf der Welt hat das tiefe Spuren hinterlassen. Lebensziele, Wünsche und Träume wurden über eine überwältigende Medienwelt, das bürgerliche Erziehungswesen und die bürgerliche Massenkultur manipulativ auf die **individuelle Befriedigung stets expandierender Bedürfnisse** ausgerichtet. Dabei ist klar: Würden sie verschwenderisch und für die ganze Menschheit verwirklicht, müsste das den Planeten in absehbarer Zeit unbewohnbar machen.

Der **Kampf um das Leitbild einer proletarischen Produktions- und Lebensweise**, die allein die nachhaltige Einheit von Mensch und Natur gewährleisten kann, bekommt erstrangige Bedeutung für die gesamte sozialistische Gesellschaft.

In seiner bedeutenden Schrift »Ökonomische Probleme des Sozialismus in der UdSSR« formulierte Stalin 1952 das ökonomische Grundgesetz des Sozialismus:

---

[59] Paradigmenwechsel: Wandel grundsätzlicher Leitlinien der Produktions-, Denk-, Arbeits- und Lebensweise sowie der wissenschaftlichen Tätigkeit

»Sicherung der maximalen Befriedigung der ständig wachsenden materiellen und kulturellen Bedürfnisse der gesamten Gesellschaft durch ununterbrochenes Wachstum und stetige Vervollkommnung der sozialistischen Produktion auf der Basis der höchstentwickelten Technik.« (Stalin, Werke, Bd. 15, S. 291)

Diese Auffassung ging von ständigem Wachstum der materiellen und kulturellen Bedürfnisse der Menschen im Sozialismus aus. Sie war in einem ökonomisch rückständigen Land mit verarmten und hungernden Massen, wie es Russland nach dem I. Weltkrieg war, zunächst durchaus notwendig.

Nach dem erfolgreichen Wiederaufbau, durch den die Sowjetunion zur zweitgrößten Wirtschaftskraft nach den USA wurde, war die Ausrichtung auf *»ununterbrochenes Wachstum«* nicht mehr zu rechtfertigen. Zu keiner Zeit jedoch war es akzeptabel, dass die **Wechselwirkung zwischen Gesellschaft und Natur** in der Definition **des ökonomischen Grundgesetzes des Sozialismus** unberücksichtigt blieb.

Ständige Höherentwicklung der Einheit von Mensch und Natur muss wesentlicher Bestandteil des ökonomischen Grundgesetzes des Sozialismus werden. Ohne diese Einheit kann sich die sozialistische Gesellschaft, können sich ihre Produktions- und Lebensweise nicht nachhaltig entwickeln. Weil die natürlichen Ressourcen begrenzt sind und auch die Bedürfnisse der Menschen nicht grenzenlos zunehmen können, ist **ständiges Wachstum weder möglich noch erstrebenswert**.

Heute muss es essenzieller Bestandteil des ökonomischen Grundgesetzes des Sozialismus sein, dass Umweltschäden zu reparieren, die Ungleichheit und neokolonialistische Ausbeutung von Ländern zu beenden und destruktive Produktions- und Konsummuster weltweit zu überwinden sind. Wesentliche Seiten des **ökonomischen Grundgesetzes des Sozialismus** umfassen:

- Die **dialektische Einheit von Mensch und Natur** ist weltanschauliche Grundlage der sozialistischen Gesellschaft und manifestiert sich in der Einheit von sozialistischer Ökologie und Ökonomie.

- Beseitigung der Ausbeutung von Mensch und Natur mittels **Aufhebung der Warenproduktion** auf der Basis des gesellschaftlichen Eigentums an Produktionsmitteln.

- Sicherung der **Befriedigung der *sich stets verändernden* materiellen und kulturellen Bedürfnisse der Menschen** und Verwirklichung einer gesamtgesellschaftlichen »Rentabilität«.

- Umgestaltung der **Produktions- und Lebensverhältnisse** als gesellschaftliche Aufgabe und Aufhebung der ökonomischen Abhängigkeit der Frauen.

- Eine **internationale, gleichberechtigte und freiwillige Arbeitsteilung sozialistischer Nationen** zum gegenseitigen Nutzen bei bewusster Überwindung der Deformationen infolge des Neokolonialismus.

- Verwirklichung einer in Einheit mit der Entwicklung von Wissenschaft und Technik wachsenden **Arbeitsproduktivität** durch sozialistischen Wettbewerb und Entwicklung des sozialistischen Bewusstseins. Kampf um die weitere **Aufhebung der Trennung von Hand- und Kopfarbeit** zur Festigung der Diktatur des Proletariats und Aufhebung der Klassen.

- **Überwindung der Trennung von Stadt und Land** sowie Verschmelzung von beiden durch planmäßige Renaturierung der Städte und Urbanisierung des Landes für bestmögliche Lebens- und Arbeitsbedingungen in einer gesunden Umwelt.

- **Befreiung** des wissenschaftlich-technischen und kulturellen Fortschritts **von der Knebelung durch die Profitinteressen des Kapitals**.

- Einführung des **sozialistischen Verteilungsprinzips »Jeder nach seinen Fähigkeiten, jedem nach seiner Leistung«**; gesellschaftliche Überwindung von sozialer Armut und Not, von Hunger und Müßiggang.

- Verteilung des gesellschaftlichen Gesamtprodukts und planmäßiger Einsatz der gesellschaftlichen Ressourcen über lange Zeit so, dass erhebliche Teile für die Verhinderung der globalen Umweltkatastrophe bzw. für die **Wiederherstellung und Erhaltung der teilweise zerstörten natürlichen Lebensgrundlagen** eingesetzt werden.

- Sicherung und Bereicherung der Lebensgrundlagen der heutigen und der zukünftigen Generationen durch eine **globale sozialistische Kreislaufwirtschaft** auf Basis erneuerbarer Energien und recycelter Rohstoffe.

- Umfassende Aufklärung, Ausbildung und Mobilisierung der breiten Massen, vor allem der Arbeiterklasse, der Frauen und der Jugend, zur aktiven Selbstgestaltung der sozialistischen Gesellschaft im Geist der Einheit von Mensch und Natur durch die **bewusste Anwendung der dialektisch-materialistischen Methode**.

Die verschiedenen Seiten des ökonomischen Grundgesetzes allseitig zu realisieren, ist ein langwieriger Prozess. Überreste der bürgerlichen Gesellschaftsordnung stemmen sich in vielfältiger Weise dagegen. Auch im Sozialismus existieren zunächst noch verschiedene Eigentumsformen und damit Relikte der Warenproduktion. Die Trennung von Kopf- und Handarbeit ist noch nicht überwunden, Land und Stadt entwickeln sich unterschiedlich. Vor allem aber wirken **Traditionen und Gewohnheiten** der alten Gesellschaft weiter. Karl Marx sah den Sozialismus als allseitige revolutionäre Umgestaltung:

*»Dieser Sozialismus ist die **Permanenzerklärung der Revolution**, die **Klassendiktatur** des Proletariats als not-*

*wendiger Durchgangspunkt zur **Abschaffung der Klassenunterschiede überhaupt**, zur Abschaffung sämtlicher Produktionsverhältnisse, worauf sie beruhen, zur Abschaffung sämtlicher gesellschaftlichen Beziehungen, die diesen Produktionsverhältnissen entsprechen, zur Umwälzung sämtlicher Ideen, die aus diesen gesellschaftlichen Beziehungen hervorgehen.«* (»Die Klassenkämpfe in Frankreich 1848 bis 1850«, Marx/Engels, Werke, Bd. 7, S. 89/90)

Während der gesamten Periode des Sozialismus muss sowohl an der ökonomischen Basis als auch im Überbau konsequent an der allseitigen Ausübung der **Diktatur des Proletariats über die Bourgeoisie** festgehalten werden. Angesichts des drohenden Untergangs der ganzen Menschheit in der Umweltkatastrophe darf dem internationalen Finanzkapital keinerlei Spielraum gewährt werden, seine Macht wiederherzustellen und den Destruktivkräften des Kapitalismus wieder freie Bahn zu geben. Für die Massen dagegen wird sich die breiteste Demokratie entfalten, bis die Klassenunterschiede und der Nährboden, der sie hervorbringt, restlos verschwunden sind, damit sich die Einheit von Mensch und Natur immer höherentwickeln kann. In diesem Prozess werden auch der Staat und die Diktatur des Proletariats ihre geschichtlich notwendige Funktion verlieren und schließlich absterben.

Die neue sozialistische Gesellschaft braucht angesichts der negativen Erfahrungen aus der kapitalistischen Produktions- und Konsumtionsweise einen **gesamtgesellschaftlichen Paradigmenwechsel** unter der Generallinie der Einheit von Mensch und Natur.

Bereits Marx schrieb über die menschlichen Bedürfnisse und ihre Befriedigung in einer sozialistischen Gesellschaftsordnung:

»Wir haben gesehn, welche Bedeutung unter der Voraussetzung des Sozialismus die **Reichheit** der menschlichen Bedürfnisse und daher sowohl eine **neue Weise der Produktion** als auch ein neuer **Gegenstand** der Produktion hat. Neue Bestätigung der **menschlichen** Wesenskraft und neue Bereicherung des **menschlichen** Wesens.« (Marx/Engels, Werke, Bd. 40, S. 546)

Der Paradigmenwechsel in den Produktionsverhältnissen muss als Grundlage die kritisch-selbstkritische Prüfung haben, welche Produkte und welche Verfahren der Produktion und der Logistik überhaupt sinnvoll sind und welche aufgegeben oder radikal umgestellt werden müssen.

Der Paradigmenwechsel in den Konsumtionsverhältnissen zielt auf eine Verteilung im **Respekt vor den Lebensbedürfnissen der gesamten Menschheit** und im Einklang mit der Natur. Wenn eine sozialistische Gesellschaft auf der ganzen Welt organisiert werden soll, darf kein Teil der Menschheit auf Kosten eines anderen und der Natur leben.

Der Paradigmenwechsel in der Lebensweise beruht auf der **Kritik am Ideal kleinbürgerlicher Lebensverhältnisse**. Dann können das Streben nach Aufstieg in die Bourgeoisie oder die Sehnsucht nach Rückkehr der alten Ausbeuterverhältnisse überwunden werden.

Eine sozialistische Lebensweise ist eine **kulturvolle, gesunde Lebensweise**, die alle elementaren Lebensbedürfnisse sichert und weiterentwickelt und immer die dialektische Einheit von Individuum und Kollektiv, von Mensch und Natur, von Jung und Alt im Auge hat.

Der Paradigmenwechsel in der Denkweise hat **ständige Förderung des sozialistischen/kommunistischen Bewusstseins** zur Voraussetzung. Dann wird sich die proletarische Denkweise im Kampf gegen die kleinbürgerliche Denkweise durchsetzen. Dieser Kampf muss fundamentaler Bestandteil der **Lebensschule der proletarischen Denkweise** sein, die die sozialistische Gesellschaft **für die Jugend** organisiert.

Der gesamtgesellschaftliche Paradigmenwechsel wird **zentraler Bestandteil des Klassenkampfs im Sozialismus** sein, Grundlage der Überwindung sämtlicher Muttermale der alten Gesellschaft.

Alle Erfahrungen des sozialistischen Aufbaus belegen, dass **umfassende Umwälzungsprozesse in der ganzen Gesellschaft** notwendig sind. Das Buch »Neue Perspektiven für die Befreiung der Frau« setzte sich im Jahr 2000 kritisch mit der Vorstellung einer Veränderung der gesellschaftlichen Verhältnisse auseinander, die automatisch auf die Revolutionierung der Produktionsverhältnisse folgen sollte:

*»Vielmehr handelt es sich um einen mehr oder weniger **langwierigen revolutionären Prozess der Umgestaltung ihrer gesamten Produktions- und Lebensverhältnisse**. Er steht in Wechselwirkung mit den Veränderungen der Bewusstseinsformen und politischen Strukturen, in denen die Diktatur des Proletariats jeweils konkret zum Ausdruck kommt.*

*In diesem gesamtgesellschaftlichen Umwälzungsprozess muss die **ideologische und politische Seite immer den führenden Faktor** bilden.«* (S. 216)

Besonders die Tendenz zur **spontanen Reproduktion der alten, vom Kapitalismus geprägten** Lebensvorstellungen und **Lebensweisen** wirkt bis in die Phase des Übergangs zum Kommunismus. Darauf weist das Buch »Der staatsmonopolistische Kapitalismus in der BRD« eindringlich hin:

»Die Tradition der bürgerlichen Ideologie, die jahrhundertelang das geistige Leben der Menschen beherrscht hat, ist so

stark, daß immer wieder bürgerliche Ideen und **Lebensgewohnheiten sich spontan erneuern.**« (S. 506 – Hervorhebung Verf.)

Deshalb muss die revolutionäre Wachsamkeit der gesamten sozialistischen Gesellschaft auf die Gefahr der Restauration des Kapitalismus ausgerichtet sein. Kontrolle und Selbstkontrolle der Gesellschaft bezieht sich insbesondere darauf, ob sie nach der Leitlinie der Einheit von Mensch und Natur organisiert wird.

Das internationale Industrieproletariat von heute, mit seinem Kulturniveau und seinen Erfahrungen im Umgang mit den modernen Produktivkräften, ist eine schöpferische Kraft, wie es sie noch nie in der Geschichte gab. Es ist fähig, im Bündnis mit der fortschrittlichen Intelligenz und der Bauernschaft einen neuen Typ der sozialistischen Gesellschaftsordnung zu schaffen.

Unter Führung dieses internationalen Industrieproletariats kann die neue Gesellschaft den allseitigen Paradigmenwechsel vollziehen und ein neues System der Produktion und Reproduktion, der Denk- und Lebensweise in Einheit von Mensch und Natur verwirklichen.

Die positiven Erfahrungen der sozialistischen Länder wie auch die der Restauration des Kapitalismus in allen diesen Ländern unterstreichen die ausschlaggebende Rolle der Denkweise für den Aufbau des Sozialismus. Die sozialistische Gesellschaft muss von der **bewussten Anwendung der dialektisch-materialistischen Methode** geprägt sein, muss sie auf alle Probleme der Natur, der Gesellschaft und des menschlichen Denkens anwenden und auch ständig höherentwickeln. Nur wenn sich der sozialistische Mensch diese Denk- und Arbeitsweise zu eigen macht, kann die umfassende Selbstveränderung gelingen, die für den neuen Typ der sozialistischen Produktions- und Lebensweise unabdingbar ist.

Die proletarische Denkweise in der sozialistischen Gesellschaft durchzusetzen und beständig zu festigen, erfordert den Kampf gegen Selbstsucht, Individualismus, Konsum- und Wegwerfmentalität – für verantwortungsvollen Umgang mit Mensch und Natur. In visionärer Weise kennzeichnete Friedrich Engels die Bedeutung der Bewusstheit für den Übergang zur kommunistischen Gesellschaft:

»Mit der Besitzergreifung der Produktionsmittel durch die Gesellschaft ist die Warenproduktion beseitigt und damit die Herrschaft des Produkts über die Produzenten. Die Anarchie innerhalb der gesellschaftlichen Produktion wird ersetzt durch planmäßige bewußte Organisation. Der Kampf ums Einzeldasein hört auf. Damit erst scheidet der Mensch, in gewissem Sinn, endgültig aus dem Tierreich, tritt aus tierischen Daseinsbedingungen in wirklich menschliche. Der Umkreis der die Menschen umgebenden Lebensbedingungen, der die Menschen bis jetzt beherrschte, tritt jetzt unter die Herrschaft und Kontrolle der Menschen, die zum ersten Male bewußte, wirkliche Herren der Natur, weil und indem sie Herren ihrer eignen Vergesellschaftung werden. Die Gesetze ihres eignen gesellschaftlichen Tuns, die ihnen bisher als fremde, sie beherrschende Naturgesetze gegenüberstanden, werden dann von den Menschen mit voller Sachkenntnis angewandt und damit beherrscht. ...

Erst von da an werden die Menschen ihre Geschichte mit vollem Bewußtsein selbst machen, erst von da an werden die von ihnen in Bewegung gesetzten gesellschaftlichen Ursachen vorwiegend und in stets steigendem Maß auch die von ihnen gewollten Wirkungen haben. Es ist der Sprung der Menschheit aus dem Reich der Notwendigkeit in das Reich der Freiheit.« (»Die Entwicklung des Sozialismus von der Utopie zur Wissenschaft«, Marx/Engels, Werke, Bd. 19, S. 226)

Der Prozess der Heraushebung des Menschen aus dem Tierreich endet erst in der klassenlosen kommunistischen Gesellschaft. Die Aufhebung jeglicher Entfremdung des Menschen von der Natur ist nur in Einheit mit der Aufhebung der Entfremdung des Menschen von seiner Arbeit und ihren Produkten sowie mit der Aufhebung der Entfremdung des Menschen vom Menschen selbst möglich. Das erst wäre, wie Friedrich Engels es ausdrückte, die »*Versöhnung der Menschheit mit der Natur und mit sich selbst*«. (»Umrisse zu einer Kritik der Nationalökonomie«, Marx/Engels, Werke, Bd. 1, S. 505)

Literaturverzeichnis

Akademie der Wissenschaften der UdSSR, Institut für Ökonomie (Hrsg.);
Politische Ökonomie. Lehrbuch, Moskau 1954, Dietz Verlag, Berlin 1955

Bebel, August; Aus meinem Leben, Zweiter Teil
Verlag JHW Dietz Nachf., Berlin 1946

Bergstedt, Jörg; Reich oder rechts?
IKO-Verlag für interkulturelle Kommunikation, Frankfurt am Main 2002

Bertram, Rolf; Zu den verhängnisvollen Konsequenzen durch
die Verwechslung von Modell und Wirklichkeit
in: Gesellschaft für Strahlenschutz e.V., Internationaler Kongress 20 Jahre
nach Tschernobyl 2006, Kurzfassungen der Beiträge, Berlin 2006

Bick, Hartmut; Ökologie. Grundlagen, terrestrische und aquatische
Ökosysteme, angewandte Aspekte, Gustav Fischer Verlag, Stuttgart 1993

Brain, Stephen; Stalin's Environmentalism,
in: The Russian Review 69, Januar 2010

Buchholtz, Hans-Christoph u. a.; Widerstand gegen Atomkraftwerke
Peter Hammer Verlag, Wuppertal 1978

Chruschtschow, N. S.: Auf dem Wege zum Kommunismus.
Reden und Schriften zur Entwicklung der Sowjetunion 1962/1963,
Dietz Verlag, Berlin 1964

Dickhut, Willi;
Der staatsmonopolistische Kapitalismus in der BRD, 1979
Krisen und Klassenkampf, 1984
Verlag Neuer Weg, Stuttgart/Essen

Ditfurth, Hoimar v.; Der Geist fiel nicht vom Himmel
Hoffman & Campe Verlag, Hamburg 1976

Ditfurth, Jutta; Feuer in die Herzen. Plädoyer für eine ökologische linke
Opposition, Carlsen Verlag, Hamburg 1992

Drewermann, Eugen; Der tödliche Fortschritt: Von der Zerstörung
der Erde und des Menschen im Erbe des Christentums
Verlag Friedrich Pustet, Regensburg 1981

Engel, Stefan;
Der Kampf um die Denkweise in der Arbeiterbewegung, 1995
Götterdämmerung über der »neuen Weltordnung«, 2003
Morgenröte der internationalen sozialistischen Revolution, 2011
Verlag Neuer Weg, Essen

Engel, Stefan/Arnecke, Klaus; Der Neokolonialismus
und die Veränderungen im nationalen Befreiungskampf
Verlag Neuer Weg, Essen 1993

Engel, Stefan/Gärtner-Engel, Monika; Neue Perspektiven für die Befreiung der Frau – eine Streitschrift, Verlag Neuer Weg, Essen 2000

Engels, Friedrich; Marx/Engels, Werke
- Umriss zu einer Kritik der Nationalökonomie, 1843/44, Bd. 1
- Zwei Reden in Elberfeld, 1845, Bd. 2
- Brief an Bebel, 1875, Bd. 19
- Die Entwicklung des Sozialismus von der Utopie zur Wissenschaft, 1820, Bd. 19
- Zur Kritik des sozialdemokratischen Programmentwurfs 1891, 1891, Bd. 39
- Herrn Eugen Dührings Umwälzung der Wissenschaft (»Anti-Dühring«), 1876–1878, Bd. 20
- Dialektik der Natur, 1883, Bd. 20
- Brief an Paul Lafargue, 1891, Bd. 38

Dietz Verlag, Berlin

Flannery, Tim; Wir Wettermacher
S. Fischer Verlag, Frankfurt am Main 2006

Fücks, Ralf; Intelligent wachsen. Die grüne Revolution
Carl Hanser Verlag, München 2013

Ganteför, Gerd; Klima – Der Weltuntergang findet nicht statt
Wiley-VCH Verlag, Weinheim 2012

Gestwa, Klaus; Die Stalinschen Großbauten des Kommunismus. Sowjetische Technik- und Umweltgeschichte, 1948–1967
R. Oldenbourg Verlag, München 2010

ICOR (International Coordination of Revolutionary Parties and Organisations), Resolutionen und Beschlüsse, www.icor.info

IKMLPO (Internationale Konferenz marxistisch-leninistischer Parteien und Organisationen), Resolutionen und Beschlüsse, in: Internationale Pressekorrespondenz, www.icmlpo.de

Immler, Hans/Schmied-Kowarzik, Wolfdietrich; Marx und die Naturfrage in: Kasseler Philosophische Schriften – Neue Folge 4
kassel university press, Kassel 2011

Jacobson, Mark Z./DeLucchi, Mark A.; Plan für eine emissionsfreie Welt bis 2030 (Studie der Stanford Universität), in: Spektrum der Wissenschaft, Dezember 2009

Klötzli, Frank A.; Ökosysteme: Aufbau, Funktionen, Störungen
Gustav Fischer Verlag, Stuttgart 1989

Knodel, Hans/Kull, Ulrich; Ökologie und Umweltschutz
J. B. Metzlersche Verlagsbuchhandlung und Carl Ernst Poeschel Verlag, Stuttgart 1981

Laak, Dirk van; Weiße Elefanten. Anspruch und Scheitern technischer Großprojekte im 20. Jahrhundert, Deutsche Verlags-Anstalt, Stuttgart 1999

Lenin, Wladimir Iljitsch; Werke
– Zur Charakteristik der ökonomischen Romantik, 1897, Bd. 2
– Materialismus und Empiriokritizismus, 1909, Bd. 14
– Unsere außen- und innenpolitische Lage und die Aufgaben der Partei, 1920, Bd. 31
– Über den einheitlichen Wirtschaftsplan, 1921, Bd. 32
– Brief an G. M. Krshishanowskii, 1920, Bd. 35
– Konspekt zu Hegels Vorlesungen über die Geschichte der Philosophie, 1915, Bd. 38
Dietz Verlag, Berlin

Liebknecht, Wilhelm; Protokoll über die Verhandlungen des Parteitags der Sozialdemokratischen Partei Deutschlands
Verlag der Expedition des »Berliner Volksblatt«, Berlin 1890

Maathai, Wangari; Afrika, mein Leben. Erinnerungen einer Unbeugsamen
DuMont Buchverlag, Köln 2006

Mao Zedong; zitiert in: Das erste Vierteljahrhundert des Neuen China
Verlag für fremdsprachige Literatur, Peking 1975

Mao Tse-tung; Das machen wir anders als Moskau. Kritik der sowjetischen Politökonomie (Hrsg. Helmut Martin)
Rowohlt Taschenbuch Verlag, Hamburg 1975

Marx, Karl; Marx/Engels, Werke
– Die deutsche Ideologie, 1845-1846, Bd. 3
– Manifest der Kommunistischen Partei, 1847/1848, Bd. 4
– Lohnarbeit und Kapital, 1849, Bd. 6
– Die Klassenkämpfe in Frankreich 1848 bis 1850, 1850, Bd. 7
– Rede auf der Jahresfeier des »People's Paper« am 14. April 1856 in London, 1856, Bd. 12
– Zur Kritik der politischen Ökonomie, 1859, Bd. 13
– Brief an Wilhelm Bracke, 1875, Bd. 19
– Kritik des Gothaer Programms, 1875, Bd. 19
– Das Kapital I, 1867, Bd. 23
– Das Kapital III, 1894, Bd. 25
– Ökonomisch-philosophische Manuskripte aus dem Jahre 1844, 1844, Bd. 40
Dietz Verlag, Berlin

Maxeiner, Dirk/Miersch, Michael; Lexikon der Öko-Irrtümer
Eichborn Verlag, Frankfurt am Main 1999

Molotow, W. M.; in: Das Land des Sozialismus heute und morgen, Berichte und Reden auf dem XVIII. Parteitag der KPdSU(B), 10.–21. März 1939,
Verlag für fremdsprachige Literatur, Moskau 1939

Myers, Norman (Hrsg.); GAIA – Der Öko-Atlas unserer Erde
Fischer Taschenbuch Verlag, Frankfurt am Main 1985

Naess, Arne; Interview mit W. David Kubiak im Jahr 1999
www.nancho.net/advisors/anaes.html, Download vom 24. Januar 2014

Rahmstorf, Stefan/Schellnhuber, Hans Joachim; Der Klimawandel
Verlag C. H. Beck, München 2012

Reichholf, Josef H.; Ende der Artenvielfalt?
Fischer Taschenbuch Verlag, Frankfurt 2009

Rosin, Harry, Prof. Dr.; Kryo-Recycling und Kreislaufwirtschaft – Das
Verlangen nach Zukunft, in: Dokumentation der internationalen Tagung
vom 4. 6. 2006 in Halle/Saale, Mediengruppe Neuer Weg, Essen 2006

Roth, Roland/Rucht, Dieter (Hrsg.); Die sozialen Bewegungen
in Deutschland seit 1945. Ein Handbuch, Campus Verlag, Frankfurt 2008

Schindler, Jörg; Öldämmerung. Deepwater Horizon und das Ende
des Ölzeitalters, oekom verlag, München 2011

Segal, Jakob; AIDS ist besiegbar: die künstliche Herstellung, die
Frühtherapie und deren Boykott, Verlag Neuer Weg, Essen 1995

Stalin, Josef W.; Werke
Ökonomische Probleme des Sozialismus in der UdSSR, 1952, Bd. 15
Verlag Roter Morgen, Dortmund 1979

Strohm, Holger (Hrsg.); Umweltschutz in der VR China,
Verlag Association GmbH, Hamburg 1978

Timirjaseff, A.; in: Unter dem Banner des Marxismus, I. Jahrgang, März
1925 bis Januar 1926, Verlag für Literatur und Politik, Wien/Berlin
POLITLADEN GmbH, Erlangen 1970

Vahrenholt, Fritz/Lüning, Sebastian; Die kalte Sonne. Warum die
Klimakatastrophe nicht stattfindet, Hoffmann und Campe, Hamburg 2012

Vescovi, Peter; Die Erde ist (k)eine Kaffeetasse, Bürgerbewegung für
Kryo-Recycling, Kreislaufwirtschaft und Klimaschutz, Gelsenkirchen 2013

Wagner, Rudolf G.; Die Nutzung von Sumpfgas in der Volksrepublik China.
Zur Strategie des Wirtschaftsaufbaus aus eigener Kraft, in: Befreiung,
Zeitschrift der Gesellschaft »Wissenschaft im Dienste der kämpfenden
Völker Indochinas«, Nr. 6, Bremen 1976

Wernadski, Wladimir Iwanowitsch; Philosophische Gedanken
eines Naturalisten, Akademie der Wissenschaften der UdSSR (Hrsg.)
Verlag Wissenschaft, Moskau 1988

Wyschinskij, A. J.; Fragen des internationalen Rechts und der
internationalen Politik, Staatsverlag für juristische Literatur, Moskau 1951

Bücher zum Thema im Verlag Neuer Weg

Willi Dickhut
Krisen und Klassenkampf

Die differenzierte Untersuchung der vielfältigen Krisenerscheinungen der heutigen Zeit führt zu dem Schluss, dass nur eine wirklich sozialistische Gesellschaftsordnung diese Krisen beseitigen kann.

Das Buch legt hinter der verwirrenden Oberfläche einer Vielzahl ökonomischer und politischer Ereignisse den inneren gesetzmäßigen Zusammenhang offen. Die komplizierten Fragen, insbesondere der politischen Ökonomie, sind in kurzer und verständlicher Weise dargestellt und werden durch zahlreiche Tabellen und Abbildungen ergänzt.

*292 Seiten
zahlreiche Tabellen und Abbildungen
ISBN 978-3-88021-136-0*

Stefan Engel
Morgenröte der internationalen sozialistischen Revolution

Die Neuorganisation der internationalen Produktion hat mit der Entfesselung der internationalen Produktivkräfte die Götterdämmerung des internationalen Finanzkapitals anbrechen lassen. Zu Beginn seines Feldzugs rund um den Globus schwelgte es noch in Allmachtsfantasien und Ewigkeitsträumen. Heute bestimmt allgemeiner Katzenjammer das Bild: Die Krisenhaftigkeit der gesellschaftlichen Ordnung erweist sich als unaufhebbar. Doch am Horizont zeichnet sich bereits eine neue Zeitenwende ab; die Morgenröte der internationalen sozialistischen Revolution wird sichtbar. Aber die alte Herrschaft wird nicht freiwillig weichen, selbst wenn sie die gesamte Menschheit mitreißt in die kapitalistische Barbarei.

Die Entscheidung für die internationale Revolution müssen die Arbeiter und Volksmassen selbst treffen. Ihnen bei dieser Entscheidung zu helfen und mit ihnen gemeinsam jedes Hindernis aus dem Weg zu räumen, damit sie ihre historische Mission in die Tat umsetzen können, darin fassen sich heute die Aufgaben der Marxisten-Leninisten der ganzen Welt zusammen.

*620 Seiten, Hardcover
ISBN 978-3-88021-380-7
Taschenbuch
ISBN 978-3-88021-391-3
und als CD-ROM
Englisch:
ISBN 978-3-88021-389-0
Spanisch:
ISBN 978-3-88021-387-6
Französisch:
ISBN 978-3-88021-394-4*

Stefan Engel
Götterdämmerung über der »neuen Weltordnung«

Eine marxistisch-leninistische Analyse wesentlicher Veränderungen und neuer Erscheinungen im kapitalistischen Weltsystem seit Anfang der 1990er Jahre. Mit der Neuorganisation der internationalen Produktion hat die kapitalistische Produktionsweise nun vorwiegend internationalen Charakter und steht unter dem Diktat des allein herrschenden internationalen Finanzkapitals.

592 Seiten, Hardcover
ISBN 978-3-88021-340-1
Taschenbuch
ISBN 978-3-88021-357-9
als CD-ROM:
ISBN 978-3-88021-341-8

Für den Buchtitel verwendet der Autor ein Gleichnis aus der germanischen Mythologie: In der Götterdämmerung verschlingt das Weltenende die abgelebten Gottheiten einer überholten Zeit und aus dem Weltenbrand erwächst eine schöne neue Erde des Friedens und der üppigen Lebensfreude. Der Vergleich zum Niedergang des internationalen Finanzkapitals und zur Vorbereitung einer wirklich neuen Weltordnung, den vereinigten sozialistischen Staaten der Welt, ist beabsichtigt.

Englisch: ISBN 978-3-88021-342-5 / Französisch: ISBN 978-2-7475-9895-8
Spanisch: ISBN 978-3-88021-349-4 / Russisch: ISBN 978-5-9900422-7-8

Stefan Engel und Monika Gärtner-Engel
Neue Perspektiven für die Befreiung der Frau – Eine Streitschrift

Die Frauen haben insbesondere durch ihre Einbeziehung in die gesellschaftliche Produktion und in gesellschaftliche Bewegungen ein neues Selbstbewusstsein herausgebildet. Die Bewegung zur internationalen Vernetzung der kämpferischen Basisfrauen ist Ausdruck davon. Der Kampf um die Befreiung der Frau rückt verstärkt ins öffentliche Bewusstsein. Mit ihrer Schrift leisten die beiden Autoren einen streitbaren Beitrag zu dieser gesellschaftlichen Auseinandersetzung. Sie ergreifen dabei konsequent Partei für die Befreiung der Frau in einer von Ausbeutung und Unterdrückung befreiten Gesellschaft.

337 Seiten
ISBN 978-3-88021-284-8
als CD-ROM:
ISBN 978-3-88021-285-5

Englisch, Part I: ISBN 978-3-88021-279-4
Englisch, Part II: ISBN 978-3-88021-287-9
Spanisch: ISBN 978-980-14-0415-6

Stefan Engel

Der Kampf um die Denkweise in der Arbeiterbewegung

Nie zuvor hat es ausgereiftere materielle Grundlagen für eine befreite Gesellschaft gegeben. Und nie zuvor gelang es den Herrschenden, mit der Herausbildung eines ganzen Systems der kleinbürgerlichen Denkweise eine Jahrzehnte anhaltende relative Ruhe im Klassenkampf zu erreichen. Stefan Engel entwickelt die Lehre von der Denkweise als Antwort auf diese neuen Herausforderungen. Der Sieg der proletarischen Denkweise über die kleinbürgerliche Denkweise ist grundlegend für einen neuen Aufschwung des Kampfs für den Sozialismus und für seinen erfolgreichen Aufbau.

288 Seiten
ISBN 978-3-88021-265-7
als CD-ROM:
ISBN 978-3-88021-272-5

Englisch: ISBN 978-3-88021-268-8
Spanisch: ISBN 978-3-88021-359-3
Türkisch: ISBN 978-3-88021-318-0
Französisch: CD, Buch auf Anfrage

Herausgeber:
Stefan Engel und Monika Gärtner-Engel

Reader zur Auseinandersetzung um die Kritik von Karl Marx und Friedrich Engels am Gothaer Programm

Erstmals wird in diesem Reader die 1875 von Marx verfasste »Kritik des Gothaer Programms« im Zusammenhang mit vielen Briefen und weiteren Schriften abgedruckt, die in der Auseinandersetzung um ihre Unterdrückung und schließliche Veröffentlichung entstanden sind. Sowohl die Inhalte als auch die Methoden der »Kritik des Gothaer Programms« sind äußerst lehrreich. Sie enthalten wichtige Anregungen für die heute notwendige Strategiedebatte um eine neue Qualität der Umweltbewegung.

120 Seiten
ISBN: 978-3-88021-399-9

Verlag Neuer Weg
MEDIENGRUPPE
NEUER WEG GmbH

Verlag Neuer Weg, Alte Bottroper Str. 42, 45356 Essen
Tel.: 0201 25915, E-Mail: verlag@neuerweg.de
Webshop: www.people-to-people.de